Bernadette Conrad

*Die vielen Leben der Paula Fox*

Verlag C.H. Beck oHG, München 2011
Gesetzt aus der Sabon bei Fotosatz Amann, Aichstetten
Druck und Bindung: Pustet, Regensburg
Gedruckt auf säurefreiem, alterungsbeständigem Papier
(hergestellt aus chlorfrei gebleichtem Zellstoff)
Printed in Germany
ISBN 978 3 406 61259 6

*www.beck.de*

Bernadette Conrad

# Die vielen Leben
# der Paula Fox

C. H. Beck

Für Noëmi!

*Inhalt*

Das ganze fließende Leben   9
Alles nur geliehen   19
In der Ferne Lady Liberty   20
Wo sonst die Geschichten beginnen   26
Die Scham der Findelkinder   30
Diese Liebe zum Ozean habe ich von meinem Vater   36
Von Kriegen hierhin und dorthin geführt   42
There was Gala in the Air   45
Wie Vater und Mutter zugleich   51
Schauen Sie, wie er mich hält! Dabei gibt es
in Provincetown gar keine Wellen   65
Die scharfe Klinge des Lebens   75
Wie niemandes Kind   89
California Dreaming   105
Dieser Zauber der Fremdheit   117
Ich war so leicht zu belügen damals. Nach einer Weile
bin ich entkommen   134
Was ist hinter den Sternen?   152
Ich dachte, ich könnte ihn öffnen   166
Die Dämonen sind niemals so schlimm, wie du
glaubst   176
Sie hatte so einen Glanz um sich   191
These glorious days   198
So viele Sachen!   210
Alle wilden Katzen von Brooklyn   224
Gefährliche Reisende   237
Ich schreibe für das vernachlässigte Kind in mir
selbst   245
Die wirklichen Zusammenhänge sind anderswo   255

Con amore per Paula   269

Wir erkannten uns sofort   279

Verrückt! Sie war zwei Wochen in den Top Ten   296

Leben und Tod und Leben   306

Ich verstehe nicht, aber ich sehe   315

Ihre Beziehung ist wie das Haus, in dem sie leben   326

Die Spuren des Windes   331


Anhang   333

Anmerkungen   334

Bildnachweis   337

Werkverzeichnis Paula Fox   338

Zeittafel   340

Danksagung   344

## Das ganze fließende Leben

Sie stand an der Spüle und füllte die zweite Vase mit Wasser. Ich fragte: «Wie geht es Ihnen?» Und sie sagte: «Well – there are more endings than beginnings now.» Mehr Dinge, die zu Ende gehen als Dinge, die anfangen.

Ich hatte angerufen, ob ich zum Tee vorbeikommen könne. Wir kannten einander seit drei Jahren, schrieben uns ab und zu. Jetzt saß ich wieder in der Brooklyner Küche, die Katze Lucy sprang auf den Stuhl, Paula Fox hatte die Blumen in eine Vase gestellt, nur um ein paar Minuten später wieder aufzuspringen, eine doppelt so große Vase zu holen und die Blumen umzuräumen: «So, jetzt kriege ich besser Luft!» Ein breites Lachen: «Wie schön, dass Sie da sind!»

More endings than beginnings. Das wurde dann der Anfang dieses Buches. Wann, wenn nicht jetzt, dachte ich: anfangen mit Einsammeln. Momente einfangen. Sätze notieren. Von einem Menschen, in dessen literarisches Werk eine unerhörte Lebensgeschichte eingenäht ist. Das war 2008. Paula Fox war 85 Jahre alt.

\*

Wo fängt eine Geschichte an? Welches Bild gehört zuerst erzählt? Wohin greift man, wenn man «Anfang» sagt?

Wirklich angefangen hatte meine Geschichte mit Paula Fox sieben Jahre vorher. *«Wissen Sie, es gibt im Leben nicht viel zu tun, wenn man einmal durch die Oberfläche der Dinge gestürzt ist.» (Pech für George, S. 59)*

Dorthin ziehen Paula Fox' Geschichten: an Orte unter die

Oberfläche der Dinge. Vielleicht passierte etwas Ähnliches mit mir, wie es mit Helen passierte, der jungen Heldin in Paula Fox' letztem Roman «Der Gott der Alpträume», als sie im Haus eines jungen Schriftstellerpaares zur Untermiete wohnte: *«Die Geschichten, die ich in dem Haus in der St. Philip Street gehört hatte, hatten mich satt gemacht wie eine von Geralds Mahlzeiten, mit Zufriedenheit, mit einem Gefühl für die Verschiedenartigkeit von Menschen, mit dem Gefühl, mich selbst an einem sicheren Ort zu befinden. Aber es gab Geschichten, die einen zittern ließen vor Furcht, weil man ein Bewusstsein von der Zerbrechlichkeit des eigenen Lebens bekam – Geschichten, die einen aus dem Leben herausschnitten.» (Der Gott der Alpträume, S. 165)*

Helen, die kurz zuvor erstmalig ihre Mutter und ihr Zuhause im Norden verlassen hat, sieht sich in New Orleans eingeführt in Räume, innerhalb derer für sie erstmalig etwas wie «eigenes Leben» spürbar wird. Oder wie es das Wort «Initiation» sagt: Alles Mögliche passiert «zum ersten Mal».

*«Während der Monate, die ich in New Orleans lebte, liebte ich mehr Menschen, als ich je zuvor in meinem Leben geliebt hatte. Ich ertrank in Gewässern von Liebe. Mein Herz schlug stark vor Freude, sie zu sehen. Nie wurde ich ihre Gesichter, ihre Stimmen leid.» (GA, S. 152)*

Helen wird die, die sie liebt, verlieren, auf die eine oder andere Weise. Durch Tod, Trennung, Verrat – Begriffe, die in dem Moment, als sie sich für sie erst zu bilden scheinen, doch schon älteres Erfahrungsmaterial mit sich führen; Tod, Trennung, Verrat und Liebe –, die sie schon erlebt hatte, bevor sie nach New Orleans gekommen war. Es passiert eben nicht alles zum ersten Mal – auch wenn Helen das gern hätte: dass ihr Leben überhaupt erst in New Orleans beginnt; dass der gerade entdeckte neue Ton radikalen Liebenkönnens der Grundton ihres Lebens sein und bleiben wird. *«... du verlangst zu viel in dem Sinn, dass*

*Paula Fox am unteren Eingang ihres Hauses*

*niemand sich irgendeiner Sache sicher sein kann. Es gibt Hoffnung, das ist alles.» (GA, S. 190)* Das sagt Nina, Helens Freundin, die gleichaltrig ist und wissender als Helen; ein Satz als Vorgriff auf Verluste aller Art, auf Geschichten, die sie «herausschneiden» werden aus dem Leben.

*

Ich erfuhr, dass Paula Fox selbst heftig von der *«scharfen Klinge des Lebens» (Luisa, S. 285)* gezeichnet worden war: Ihre Eltern hatten sie kurz nach der Geburt verlassen. Wie ein Mädchen im Märchen – abgegeben, ausgesetzt der Willkür eines Schicksals, für das sie sich weigerten, Verantwortung zu übernehmen.

Dass die so früh erfahrene «scharfe Klinge des Lebens» etwas zu tun haben musste mit der scharfen Klinge, mit der diese Autorin ihr Material Sprache bearbeitete, daran bestand für mich kein Zweifel.

Zusammenhänge, die natürlich so kompliziert sein würden

wie ein ganzes Leben. Nicht simpel, keinesfalls einfach zu erfassen. Und wie konnte es überhaupt sein, dass ein Mensch, der so früh von seinen Wurzeln abgeschnitten, «herausgeschnitten», wird aus dem, was der Zusammenhang seines Lebens hätte werden können – dass so ein Mensch schreibend, erzählend auf außergewöhnliche Weise verbindend und zusammenhangstiftend werden konnte?

Denn dass Paula Fox' Bücher das vermögen, fand nicht nur ich. Die schockhafte Kraft, mit der ihre Texte sich ins eigene Leben einschreiben können, hatte zehn Jahre zuvor Jonathan Franzen erlebt. Im berühmt gewordenen «Harper's Essay» erzählt er eindrücklich davon: wie er, der junge arrivierte Romanautor und Intellektuelle, in einer Krise seines Lebens zufällig an den mehr als zwanzig Jahre alten, längst vergriffenen Roman «Was am Ende bleibt» der ihm unbekannten Paula Fox gerät und wie dieser ihn durch das Gesellschaftspanorama einer anderen Zeit hindurch im Hier und Jetzt seines aktuellen Lebens 1991 erfasst: «*War es gut oder war es schrecklich, daß meine Ehe in die Brüche ging? Und war der Kummer, den ich verspürte, die Folge einer inneren Krankheit der Seele oder wurde er mir von der Krankheit der Gesellschaft auferlegt? Dass außer mir noch jemand anders an diesen Ambivalenzen gelitten und am Ende des Tunnels Licht gesehen hatte – dass Fox' Buch veröffentlicht und aufbewahrt worden war; dass ich Gesellschaft, Trost und Hoffnung in etwas finden konnte, das ich beinahe wahllos aus einem Regal gezogen hatte, war für mich wie ein Vorgang religiöser Gnade.*»[1] Franzen wird das Buch wieder und wieder lesen; er wird über seine immer neuen Lektüren im Vorwort einer Neuauflage des Romans berichten und er wird nicht zögern, ihm über sein persönliches Leseerlebnis hinaus eine Bewertung zukommen zu lassen: «Desperate Characters» schiene ihm «*ganz offensichtlich jedem Roman ihrer Zeitgenossen John Updike, Philip Roth und Saul Bellow überlegen ... hier also ist der Roman, der jedes andere Werk des amerikanischen Realismus nach dem Zweiten Weltkrieg in den Schatten stellt.*»[2]

Durch das Engagement von Franzen und, später, durch das des jungen Verlegers Tom Bissell, folgt nicht nur die Neuauflage aller Romane, folgen hymnische Artikel in allen großen amerikanischen Zeitungen, folgen Preise, folgen schließlich vielfache Übersetzungen und eine internationale Aufmerksamkeit für die Autorin – und so hatte dann auch ich Paula Fox auf dem deutschen Buchmarkt finden können.

Zusammenhänge überall. Auch darüber hat Paula Fox geschrieben: «*... die wirklichen Zusammenhänge des Lebens waren anderswo*», heißt es an einer Stelle im Roman «Lauras Schweigen», an der über die Sinnlosigkeit des Festhaltens am Prinzip Familie reflektiert wird – im Falle einer Familie, die nie eine war: «*Man wuchs aus der Familie heraus, ging von der Familie fort, die wirklichen Zusammenhänge des Lebens waren anderswo.*» (LS, S. 105)

Ich war infiziert; auf die Spur gesetzt.

Nach Jahren der Lektüre, verstreuter Artikel über die Romane oder zu ihrem achtzigsten Geburtstag, reiste ich schließlich selbst nach Cobble Hill, Brooklyn, New York; versehen mit dem Auftrag einer großen Zeitung, ein Portrait zu schreiben. Wir vereinbaren den 26. Februar 2005.

\*

Ein Fenster geht auf, eine Stimme ruft: «Wir nehmen immer den unteren Eingang!» Vor den dreistöckigen Brownstones in der friedlichen Brooklyner Wohnstraße im Stadtteil Cobble Hill liegt Schnee; Schneereste auf den Mülltonnen und Pflanzen in den kleinen Vorgärten, die wie Vorzimmer unter freiem Himmel zwischen Gehweg und Häusern sind. Ich laufe die acht Steinstufen der Eingangstreppe wieder hinunter und öffne das Törchen in den Vorgarten. Von dort aus geht es zwei Stufen hinunter ins Basement, die halb unter Straßenniveau gesetzte Etage. Eine Gittertür trennt draußen und drinnen. Erst hier sagt das Klingelschild, handgeschrieben und verwittert: «P. Fox M. Greenberg». Drinnen höre ich Schritte, ein Schlüssel dreht sich im Schloss, eine große Frau mit kurzem grauem Haar öffnet.

Ein Lachen, das in allen Falten des Gesichts zu sitzen scheint; umwerfend herzlich: «Kommen Sie herein!» Ich folge ihr durch einen dunklen Essraum an der geschwungenen Treppe in die oberen Etagen vorbei bis in die Küche. Auf leisen Pfoten kommt mir eine Katze entgegen, «hey, Lucy!», Lucy hat ein eingerissenes Ohr – «Nachbarn haben sie mir irgendwann gebracht. Bei mir landen immer die Streuner von der Straße!»

Paula Fox hat den schnellen Schritt einer viel jüngeren Frau, leicht und entschlossen, immer irgendwohin unterwegs. Sie nimmt mir voraus die Treppe in den ersten Stock. Oben zieht sich zu beiden Seiten lang und schmal das Wohnzimmer über die gesamte Länge des Hauses. Viele Bilder an den Wänden, Bücherregale, Ordnung, gerade Linien. Links, am Fenster zum Garten, stehen zwei Sofas im rechten Winkel zueinander. «Schauen Sie draußen vor dem Fenster die Bäume! Das ist unser Garten. Hier ist das ländliche New York, fast ein Dorf! Man kennt die Leute – nebenan wohnt meine Freundin. Sogar einen Gemüsehändler gibt es, da kann ich einkaufen, was er selbst anbaut.» Paula Fox hat eine tiefe rauchige Stimme, in der immer wieder ein Lachen zittert. Ich hatte sie mir strenger vorgestellt, reservierter – und schaue nun in ein Gesicht, das – auch ernst – von innen beleuchtet scheint. Wir setzen uns, gegenüber steht ein kleiner Tisch mit Fotos. «Das ist Mr. Corning, der Pfarrer, bei dem ich in den ersten sechs Jahren aufgewachsen bin», weist Paula Fox auf das Foto, das ganz vorne steht: Es zeigt einen freundlichen Mann mit großen Augen, einem scheuen Lächeln, gewelltem, leicht ergrautem Haar. «Und das da ist mein Vater!» Ein attraktiver lockiger

14

*Namensschild und Briefkasten im Haus in der Clinton Street*

Mann – «das war er vor dem Alkohol, vor dem Krebs.» Kinderzeichnungen, Fotos von Enkelkindern – von der Mutter kein Bild. «Sie meinen, ich habe keines wegen der konflikthaften Beziehung zu ihr? Nein, es gab keinen Konflikt. Sie war schlichtweg nicht da. Es gab sie nicht, für mich. Aber Mr. Corning war gut zu mir.»

Immer wieder wird Mr. Corning auftauchen im intensiven Gespräch der nächsten Stunden. Er, der achtunddreißigjährig das Kind zu sich nahm, und es «mit einem erwachsenen Respekt behandelte, von dem meine Eltern nichts hatten». Mr. Corning sei es gewesen, der ihr Loyalität mit ihr selbst ermöglicht hätte, sagt Paula Fox an diesem Nachmittag. Wir durchlaufen ein Leben im Zeitraffer: die orientierungslosen Jahre ihrer Jugend, eine frühe Schwangerschaft, Wanderjahre über den ganzen

Kontinent, das späte Schreiben. «Ich war vierzig, als ich mit Martin, meinem jetzigen Mann, und meinen beiden Söhnen für ein paar Monate nach Thasos ging, die griechische Insel. Dort begann ich, an meinem ersten Roman zu schreiben und meinem ersten Kinderbuch. Es war das erste Mal, dass ich Zeit zum Schreiben hatte.»

Paula Fox hat sechs Romane geschrieben, zwei autobiographische Bücher, dreiundzwanzig Kinderbücher: für Kinder, die keine mehr sind, sondern auf der kippeligen Schwelle stehen zwischen klein und groß, wissend und unerfahren, angriffig und extrem verletzbar. In diesen Büchern geht es viel um kranke Eltern, abwesende Eltern, um vielfältige Formen von Verlassenheit. «Ich schreibe für das vernachlässigte Kind in mir selbst und ich schreibe auch für Mr. Corning, der mir Lesen beibrachte mit knapp fünf, der mir ‹Alice in Wonderland› gab und das ‹Dschungelbuch› mit sechs, das ich über alles liebte.» Wir sprechen über den späten Erfolg, den Durchbruch dank Franzens Essay: «Es war schön – und manchmal auch quälend –, im Licht der Öffentlichkeit zu stehen. Ich war so sehr an Schatten gewöhnt.» Galt es doch auch, sich mit der reißerischen Seite des Ruhmes auseinanderzusetzen. Dies wurde auf die Spitze getrieben von Courtney Love, Paula Fox' ältester Enkelin: «Courtney setzte das Gerücht in die Welt, Marlon Brando sei ihr Großvater.» Und schon hat das Gefühl für die Komik des Ganzen wieder die Oberhand gewonnen. Paula Fox' Schultern werden von Lachen geschüttelt, als sie mir von ihrem Besuch in der lokalen Buchhandlung damals erzählt. «So, Marlon Brando also, sagte Henry, mein Buchhändler zu mir, und ich sagte: Wovon sprichst du? Er wog drei Zentner! Aber damals doch noch nicht, sagte Henry. Ab dem Moment hatte das Drama seine Spitze verloren.»

«Marty? Kommst du?», ruft Paula Fox nach mehr als zwei Stunden Gespräch schließlich nach oben. Die Treppe aus dem

Wohnzimmer führt noch zwei Geschosse höher, zu den Schlaf- und ganz oben zu den beiden Arbeitszimmern. Ist das nicht ein anstrengendes Haus für zwei Leute in ihren Achtzigern? Ja, sagt Paula, sie gingen auch nicht mehr viel raus, hier drinnen die Bewegung reiche gerade. Für Martin, der nur noch mit Anstrengung laufen kann, haben sie einen Treppenlift ins nächste Geschoss einbauen lassen. Nun aber höre ich Martin Greenberg mit vorsichtigem Schritt die Treppe vom Obergeschoss herunterkommen. Kluge wache Augen hinter Brillengläsern, eine sichtliche Freude, als ich Deutsch spreche. Martin Greenberg hat «Faust» übersetzt und Heinrich von Kleist; als er jung war, hat er im selben Verlag, Schocken Books, gearbeitet wie Hannah Arendt und er war Redakteur bei der jüdischen Zeitschrift «Commentary». Auch in seinem Strahlen leuchtet Klarheit, Entschiedenheit. Darf ich ein Foto von ihnen beiden machen? Paula Fox setzt sich aufs Sofa. «Setzt du dich neben mich?» «Ich habe mich immer gern neben dich gesetzt», sagt er, das klingt kein bisschen routiniert und auch nicht galant. Sondern einfach entschieden zärtlich.

Als ich am nächsten Tag noch einmal komme, wird Paula Fox die Bedeutung dieses seit fünfunddreißig Jahren bewohnten Hauses in ein schönes Bild fassen: «Ich war ungefähr zwölf, als ich es im ‹Museum for Natural History› zum ersten Mal sah: ein Inselchen im Wasser, winzig klein, aber hinter dickem Glas so stark vergrößert, dass man die Zweige wie Bäume sieht und die sonst unsichtbaren Insekten als kleine Tiere – das ganze fließende Leben. So sehe ich das Leben hier, in dieser Nachbarschaft: In der Welt ist es eine kaum wahrnehmbare Insel, aber wenn ich es aus der Nähe betrachte, bin ich völlig verzaubert davon.» Als sie später die Gittertür hinter mir schließt und ich durch das Törchen auf die Straße gehe, denke ich: Sie ist zweiundachtzig. Ich werde sie nicht wiedersehen.

*

Dann lief ich den Weg zurück, zwei Blöcke bis zu jenem Brownstone, in dem ich untergebracht war; auch dort ein Törchen, zwei Stufen hinunter, ein Basement Room bei Cynthia und Alan Lantz, einem reizenden jüdischen Ehepaar; beide waren sie einmal Lehrer gewesen und hatten später ein B&B eröffnet, wo ich nun, vermittelt durch Paula Fox, wohnen durfte. In dem großen Raum stapeln und türmen sich die Bücher über Brooklyn und erzählen eine Geschichte von zwei bewegten New Yorkern, die für Brooklyn entflammten, nachdem eigentlich in den 1950er-Jahren «the Village» – Greenwich Village in Manhattan – ihr Ein und Alles gewesen war. Ich erfahre, dass sie ihr B&B bald schließen werden: So viele Buchseiten, die ich nie lesen werde. Auch hier, wie schade, würde ich also zum ersten und letzten Mal sein.

Und dann – kam alles anders. Ich traf Paula Fox wieder. Und wieder. Ich wohnte erneut bei Alan und Cynthia Lantz in der Union Street. Der Raum mit den Büchern bis unter die Decke wurde ein Zuhause auf Zeit. Auf einmal stand, wo ich auf allen Seiten Enden erwartet hatte, ein Beginn. Ein Buch wurde beschlossen, für das ich mich reisend auf die Spuren ihres Lebens und Werkes begeben würde, quer durch Amerika. Ein Buch, für das ich vor allem immer wieder nach New York kommen, unzählige Fragen an Paula Fox stellen würde; ihre Familie kennenlernen, in Kontakt mit ihren Freunden treten. Für das ich einen Weg zwischen Nähe und Distanz suchen würde. Meine Reise zu Paula Fox nahm, noch einmal neu im Jahr 2009, ihren Anfang.

*Alles nur geliehen*

Wann fängt ein Leben an? «*After so long grief, such nativity! –
Nach so viel Gram, die Feier der Geburt!*» So heißt es am An-
fang von Paula Fox' schmalem Band ihrer Jugend-Autobiografie
«In fremden Kleidern». Es ist eine Zeile aus «The Comedy of
Errors», einer frühen Shakespeare-Komödie, die von Zwillings-
paaren und Verwechslungen handelt; von einem hürdenreichen
Weg zur eigenen Identität.

An den Anfang also hat sie einen Satz über Anfang gestellt;
ungewöhnlich, schön, rätselhaft. Ein Satz, der jede simple Idee
von: Geburt ist gleich Anfang, sofort zerschlägt. Es gibt eine
Strecke davor, vor der Geburt, und diese kann gramvoll sein.
Nichts ist einfach. Mit nichts ist so schnell fertig zu werden, wie
man meint; schon gar nicht mit dem Anfang eines Lebens.

«In fremden Kleidern» beginnt nicht mit Geschichten rund
um ihre Geburt am 22. April 1923. Nicht mit jener Vorgeschichte, mit der Memoiren so oft anfangen: Dies waren meine Eltern.
Dies meine Großeltern. Da kommen sie her, da ich.

Paula Fox' Memoiren beginnen mit Mr. Corning: «*Reverend
Elwood Amos Corning, der Kongregationalpfarrer, der sich in
meinen frühesten Jahren um mich kümmerte und den ich Onkel
Elwood nannte, achtete stets darauf, dass ich nicht verwahrlost
aussah.*» *(FK, S. 15)* Und das ist es auch, was wir auf dem Buchcover der amerikanischen und deutschen Ausgabe des Buches
sehen: Ein winziges Mädchen mit ordentlich geschnittenem Pagenkopf, einem hellen Kleidchen mit Spitzenkragen, weißen
Kniestrümpfen und Ledersandalen. Die französische Ausgabe
schmückt ein Foto, es muss am selben Tag gemacht worden
sein, auf dem Mr. Corning der Kleinen etwas in einem Buch
zeigt. Wie eine Illustration jenes ersten Satzes sind diese Fotos

der dreijährigen Paula, die an einem Sommertag in Provincetown von ihr gemacht wurden.

Aber vor diesen Anfang hat sie in ihrem Buch noch einen Prolog gesetzt. Eine Geschichte von sich selbst, als sie siebzehn war und bettelarm, in einem Kleiderladen in Los Angeles jobbte und im heißesten Sommer nichts anderes anzuziehen hatte als ein dickes Tweed-Kostüm. *«Ich habe längst vergessen, wer mir das Kostüm einmal schenkte. Woran ich mich erinnere, ist, dass es etliche Größen zu groß war und aus einem so erbarmungslos haltbaren Wollstoff bestand, dass Rock und Jacke aufrecht auf dem Boden hätten stehen können.»* (FK, S. 10) Das ist lange nachdem Pfarrer Corning dafür sorgte, dass Paula nicht verwahrlost aussah; lange auch nachdem sie hatte, was sie zum Leben brauchte.

Mit zwei Geschichten über Kleider beginnt diese Autobiografie, die auf Deutsch «In fremden Kleidern» heißt und im Original «Borrowed Finery»: geliehene Spitze.

Als ich später Paula Fox auf diesen Titel anspreche, sagt sie mir: «Er bezieht sich auf ein schönes Kleid, das mir eine Frau in einer spontanen Geste schenkte, als sie mitbekam, dass ich nichts anzuziehen hatte. Sie war es, die mich von diesem Tweed-Kostüm erlöste. Was ich sagen will, ist: Alles, was wir haben, ist irgendwoher geliehen.»


## In der Ferne Lady Liberty


Sie begannen fast immer unter blauem Himmel, meine Brooklyner Tage in diesem Sommer 2009. Und mit einem morgendlichen Lauf durch die Straßen. Die klemmende Tür hinter mir zugezogen, die Gittertür auf- und zugeschlossen und die zwei

*Paula Fox und ihr Sohn Gabriel in der Küche ihres Hauses*

Stufen zum Vorgarten und zur Straße genommen, losgelaufen, an blühenden Bäumen entlang.

Links die Straße hoch verläuft ein blauer Bauzaun, an dem steht: «retail space», eine große leere Fläche für nun schon seit Jahren erwartete Einzelhändler. Als ich zum ersten Mal im Hause der Lantz' gewohnt hatte, war hier noch ein großes altes Gebäude gewesen, das alte Krankenhaus für Gewerkschafter. Alan Lantz erzählte, wie vor dreißig Jahren auf den Stufen der Brownstones all die italienischen, irischen, deutschen Hafenarbeiter saßen, die nun plötzlich nicht mehr gebraucht wurden und mit Pension entlassen worden waren. Sie hielten die Straße sicher, hatte Alan erzählt, «wir alle fühlten uns vollkommen geschützt in diesen Jahren, als Brooklyn weltweit mit blutigen Straßenkämpfen assoziiert wurde. Sie saßen auf den Stufen und legten ihre ganze ungenutzte Kraft in den Auftrag, zu Hütern dieser Straßen zu werden.»

Es ist früh, noch sind die Stufen vor den Brownstones leer. Acht-, neunstufige Steintreppen führen in den ersten Stock dieser Häuser aus dem späten 19. Jahrhundert, die in langen harmonischen Reihen diese Straßen säumen. Dort drüben geht eine Tür auf, ein Mann im Businessoutfit springt die Stufen hinunter. Später am Tag wird das «stoop sitting» zu sehen sein; Stufenstatt Stubenhocken; Kinder, Nachbarn, die sich treffen oder auch nur sitzen, um in dem durch die Bäume fallenden Sonnenlicht zu baden, in diesen besonderen Vorzimmern zur Straße, zwischen Hausfassaden und Baumreihen. Hier ist weder Stadt noch Dorf, sondern irgendetwas Geglücktes dazwischen.

Gegenüber bei «Monteleone» ist das Licht noch nicht angegangen, auch bei «Caputo» nicht. Oder haben sie ihre Backstuben gar nicht mehr hinter den Läden? «Es war ein komplett italienisches Viertel», hat mir Alan Lantz über die Zeit erzählt, als sie in die Union Street gezogen waren, Anfang der 1980er. Einige Pizzerias, ein «Italian Deli»-Markt sind noch Spuren von dieser Zeit. Später am Tag kaufe ich mir bei «Monteleone» eine Tüte mit himmlischen Keksen und wie immer praktiziert die Herrin des Hauses die Kunst vornehmen Ignorierens; sie bedient, ohne das Gespräch mit der Kollegin für einen Moment zu unterbrechen und mich auch nur eines Blickes zu würdigen. Jedes Mal wundere ich mich, dass ich am Ende wirklich in der Tüte habe, was ich wollte.

Ich laufe die Court Street hinunter, eine der beiden Hauptadern durch den Körper dieser «neighbourhoods», eine gewachsene Geschäftsstraße, in der sich zierlich und zweistöckig die Häuser aneinanderreihen. Kleine Läden und Restaurants mit Schaufenstern im Erdgeschoss, Nails, Barber, Florist, Delis, altmodische Schriftzüge; dazwischen Boutiquen, die «Lily» oder «Bobby» heißen.

»Die Schönheit des Instabilen«, so hat der Schriftsteller Jonathan Lethem, der hier aufwuchs, das Szenario dieser Straßen einmal beschrieben und sie mit seinem Roman «Die Festung der Einsamkeit» unsterblich gemacht. Diese Straßen, sagte er, seien ein «Laboratorium der Veränderung»; Einwandererlandschaft, in der früher Italiener, Iren, Schwarze lebten, und heute vor allem Latinos, alles mischte sich ständig neu; alles sei auf wunderbare Weise instabil.

Wie schief die großen Bodenplatten liegen, schief getreten von den vielen Jahrzehnten, die über sie hinweggegangen sind, merkt man eher, wenn man rennt, als wenn man geht. An den Ecken innehalten, kurz auf der Stelle treten, wenn die Fußgängerampel rot ist und die Autos in schnellem Tempo ankommen, die Wege zwischen den Querstraßen sind kurz in diesem kleinteiligen Schachbrett der Straßen.

An der Ecke Court/Sackett Street steht der große schwarze Leichenwagen vor «Raccyglia Funerals». Immer wieder staune ich, wie viele Beerdigungsunternehmen hier in Brooklyn angesiedelt sind, aber vielleicht behaupten sie sich auch nur auffälliger als in Deutschland? Neulich kam ich vorbei, als ein Leichenzug gerade in Gang kam; vorne der Leichenwagen, ein Anhänger voller Blumen hintendran, über den ein schwarzgekleideter Mensch den Regenschirm hielt. Ein anderer stoppte den Verkehr, der Zug hatte Vortritt. Für einen Moment also, dachte ich, darf der Tod den Verkehr zum Erliegen bringen.

Inzwischen bin ich von Carroll Gardens nach Gowanus gelaufen, so hieß der Stadtteil früher, benannt nach dem kurzen Kanal, der hindurchfließt. Noch nicht so lange ist er umbenannt in Boerum Hill; eine Taufe im Geiste der «gentrification», der Aufwertung oder «Vornehmisierung» eines Viertels. Wenn ich nach rechts hinüberschaue, sehe ich die graubraunen Blocks der «housing projects», des sozialen Wohnungsbaus von damals. Aus ihnen kamen in jenen 1970er-Jahren, als Paula Fox gerade ihren Roman «Desperate Characters» veröffentlicht hatte und Jonathan Lethem hier zur Schule ging, die Jungs, die

ihn jeden Morgen in den Schwitzkasten nahmen und unerbittlich jeden halben Dollar für Frühstücksbrötchen aus ihm
herauspressten: «In der Tiefe ist hier etwas ganz gleich geblieben», hatte Jonathan Lethem im Gespräch gesagt, «da können
die Läden und Restaurants noch so trendig aussehen. An der
Armut in den projects hat sich nichts geändert.» In den Brown-
stone-Straßen aber haben reizend ausstaffierte Kinder und
sichtlich nicht arme Eltern der Mittelschicht eindeutig die Oberhand gewonnen.

Zur Rechten «Book Court», der Buchladen, in dem Paula
Fox mit dem Buchhändler über Marlon Brando lachte. Dann
kommt Pacific, schließlich, Atlantic Avenue – breit und laut
und vierspurig, einschneidend. Jonathan Lethem, dieser Chro-
nist des Viertels, nennt sie den «gulf», den dicken Strich, der
dem Viertel eine Grenze zieht. Es war an dieser Ecke Court/
Atlantic, dass der poetische Name Cobble Hill geboren wurde,
Jahrhunderte zurück. Damals, während der Revolutionskriege,
lag hier ein strategischer – höchstgelegener – Punkt, der «coble
hill» genannt und in den 1950er-Jahren aus alten Landkarten
wieder ausgegraben wurde. Ich laufe ein paar Blocks weiter,
nach links in die Remsen Street hinein, an deren Ende sich zur
Rechten die Brooklyn Promenade erstreckt und der Blick der
Blicke, quer über den East River, die Skyline von Downtown
Manhattan umfasst. Von keiner anderen Stelle ist der südliche
Umriss der Wolkenkratzerinsel so zu sehen; die Hochhäuser
um Wall Street; dahinter, immer dichter und ferner, die von
Midtown Manhattan, das Empire State Building. Links in
der Ferne Lady Liberty. Jenes atemberaubende Panorama, in
dessen Schatten, ein wenig verborgen und unerkannt, eine
so besondere Stadt-Land-Mischung wie Brooklyn gedeihen
konnte.

Auf dem Weg zurück laufe ich ein paar Straßen weiter durch
jene ruhige Wohnstraße, in der Paula Fox wohnt. Jeder Vorgar-

*Martin Greenberg*

ten eine Visitenkarte. Blumentöpfe, Bäume; einsam, auf nacktem Stein, eine betende Madonna.

Das Morgenleben ist in vollem Gang, bei «Mazzola's Bakery» an der Ecke sitzt ein kleines Mädchen allein auf einem Stuhl und holt sich Gesellschaft, indem sie sich mit Krumen Spatzen in die Hand lockt. Vor dem Barber sind Männer im lautstark brüllenden Gespräch glücklich. In «Marius' Cafe» gegenüber beugen sich Frühstücksgäste übers Oatmeal. Aus einem Fenster grüßt ein meterhoher Franziskus, umwunden von bunten Girlanden. Immer noch ist hier ein bisschen Klein-Italien, Sizilien, Kalabrien.

Da drüben liegt Paulas und Martins Haus. Es ist zu früh für einen Besuch. Noch ist das Leben dort drinnen innerlich. Diese Zeit gehört dem schwer anlaufenden Kreislauf, dann der Arbeit.

In der Sackett Street sitzen drei ziemlich alte Damen, weiß-haarig, auf den Stufen eines Brownstone. Ihre weiten geblümten Röcke liegen wie ein Schmuck auf dem Stein. Heftig das Gespräch mit der Nachbarin, die auf den Zaun gestützt lauthals antwortet. Geschichten, überall. Ich werde jetzt in ein Früh-stückscafé gehen, Notizen und einen Plan für den Tag schreiben und daran denken, dass ein paar Straßen weiter Paula und Martin aufgestanden sein werden, Kaffee gekocht und die Kat-zen versorgt und sich an ihre Schreibtische gesetzt haben. Paula hat die elektrische Schreibmaschine angestellt; ist ein paar Mal die sich über vier Etagen durchs Haus ziehende Wendeltreppe herauf- und heruntergelaufen. (Sie sechsundachtzig und mit einem stetig sich verschlechternden Augenlicht, er einundneun-zig, mit Hüftschmerzen und wacklig auf den Beinen.) Vom Gar-ten her kommt dann irgendwann die Katze Gracey herein, dick und immer schlecht gelaunt wirkend, Lucy mit dem gezackten Ohr, ein Tag nimmt seinen Lauf.

## Wo sonst die Geschichten beginnen

Der Name des Kindes ist Paula Fox. So steht es im «Certificate and Record of Birth», ausgestellt vom Gesundheitsamt der Stadt New York. Das Kind wurde geboren am 22. April 1923 in der Manhattan Maternity. Dies sind die Daten auf dem Ge-burtsschein: «color white», Eltern Paul H. Fox, «writer, age 28», und Elsie Fox, geb. De Sola, «housewife, 20».

Daten, schwarz auf weiß erhalten; ein paar Zahlen, ein paar Stichworte. Das minimale Zeugnis vom Beginn eines Lebens. Wo aber sind die Geschichten, die normalerweise das Ereignis einer Geburt umgeben? Wie war die Schwangerschaft? Wo hat die Familie, die Mutter, damals gewohnt? Wann kamen die ersten Wehen? Wie sah das Baby aus?

In Paula Fox' Geschichte klafft hier ein Loch. Dort, wo sonst die Geschichten beginnen; wo jener Raum, den nicht die eigene Erinnerung füllen kann, mit Worten und Bildern der Eltern oder Großeltern, gefüllt wird, ist die erste große Lücke.

«Ich weiß nicht, wie ich zu Paula wurde», hatte mir Paula Fox ungewohnt kurz geschrieben, als ich sie danach fragte, wie sie zu ihrem Namen kam. «Vermutlich hat mein Vater das entschieden, wer soll es sonst gewesen sein?» Ihr Vater war der Einzige, der ihr je von der Vergangenheit erzählte, sagt Paula. Könnte dann nicht der Name – Paula als Tochter von Paul – als Brücke zwischen ihnen beiden gelesen werden? Als Hinweis auf Nähe, Vaterstolz? Wieder ist Vorsicht angezeigt. Paul Hervey Fox wird eine ganze Vaterschaft lang das Leben seiner Tochter immer wie ein Durchgangszimmer betreten: schnell hinein, schnell hinaus. Immer lässt er etwas zurück: Bücher, Geschichten, Verwirrung. Die Geschichte ihres Namens aber wird ihr nie erzählt. Die ihrer Geburt erst recht nicht. Nicht die wahre und auch keine andere an ihrer Stelle. Für einmal bringt eine Tat alle Geschichten drum herum zum Schweigen.

*«Ein paar Tage nach meiner Geburt war ich in einem Findelhaus abgegeben und zurückgelassen worden, von meinem widerstrebenden Vater und von Elsie, meiner Mutter, die voller Panik und nicht zu bändigen gewesen war in ihrer Hast, mich loszuwerden.» (FK, S. 19)* Dieser Satz steht in «In fremden Kleidern» nach sieben Seiten über anderes, über Mr. Corning, ein Tweed-Kostüm, über die Sonntage in der Kirche in Blooming Grove – ein Satz. Mehr kann – soll – dazu nicht gesagt werden.

Wo war das, Paula? Wohin haben sie Sie gegeben? «Es war ein Findelhaus irgendwo in den East 60ies, keine Ahnung. Es steht nicht mehr.» Ist sie einmal, als Kind vielleicht sogar, hin-

*Elsie und Paul H. Fox, Paulas Eltern*

gegangen, um sich diesen Ort anzusehen? «Ich wusste früh davon, aber ich erinnere mich nicht mehr, wer mir davon erzählt hat. Vielleicht sogar meine Mutter ...»

Ich will wissen, wo dieser Ort war. Die Suche führt mich, wie noch manch andere, mit dem A-Train hoch nach Manhattan, bis in die 81st Street, in die Bibliothek der «New York Historical Society». Wieder einmal besticht mich hier in New York ein Gegensatz: So ehrfurchtgebietend, imposant der klassizistische Bau selbst, gelegen inmitten der eleganten Upper West Side, ist, so entwaffnend einfach ist es, ihn zu nutzen: Ich gehe unangemeldet durch einen Hintereingang hinein, gebe eine kurze Erklärung ab und werde gleich die breiten Marmortreppen hoch begleitet bis in den schönen großen stillen Leseraum. Unter einer verzierten Decke, an kleinen Lampen, sitzen Leserinnen und Leser jeden Alters und unterschiedlichster Herkunft. Ein freundlicher Bibliothekar berät mich und schlägt mir schließlich vor, in den «Landbooks of the Borough of Manhattan» zu suchen, Meisterstücken der Stadtchronik, in denen jedes einzelne Gebäude und seine Nutzung verzeichnet ist, einst zum Zwecke des Feuerschutzes erstellt.

Welchen Jahrgang suche ich? 1923? Kommt sofort. Enorme Folianten, in denen, in feinem Strich gezeichnet, aus der Vogelperspektive, Block für Block das gesamte Straßennetz von Manhattan erfasst ist. Jede Hausnummer ist nachweisbar: «garage» steht dann da in winziger Schrift; «pharmacy» «library». Ich suche die East 60er Straßen ab, konsultiere parallel den «Directory of Social Agencies», bis ich bei der 68sten fündig werde: Über die Länge des ganzen Blocks zwischen Lexington Avenue und 3d Street zieht sich der Schriftzug: «New York City Foundling Asylum.» In der Ausgabe des Directory von 1924 schließlich eine Beschreibung: *«For Catholic white or colored foundlings and dependent children from birth to 3 years of age.»* Drei Jahre später ergänzt dies jährlich erscheinende Verzeichnis der sozialen Institutionen: *«Receives foundling and deserted children of NYC. Mothers who are willing to act as nurses are received with the infants; also needy and homeless mothers. From 600 to 700 children are provided for in the Asylums.»* Für Findelkinder, verlassene Kinder aus New York City. Mütter, die ihre Kinder selbst nähren wollen oder bedürftig und obdachlos sind, werden mit ihren Kindern aufgenommen; es besteht Platz für 600 bis 700 Kinder.

\*

Es regnet, als ich mich quer durch den Central Park auf den Weg in die 68th Street mache, von der Upper West auf die Upper East Side. Als ich die Straßenecke schließlich identifiziert habe, mache ich ein Foto: Später wird die Frau mit ihrem roten Regenschirm, die mir durchs Bild läuft, der einzige Farbfleck auf dem Bild sein, vor einem enormen Steingebirge aus schmutzigweißem Beton, das hinter ihr in den grauen Himmel ragt.

Gleichförmig zwanzig Stockwerke hoch – ein trostloses Bild. Heute leben zweifellos mehr Menschen in den nah aneinandergebauten, teils verschachtelten Wohntürmen zwischen 3d Street und Lexington, als damals in jenem Backsteingebäude lebten, in dem an dieser Stelle nach 1869 das «New York City Foundling Asylum» – später «Hospital» – residiert hatte. Sechs-bis siebenhundert Findelkinder zusammen mit den «Sisters of Charity», die schon allein deshalb hier leben mussten, weil ausdrücklich «at any hour of the day» Kinder abgegeben werden konnten. Not kennt keine Öffnungszeiten.

## Die Scham der Findelkinder

«Paula, ich habe es gefunden!», platze ich heraus, als ich am Abend zu einem Besuch in der Clinton Street vorbeikomme. «...catholic white children...» – lese ich vor, «receives foundling...» Paula springt auf, alarmiert: «Oh, ich habe vergessen, Lucy muss gefüttert werden!» Hatte ich es nicht schon vorher gemerkt? *Ich* hatte es wissen wollen. Sie nicht.

Was ist ein Findelkind? In dem Maße, wie ich mich in die Geschichte der New Yorker Findelhäuser[3] vertiefe, dämmert mir der Sinn von Paulas Abwehr. Ein Findelkind ist etwas viel komplizierteres als ein Waisenkind: Das Findelkind hat Eltern und hat sie eben doch nicht. Die rigorose Unterscheidung in «orphans», Waisen, und «foundlings», Findelkinder, wird vor der Mitte des 19. Jahrhunderts tausende von Findelkindern das Leben gekostet haben. Denn während die elternlosen Kleinen als Opfer angesehen wurden und in privaten Einrichtungen und Waisenhäusern willkommen waren, hatten Findelkinder keine andere Adresse als das «public poorhouse» oder «almshouse»[4].

Findelkinder, schreibt Julie Miller in ihrem Buch über verlassene Kinder in New York, waren mit Sünde infiziert.[5]

So ist die Einsamkeit des Findelkindes, kaum dass es auf der Welt ist, überwältigend: von «mutterseelenallein» führt ein direkter Weg zu «von Gott und der Welt verlassen». Denn genau so rechtfertigten die New Yorker im frühen 19. Jahrhundert, getreu ihrem europäischen Vorbild, ihre fatalistische Härte: Gott hatte es so eingerichtet. Er muss gewollt haben, dass es auch Ungewollte gibt und für sie keinen Platz auf der Erde.[6] Wie überwältigend angesichts eines derart geschlossenen Weltbildes die Scham jener Findelkinder gewesen sein mag, die das Elend des Armenhauses überlebten und erwachsen wurden, kann man ahnen. Sie starteten, mit einer untragbaren Last beladen ins Leben.

Das war die Situation gute sechzig Jahre bevor Paula Fox im «New York Foundling Asylum» abgegeben wurde: 1860, als es mehr Einwanderer und mehr Armut in New York gab als irgendwo sonst im Land. Mehr kleine Streichholzverkäufer, Schuhputzer, Teppichknüpfer, Diebe, Prostituierte auf den Straßen, als es je zuvor gegeben hatte. Mehr abgelegte Babys auf Türschwellen, in Hauseingängen, auf Parkbänken. Und was würde aus diesen später werden, sofern sie das Armenhaus überlebten?

Politische und religiöse Reformer waren sich kurz vor Ausbruch des amerikanischen Bürgerkriegs in den 1860er-Jahren einig: Eine neue Institution musste her, um unter Kontrolle zu halten, was sonst vollständig aus dem Ruder laufen würde. Darin enthalten war ein moralischer Impuls, in dem es bei Weitem nicht nur um den Schutz der Kinder ging, sondern um eine moralische Ordnung, die es erlaubte, in anständig und unanständig, sauber und unsauber einzuteilen; die «akzeptable» von inakzeptabler Sexualität unterschied. Findelkinder wurden als die Verkörperung verderblicher Sexualität angesehen; sie legten sichtbaren Beweis ab vom Fehlverhalten der Mutter, das dann in der Vernachlässigung der Mutterpflicht mündete. Gefallenen Frauen auf ihrem Weg nach unten einen Rettungsanker anzubieten, damit sie nicht völlig in der Gosse, also in der Prostitution landeten: das beinhaltete in diesem Verständnis, sie von ihren Kindern, dem fleischgewordenen Ausdruck ihres Fehlers, zu befreien.

Um der urbanen Verelendung Einhalt zu gebieten, wurden also in den 1860er- und 70er-Jahren gleich vier Findelhäuser in Manhattan gegründet. Das einzig katholische von ihnen, das «New York Foundling Asylum», kam dem Elend auf der Straße am weitesten entgegen: Die Schwestern stellten einen Babykorb auf die Straße[7]. Mit Erfolg: 1871, kaum zwei Jahre nach Öffnung, waren 2560 Findelkinder über die Schwelle zum Findelheim gelangt.

Was bedeutete dieser Schritt nach vorne für die Kinder? Jenseits von besserem Schutz für ihr Leben – war es mit der Scham vorbei?

\*

«Es war ein riesiger Backsteinbau», murmelt Paula Fox widerstrebend, «irgendwann mal habe ich es mir angeschaut.» Danach hat sie die Straße vergessen, all jene Einzelheiten, die sie sonst in ihrem so detailgenauen Gedächtnis abrufbar hat.

Irgendwann wurde das Gebäude abgerissen; das Findelhaus, längst in «Foundling Hospital» umbenannt, wurde an einen anderen Platz verlegt und so wurde Platz geschaffen für öde Wohnsilos. Zu diesem Zeitpunkt waren Zehntausende von Kindern von hier aus ins Leben gestartet. Das «Foundling», wie es allgemein genannt wurde, hatte den besten Ruf unter den vier Findelhäusern in Manhattan. Es existiert, an einem neuem Ort, bis heute.

Galt, was Julie Miller über die Findelkinder des späten 19. Jahrhunderts schreibt, auch 1923 noch? Drei der vier New

*Großmutter Candelaria mit Enkelin Paula, die zu Besuch ist*

Yorker Findelhäuser werden in den ersten Jahrzehnten des 20. Jahrhunderts geschlossen[8]. Das Aussetzen unerwünschter Kinder hat als Massenphänomen aufgehört zu existieren. Die Kinder selbst, denen dies einmal passiert war, blieben in ihrem späteren Leben – so beschreibt es Julie Miller – meist unsichtbar, unhörbar. «Der Umstand, dass ihre Stimme so gut wie nicht vorkommt, verbunden mit dem Rätsel ihrer Herkunft, macht sie zu leeren Tafeln ... auf die jeder seine düstersten Ängste projizieren kann.»[9]

*

Spätestens hier lande ich, widerstrebend, aber unvermeidlich, bei Paulas Mutter. Wer war diese Frau, die mit anscheinend großer innerer Eindeutigkeit ihr Kind abgab, kaum dass es geboren war? Elsie de Sola war verheiratet. Sie mag arm gewesen sein – «pleite» ist die stehende Wendung von Paulas Eltern für ihre finanzielle Situation –, aber sie hatte Mutter, Brüder, einen Ehemann. Paul und Elsie Fox reisten viel, in Amerika, nach Europa; sie führten ein bohèmehaftes Leben. Elsie erfüllte keineswegs die Kriterien der Notlage, die üblicherweise zum Findelkind führen. Warum begab sie, die katholisch erzogen war, und im Schutz der Ehe Mutter wurde, sich an den Ort für gefallene Frauen? Warum geriet sie in die außergewöhnliche und – nach katholischem Maßstab – ungehörige Situation, ihr Kind wegzugeben?

Für Paula Fox gehört die Notwendigkeit, das Rätsel dieser Ablehnung zu lösen, in ein altes, längst vergangenes Leben. Die Mutter selbst gab ihr nie eine Auskunft, nie eine Geschichte, die zu einer Auflösung hätte führen können. Das wenige, was sie von ihr erfuhr, taugte nur dazu, den Umstand der Ablehnung zu befestigen: «Elsie erzählte mir mal, bevor sie mich bekam, mit zwanzig, hätte sie schon mehrfach abgetrieben. Und die Schwangerschaft mit mir habe sie einfach zu spät bemerkt, um mich noch loszuwerden.»

Elsie de Sola, wird mir klar, brach ein größeres Tabu als die Frauen vor ihr. Nicht nur jenes, das eigene Kind wegzugeben. Sondern es ohne Not zu tun; es also weggeben zu wollen. Waren ihr diese Tabubrüche egal? Wie begründete sie vor sich, vor ihrem Mann, diesen Wunsch?

Um Elsie de Sola ranken sich Rätsel, die bei den Jahreszahlen beginnen und nirgends enden. Ihr Alter bei Paulas Geburt wird auf der Geburtsurkunde mit 20 angegeben; in ihren Memoiren schreibt Paula Fox, sie sei neunzehn gewesen. Oder war sie vielleicht doch eher vierundzwanzig? Dafür würde sprechen, dass ihre Mutter Candelaria, jung verwitwet, mit fünf Kindern nach Ende des Spanisch-Amerikanischen Krieges – der im August 1898 endete – nach Amerika gekommen war. «Ich weiß die Zahlen nicht mehr», werde ich wieder und wieder von Paula Fox hören: So exakt, wie sie sich an Bilder und Situationen erinnert, so widersprüchlich sind oft ihre Angaben über Jahreszahlen.

Anzunehmen ist, dass Elsie de Sola im Findelhaus eine Geschichte erfand, Not vorspiegelte. Mir fallen die Findelkinder im 19. Jh. ein, von denen Julie Miller berichtet, dass viele von ihnen, rätselhaft genug, in «Samt und Seide» gekleidet waren; eines von ihnen wurde das «Blue silk baby»[10] genannt und in der Presse mit vielen Spekulationen erörtert. Diese feinen Kleider waren Liebeszeichen, in denen sich der Wunsch, das Kind möge es besser haben, gleichsam materialisierte. Mir kommt der Gedanke, dass Paulas Eltern dies in gewisser Weise umkehrten: während diese Kinder mit «geliehener Spitze» aufgewertet werden sollten, wurde die kleine Paula abgewertet – in die Rolle von jemand viel Ärmerem und Verlorenerem gezwungen, als es der Wahrheit entsprach. Und dennoch, oder vielleicht gerade darum, ist sie, viel später, zu jemandem geworden, der das Wesen von «geliehener Spitze»– borrowed finery – in seltener Tiefe durchdrang.

*Diese Liebe zum Ozean habe ich von meinem Vater*

Der Tag könnte stürmisch werden. Draußen vor dem Zugfenster ist gerade Harlem vorbeigezogen, die 125ste Straße, die 153ste, Straßenzüge mit schönen hohen schmalen Häusern aus dem 19. Jahrhundert, dann ein zäher Ring von *housing projects*, gewaltigen gleichförmigen grauen Steingebirgen des sozialen Wohnungsbaus. Ich bin unterwegs nach Yonkers, jener Kleinstadt am Hudson, nördlich von New York City, aus der Paul Hervey Fox stammt.

Mit dem Zug den River Hudson hochzufahren heißt nicht nur, New York verwirrend schnell hinter sich zu lassen, es heißt irgendwie: New York zu vergessen. War man grad in der Stadt gewesen? Kein breiter Fluss, nein, was links der Zugstrecke liegt, ist ein mächtiger Strom, der die Versprechen des Meeres mit sich zu führen scheint, in das er bald mündet: unbekannte Weite, Wildheit, Geheimnis.

Der Stadtrand verdichtet noch mal, wie alle Ränder großer Städte, New Yorks soziale Gegensätze; dann geht alles auf im Wellengang des Stroms und dem dicht bewachsenen grünen Ufer gegenüber. Die Stationen heißen Marble Hill, dann Spuyten Duyvil. Der Brückenschlag der George Washington Bridge unterstreicht die majestätische Breite des Stroms. Massen von buntem Laub sammeln sich zwischen Zug und Ufer· Das hier ist das Hudson Valley, das sofort hinter New York beginnt.

Während ich mich der Heimatlandschaft von Paul Hervey Fox nähere, denke ich über eine seltsame Koinzidenz nach: Auch Paula verbrachte, wie ihr Vater, die frühen Kindheitsjahre am Hudson. Obwohl Paul Fox das Band der Kontinuität zerschnitten hatte, geriet seine Tochter – zufällig, ohne sein Zutun – durch Pfarrer Corning ebenfalls in dichte Nähe zum großen

Strom, der in den Adirondacks entspringt und bei New York in den Atlantik mündet. Nach einer halben Stunde bin ich angekommen. Der Bahnhof liegt nahe am Fluss, in der Unterführung laufe ich unter alten Mauern ans Ufer des Hudson, wo glasverspiegelt, menschenlos, ein elegantes wuchtiges Gebäude liegt, so neu und scheinbar unberührt, als sei es gestern hier aufgestellt worden. Auf den ersten Blick vermittelt Yonkers eine seltsame Mischung aus modern, verwahrlost und unwirtlich.

Paul Hervey Fox wurde 1894 geboren. Als er in Yonkers aufwuchs, war der River Hudson eine schmutzige Brühe. Der Dreck war ein Erfolgsausweis: zeugte er doch vom prosperierenden Industriestandort. «Es lief ja viel Verkehr über den Fluss! Yonkers war der wichtigste Handelsplatz von Westchester City.» Mittlerweile bin ich in der Public Library angekommen, wo mir John Favareau, Bibliothekar und ausgewiesener Yonkers-Spezialist, von der Blüte der Stadt in der zweiten Hälfte des 19. Jahrhunderts erzählt. «Otis Aufzüge wurden in Yonkers gegründet! Es gab eine große Zuckerraffinerie. Eine Hutmanufaktur. Nicht zu vergessen Alexander Smith Carpet Mills – ein großes Teppichunternehmen. Nachdem die Eisenbahn 1849 hierhergekommen war, etablierte sich Yonkers als Industriestandort erster Güte.»

Favareau erklärt mir diesen Ort, dessen Bevölkerung zwischen 1880 und 1910 von 20 000 ums Vierfache auf 80 000 Menschen wuchs und dabei ein internationales Gesicht bekam: «Deutsche, irische, schottische und enorm viele Zuwanderer aus Osteuropa kamen her! Polen, Slowaken, Ukrainer ... Der Süden von Yonkers hatte eine ethnische Vielfalt ähnlich wie Brooklyn. Yonkers war bedeutend und wohlhabend, und also konnte man hier auch schick wohnen. Gerade eine Straße wie die Warburton Avenue zeugt von dieser Zeit», sagt Favareau, nachdem ich ihm die Adresse von Paulas Großeltern verraten habe: 338, Warburton Avenue.

«Es war ein altes viktorianisches Holzhaus, mit einem fantastischen Blick auf den Hudson», hatte Paula beschrieben, «es war höhergelegen, man lief Treppen zu einer Veranda hoch … aber bestimmt ist davon nichts mehr übrig geblieben.»

John Favareau ist sich da nicht so sicher. «Es ist eine der ältesten Straßen von Yonkers», sagt der Bibliothekar, «da haben nicht die Arbeiter aus den Fabriken gewohnt, sondern Bessergestellte.» Paulas Großvater war Handelsvertreter für Arzneimittel und ständig unterwegs. Einst war sein Traum vermutlich ein anderer gewesen: Er hatte als junger Mann in Leipzig Philosophie studiert. «Ich denke, er wollte Professor werden», vermutet Paula.

Der Regen ist heftiger geworden, eigentlich ist es Wetter für den Bus, der mit hohem Tempo durch die spritzenden Pfützen fährt. Warburton Avenue ist eine breite Straße, an der mehrere Autowerkstätten liegen, eine Reinigungsfirma, eine Autoverschrottung. Trotz des Regens sind lachende, lärmende Gruppen von Jugendlichen unterwegs. «Seien Sie vorsichtig», hatte mich John Favareau gewarnt. «Heute ist die Warburton Avenue high crime area – leider.» Nach dem Zweiten Weltkrieg habe der Niedergang von Yonkers begonnen. «Otis verließ die Stadt, Alexander Smith, es gab viele schwarze Zuwanderer. Inzwischen kommen Leute aus der ganzen Welt hierher, aber die Arbeitslosenquote ist enorm, wir haben mehr Sozialfälle denn je.»

Weiter hinten werden die Häuser herrschaftlich, erzählen von besseren Tagen. Großzügige Steinvillen, Veranden mit Säulen, aber der Putz bröckelt, das Holz verwittert. Die Straße zieht sich, die Nummer 338 ist noch lange nicht erreicht. Gelbe Schulbusse fahren die Straße rauf und runter. Heute hat Yonkers 200 000 Einwohner, die meisten von ihnen sind blutjung. Eine Anhängervermietung, eine Tiefgarage. Dies ist ein Spießrutenlauf an vielen kritisch musternden Blicken vorbei. Was tue

*Blick aus der Public Library in Yonkers auf den Hudson*

ich hier? Dass ich ins Notizbuch schreibe, macht es nicht besser. Ein junger Mann überquert die Straße von der anderen Seite und rempelt mich an. Schließlich, auf der rechten Seite, sicher zehn Meter von der Straße weg, liegt die Nummer 338. Der untere Teil der viktorianischen Holzvilla ist mit Ziegeln stabilisiert. Stufen führen zum höhergelegenen Haus, zu einer Veranda – von da oben muss der Blick auf den Hudson fantastisch sein. Was für ein Familienleben wird vor hundert Jahren hier stattgefunden haben? Was für eine Kindheit hatte Paul Fox? Sie wisse nichts über Pauls Verhältnis zu seinem Vater, hatte Paula mir gesagt, außer einer Geschichte: wie er einmal, ein kleiner Clown, hinter dem Busch hervorgesprungen sei und «Red! Red!» gerufen hätte, um seinen (rothaarigen) Vater davon abzuhalten, schon wieder zu verreisen. Winfield Fox, so die Vermutung der Enkelin, in die sich ein paar vage Erinnerungen mischen, sei ein verschlossener, aber freundlicher Mann gewesen. «An meine Großmutter, Mary Letitia Finch, dagegen erinnere ich mich als an eine ausgesprochen harte, kalt schweigende Frau.»

*

Als ich mein Gepäck abhole, das John Favareau für mich in Verwahrung genommen hat, hat er die Familie Fox inzwischen im City Directory von 1910 gefunden: Winfield, vierundfünfzig, und Mary Letitia, fünfzig, weiter die Kinder Jessie, einundzwanzig, und Paul, sechzehn. Im Verzeichnis von 1914 ist es nicht mehr ganz dieselbe Besetzung: Paul wohnt nicht mehr bei der Familie. 1912 hatte er seinen Highschoolabschluss gemacht

In der Bibliothek trommelt der Regen an die verglaste Außenwand. «Come on», fasst ein Angestellter freundlich rau die Obdachlosen an den Schultern, die auf den Sesseln, dem Fluss zugewandt, fest eingeschlafen sind. Hinter der tropfenübersäten Glasfront strömt der Hudson, mit kleinen Schaumkronen getüpfelt. Von hier aus ist es nicht weit bis zum Ozean. «Mein Vater hat mir diese Liebe zum Ozean vererbt», hatte Paula mal gesagt, und je länger ich auf den Hudson, diesen mächtigen Strom blicke, desto sicherer bin ich mir, dass diese Liebe hier angefangen hat.

Dann steige ich wieder ein in einen Waggon der Hudson Line, zurück nach Manhattan, und frage mich, wie die Geschichte des jungen Paul Hervey Fox weiterging, als er Yonkers verließ.

Was kann ich herausfinden über diesen Mann, den ich auf der kleinen Fotografie auf Paula Fox' Wohnzimmertischchen sah; lockig, attraktiv, wach, energiegeladen? Ein Mann, der für mich erst Kontur gewinnt, als er Mitte dreißig und Vater einer kleinen Tochter ist, die verstreute, aber punktgenaue Erinnerungen an ihn mit der Schärfe von Fotografien hat.

Den Nebel, der um das «vorher» liegt, kann Paula nicht lichten. «Ich war immer so weit entfernt von dieser Familie, hatte so wenig mit ihnen zu tun ...» Am Abend essen wir zusammen in der Clinton Street. Sie staunt, dass es das Haus der Großeltern noch gibt – wenn auch mit Backstein und Beton aufgefüllt. Eine Geschichte aber weiß sie; in dieser tritt Paul kurz heraus aus dem Nebel. Er liebte schon früh die Literatur und wollte Schriftsteller werden. Als er neunzehn war, schien der Traum vom erfolgreichen Schreiben auf wundersame Weise eine erste Erfüllung zu finden. Der Journalist und Verleger H. L. Mencken, ein bedeutender Intellektueller seiner Zeit, interessierte sich für die Geschichte, die Paul an das von ihm herausgegebene Magazin «Smart Set» geschickt hatte, und wollte sich mit ihm treffen. «Er lud Paul ins Delmonico's ein, eines der edelsten Restaurants von New York, und mein Vater muss so außer sich vor Aufregung gewesen sein, dass er Rühreier bestellte ...» In Paulas Lachen über diese Pointe liegt eine Zärtlichkeit, die vielleicht der heftigen, in ihrer Hilflosigkeit rührenden Sehnsucht dieses jungen Mannes gehört – oder dem Umstand, dass es eine der wenigen Geschichten ist, die sie überhaupt von ihrem jungen Vater hat. «Immerhin, es war der erste Text, für den er Geld bekam.»

Und nun, wohin? Gibt es außer Pauls Elternhaus in Yonkers noch Orte, an denen ein Stück Geschichte von Paul Hervey Fox befestigt werden könnte? Oder fing schon hier, bald hinter Yonkers, jene diffuse Ortlosigkeit an, die ein Kennzeichen von Paulas Eltern zu sein scheint? Eine weitere Geschichte seiner Tochter bestärkt mich in dieser These: «Paul erzählte mir immer, er sei aus fünf Colleges geflogen, darunter so renommierten Institutionen wie Cornell. Regeln brechen, das sei das Beste, was man aus Regeln machen könne.»

Dann kam der Krieg – und schrieb eine Geschichte von Unruhe und Ortlosigkeit fort.

## Von Kriegen hierhin und dorthin geführt

«Uncle Sam wants YOU!» lautet der Schriftzug auf dem Plakat, das mir auf der Suche nach Zeugnissen von Amerikas Eintritt in den Ersten Weltkrieg in Büchern mehrfach begegnet. «Uncle Sam wants YOU!», sagt der Mann mit den tiefen Falten und der Adlernase, dem Zylinder mit «american stars», dem schlecht sitzenden Jackett und dem direkt aus dem Bild herausstechenden Zeigefinger, mit dem er auf den Betrachter zeigt.

Was kam einem jungen männlichen Amerikaner in den Sinn, wenn er im Jahr 1917 dieses Plakat und den auf sich gerichteten Zeigefinger sah? Hat Paul Hervey Fox, dreiundzwanzig Jahre alt, dies Plakat gesehen?

Noch 1916 hatte sich Präsident Woodrow Wilson im Wahlkampf auf seine Fahnen geschrieben, Amerika aus dem Krieg herausgehalten zu haben. Dann aber provozierte Deutschland – und ein Heraushalten war nicht mehr möglich. Über 1,3 Millionen Männer und 20000 Frauen meldeten sich für den freiwilligen Kriegsdienst.

Unter ihnen war auch ein anderer junger Amerikaner, der die Literatur liebte, und nichts so sehr wollte wie ein berühmter Schriftsteller zu werden. Sein Name: F. Scott Fitzgerald, zwanzig. Er hatte in Princeton studiert, wartete nun auf seine Einberufung und schrieb an seinen Studienkollegen Edmund Wilson, den er vielleicht als mit ähnlicher Sensibilität ausgestattet betrachtete wie sich selbst: «‹Welche Wirkung hat der Krieg aus nächster Nähe auf einen Menschen deiner Gemütsbeschaffenheit?›»[11]

Fitzgerald dachte über den Krieg nach, noch bevor er in ihn geriet, «Wenn wir überhaupt aus dem Krieg zurückkehren, werden wir ziemlich alt sein – auf die schlimmste Art»,[12] aber

42

bevor seine Division nach Übersee einschiffte, war der Krieg zu Ende. Fitzgerald blieb ambivalent zwischen heroischem Bedürfnis einerseits und steten ironischen Brechungen und Eskapaden, die er sich bei der Division erlaubt hatte: «Als Offizier war Fitzgerald außerordentlich entbehrlich»[13], soll lakonisch ein Kriegskamerad gesagt haben.

Dennoch gilt die in Fitzgeralds Romanen gestaltete tiefe Ambivalenz zwischen einem Leben im genussvoll-flüchtigen Moment und dem Wissen um «verlorene Zeit» als treffender Ausdruck der Periode nach dem «Großen Krieg».

«Ich bin nicht sicher, ob der Krieg auf dich oder mich tatsächlich großen Einfluss gehabt hat – aber er hat mit Sicherheit den vertrauten Hintergrund zerstört, in gewisser Weise den Individualismus aus unserer Generation getilgt», schrieb Fitzgerald in seinem ersten Roman «Diesseits vom Paradies».[14]

«Ich habe keine Ahnung, wie mein Vater zum Krieg stand», hatte Paula gesagt. «Es gab eine Einberufung, und man konnte angeben, wohin man vorzugsweise wollte.» Paul Fox wollte zur See – und kam tatsächlich zur Navy. Dort lernte er Leopold de Sola kennen, den Sohn der kubanischen Einwanderin Candelaria de Sola, die nach dem spanisch-amerikanischen Krieg aus Kuba in die USA gekommen war. Einmal nahm Leopold, Elsies Lieblingsbruder, auf Heimaturlaub seinen Freund Paul mit ins Haus seiner Mutter. Leopold lebte mit Mutter, Bruder Vincent und der jüngsten Schwester Elsie in Brooklyn, nahe Sterling Place. Dort muss die Liebesgeschichte zwischen Paul und Elsie begonnen haben. Irgendwann in den folgenden Jahren zogen die de Solas dann um. Candelaria kaufte ein Haus in Queens: 129, Audley Street, Kew Gardens.

*

Ich war morgens mit der Subway von Jay Street/Borough Hall losgefahren, einer Station kurz hinter Brooklyn Bridge, an der sich fast alle Zuglinien von und nach Manhattan kreuzen. In die eine Richtung fahren die Züge unter dem East River durch nach Manhattan, in die andere fächern sie sich auf in alle Destinationen von Brooklyn, Queens und Bronx. Schnell hatte sich der Zug geleert, und irgendwann war ich die einzige Weiße im Waggon. Bald hinter Jay Borough beginnen sich die Welten zu trennen. Jene für Manhattan typische Mischung – die ganze Welt in einem Zug – gilt nicht mehr. Der A-Train nach Queens ist schwarz. Jungs mit Kopfhörern, leise zur Musik vor sich hinredend. Hochhackige Schönheiten mit straff nach hinten gekämmtem Haar. Der Zug wird so leer, seine Besetzung so einheitlich, dass ich mich zum ersten Mal in New York fremd fühle; schließlich, schon eine Dreiviertelstunde unterwegs, noch einmal umkehre, und Tonband und Fotoapparat in der Union Street deponiere. Eine fixe Idee hatte mich ergriffen: Ich könnte überfallen und beraubt werden, und das Band mit Paula Fox' Stimme, einmal fort, wäre ein unersetzlicher Verlust. Als ich ein zweites Mal im A-Train bei Broadway Junction über die Erde komme, sind eineinhalb Stunden vergangen. Dann Wechsel in den J-Train, Fahrt durch eine endlos verschachtelte Backsteinlandschaft; Wohnhäuser, Garagen, Industriebrache scheinen ineinander überzugehen, dazwischen freistehende Mauern, Straßen, Hochbahnleitungen, jede freie Fläche mit Graffiti übersät. Außer mir schaut niemand nach draußen. Ein kleines Mädchen spricht mit sich selbst, während die Mutter leise auf das Baby im Kinderwagen einredet. Eine Frau schreit in ein rosa Telefon. Nach einer Stunde Fahrt, in der 121st Street angekommen, ist man so tief in Queens, dass von Manhattan am Horizont keine Spur mehr ist. So schnell wird also auch die Dimension Wolkenkratzer relativ. Über die befahrene Geschäftsstraße donnert die Hochbahn. Zu beiden Seiten liegen kleine Läden, Radio, Electronics, Florist, Barber, Deli, Grocery – eine komplette Welt für sich, wie ich sie auch aus Brooklyn kenne.

Die Metropolitan Avenue ist eine laute Durchgangsstraße. Man erreicht sie durch ein Viertel voller erstaunlich schöner Holzhäuser und vieler Bäume. Hat man sie überquert, zweigt irgendwo die Audley Street ab – eine hübsche, kleine, geschwungene Straße, auf deren rechter Seite bald ein hellblau gestrichener Wassertank zu sehen ist und daneben ein kleines dunkelrotes Backsteinhaus, der Eingang von Säulen flankiert. Vor fast hundert Jahren gehörte das Haus Candelaria de Sola, Paula Fox' Großmutter.

Ich stehe davor und staune. Wie es in seiner adretten Hübschheit das Jahrhundert mitsamt den über ihm rauschenden Bäumen überdauert hat und wie es immer noch etwas Nettes, Freundliches ausstrahlt! Ob auch Paul Fox und Elsie de Sola das empfanden, als sie sich in ihren jungen Jahren hier trafen, beide auf unterschiedliche Art von Kriegen dorthin geführt?

«Alle waren begeistert von Paul, wenn er zu Besuch kam», weiß Paula. «Er war witzig und unendlich charmant, das ist sicher.» Das fand damals, außer Leopold, Candelaria und Vincent, zweifellos auch die junge schöne Elsie.


*There was Gala in the Air*


Und was wird Candelaria durch den Kopf gegangen sein, als sie sich das hübsche, unter hohe Bäume geduckte Haus anschaute und aussuchte? Die Vorstellung liegt nah, es habe Sicherheit ausgestrahlt – und Sicherheit bedeutet; angesichts von so viel Unsicherheit, wie sie hinter sich hatte und auf absehbare Zeit weiter haben würde.

Candelaria Martinez del Camino de Carvajal aus Nordspanien war sechzehn Jahre alt gewesen, als sie nach einer Schiffsreise in die spanische Kolonie Kuba mit einem kubanischen Plantagenbesitzer verheiratet wurde. Jung war sie auch noch, als ihr Mann Fermin de Sola starb, wenn auch schon Mutter von fünf Kindern. Jung immer noch, als am 15. Februar 1898 im Hafen von Havanna die «USS Maine» explodierte, die zum Schutz der amerikanischen Bürger in der kubanischen Hauptstadt vor Anker lag. Damals galt es als ausgemacht, dass die spanischen Herren Kubas die Explosion zu verantworten hatten: eine Interpretation, die 1976 widerlegt wurde, als eine Untersuchung des Wracks ergab, dass keine Mine von außen, sondern vermutlich ein Schwelbrand auf dem Schiff der Auslöser gewesen war. Im Frühjahr 1898 aber schürte die Hearst-Presse nach Kräften und unter dem Motto «Remember the Maine!/To Hell with Spain!» Aggressionen gegen Spanien. Mit Erfolg: Amerika, das die Unterdrückung der Kubaner durch die Spanier ohnehin nicht länger dulden wollte, erklärte am 19. April 1898 Spanien den Krieg. Sein Ziel hatte Amerika bereits vier Monate später erreicht – und der Krieg konnte, zynisch genug, als «splendid little war» in die Geschichte eingehen. Die Plantage Cienigita, auf der Candelaria mit ihren Kindern lebte, wurde in den letzten Kriegstagen niedergebrannt. Bald danach verließ sie das Land. Welcher Zeitraum aber ist mit diesem «bald» bezeichnet? «Meine Mutter muss noch sehr klein gewesen sein. Sie hat nur kurz auf Kuba gelebt.» Das Rätsel der Jahreszahlen ist für mich nicht aufzulösen: Wenn sie tatsächlich «bald nach Kriegsende», wie es in Paula Fox' Memoiren heißt, mit fünf Kindern in die USA gegangen ist, wie kann es dann sein, dass Elsie, Candelarias jüngstes Kind und einzige Tochter, wirklich erst 1902 geboren wurde?

*«Ihr Vater bot ihr fünftausend Dollar, eine sehr große Summe in jener Zeit, wenn sie nach Spanien zurückkehrte. Doch sie wollte in dem Land leben, das ihr Mann geliebt und oft in Plantagenangelegenheiten besucht hatte.» (FK, S. 103)*, schreibt Paula Fox in ihren Memoiren. Im Kopf hatte Candelaria einen Anhalts-

punkt: einen Freund und Geschäftspartner ihres Mannes in New Jersey. Doch den Heiratsantrag, den dieser ihr schließlich machte, lehnte Candelaria ab. Sie bezog eine Wohnung in Brooklyn und versuchte, sich und die Kinder mit der Produktion und dem Verkauf von Stickwaren über Wasser zu halten. Irgendwie muss sie doch Geld gehabt haben, denn um 1920 herum kaufte sie das Haus in der Audley Street. Auch für Candelaria war also ein Krieg wegweisend gewesen. Ein Krieg war schuld, dass sie zum zweiten Mal verpflanzt wurde. Amerika, das in seine imperialistische Ära eintrat, wird ihr als sicherer Hort erschienen sein.

Jetzt war sie hier; hatte fünf Kinder großgezogen, und als die vier Söhne das richtige Alter erreicht hatten, war der nächste Krieg gekommen. Auch er forderte amerikanische Soldaten. Ihre Söhne waren an der Front dabei. Und jetzt, nach dem Krieg, begann eine neue Zeit. Alte Werte galten nicht mehr, die Mittelschicht erweiterte sich; Leute, die zu Geld kamen, zogen aus der «City» heraus nach Queens oder in die Bronx, die als Wohngegend aufgewertet wurde, und kamen als Pendler nach Manhattan. «*The city seen from the Queensboro Bridge is always the city seen for the first time, in its first wild promise of all the mystery and the beauty of the world*», schrieb der auf Long Island lebende, nach Manhattan hinüberfahrende Erzähler in Fitzgeralds «The Great Gatsby»[15] hingerissen.

Candelaria, die in Queens lebte, wird das kaum so erlebt haben. Eine Frau, noch nicht fünfzig, die nie anders als gebrochen Englisch sprach; deren Leben vom Vater, vom Ehemann, vom Krieg bestimmt worden war; die dann aber erstaunlich widerständig sich nicht «helfen» lassen wollte, sondern allein «ihren Mann stehen». Sie war eine Generation älter als Fitzgerald; hatte sich schon zweimal in einer «Neuen Welt» komplett neu orientieren müssen.

Nun waren ihre Kinder aus dem Gröbsten raus. Auch die einzige Tochter, die eine katholische Highschool besuchte, stand kurz vor dem Sprung ins eigene Leben. Noch lebten drei von ihnen als junge Erwachsene bei ihr, und auch zwölf Jahre später – Paula kam in die Audley Street – waren zwei von ihnen immer noch da, die homosexuellen Söhne Leopold und Vincent.

Noch aber ist das Jahr 1918. Der Krieg ist aus; im Hause de Sola geht der attraktive Paul Fox ein und aus, voller Witz und sprachlicher Brillanz, ein gern gesehener Gast. Er ist mittlerweile vierundzwanzig. Hat er Candelaria auch erzählt, womit er später großspurig bei seiner Tochter Paula angeben wird? Dass er wegen Übertretung von Regeln von fünf Colleges geflogen sei: «That's what rules are for, pal», – dafür sind Regeln da, Kamerad: «to break ...» Welche Erfahrungen sind es wohl, die aus dem zitternd Rühreier bestellenden jungen Autor einen College-Abbrecher machen? Und wie viel hat dies mit der Erfahrung des Krieges zu tun? Wie auch immer sich also der junge Soldat Fox im Hause de Sola präsentiert hat, Paula weiß nur: «The de Solas were all wild of him!»

Und Elsie? Ein schönes Mädchen, sehe ich, als mir Paula nach Jahren das einzige Foto zeigt, das sie von ihr besitzt. Beide Eltern sind darauf im Profil zu sehen; dichtes, weich ums Gesicht geschnittenes dunkles Haar, ein kühnes Profil. Sie sei groß und schlank und sehr attraktiv gewesen. Ist für sie, das katholische Mädchen, der «böse Bube» Paul Fox die Gelegenheit, der ängstlichen Mutter zu entkommen? Als sie Paul kennenlernt, ist sie in einen jüdischen Studenten an der Columbia University verliebt. Sie bittet Paul, der Theaterstücke schreibt, eine Art Skript für ihre Treffen mit diesem Freund zu verfassen. Aber der ließ sie fallen, erzählt Paula; was, wie sie vermutet, eine persönliche Kränkung war, die zu Elsies späterem Antisemitismus beitrug. Überhaupt, eine seltsame Situation – ein literarisch begabter Verehrer, der seiner Angebeteten Vorlagen für ihre Treffen mit deren Geliebtem liefert ...? Dieses Rätsel kann Paula Fox nicht lösen. Irgendwann aber waren dann Paul und Elsie ein Paar; Freiräume werden sie sich früh gesucht haben. Und ein glitzerndes Manhattan lag sozusagen vor der Haustür.

«New York had all the iridescence of the beginning of the world», schreibt Fitzgerald in Erinnerung an das New York von 1919. Wie die heimkehrenden Truppen durch die Fifth Avenue marschiert seien, die Mädchen gleichsam auf sie zuflogen. «– we were at last admittedly the most powerful nation and there was gala in the air.»[16] Etwas lag in der Luft, und es hatte – glaubt man dem literarischen Chronisten dieser Jahre – mit Glanz und Party zu tun und – mit Verdrängung. Das Jazz Age ist auch die Zeit der Lost Generation. Fitzgerald beschreibt, wie er in den Bars und auf Partys seiner ehemaligen Princeton-Kollegen herumgeirrt sei, sich immer seiner Armut und Schäbigkeit bewusst; des ärmlichen Zimmers in der Bronx. Bis sich das Blatt wendete. «Incalculable city», schrieb Fitzgerald später mit Distanz über seinen Erfolg mit «This Side of Paradise». Was ihm dann passierte, sei «only one of a thousand success stories of those gaudy days, but it plays a part in my own movie of New York». Plötzlich standen ihm alle Redaktionen der Stadt offen, Filmproduzenten bettelten um Drehbücher. «To my bewilderment, I was adopted, not as a Middle Westerner, not even as a detached observer, but as the archetype of what New York wanted.»[17]

Und dieser «Archetyp» konnte mit wenig Aufwand seinen Status sichern; – eine Taxifahrt auf der Kühlerhaube, ein leichtfertiger Sprung in den Springbrunnen vor dem Plaza Hotel, und schon sei der Mythos um das exzessive Leben von Zelda und Scott Fitzgerald gemacht gewesen, berichtet Fitzgerald selbst.

Ein Leben, das sich die Foxens gewünscht hätten? Das wenige, was wir über das junge Paar wissen, weist durchaus Parallelen auf. 1920 haben sie geheiratet. Elsie ist vielleicht 18, wahrscheinlich älter. Paul schreibt nun vor allem fürs Theater. Er kannte Fitzgerald, er kannte auch Eugene O'Neill, der wenige Jahre zuvor in Provincetown seinen ersten Durchbruch erlebt hatte. Dies müssen die Namen gewesen sein, deren literarische Aura sich auch Paul Fox wünschte. Wo lebten Paul und Elsie Fox? Wie? Was sie taten, liegt für mich ebenso im Dunkel wie für ihre Tochter. Paul Fox wollte gut sein, aber in seiner ganzen Karriere als Autor konnte sich nur ein einziges Stück, «Soldiers and Women» eine Weile am Broadway halten. «Paul und ich waren immer so pleite», erinnert sich Paula an eine stehende Wendung ihrer Mutter.

Die Zwanzigerjahre waren ein Tanz auf der Nadelspitze. New York und seine «City» Manhattan wurden zum Ort, an den es die literarisch Modernen und politisch Radikalen hinzog.[18]

Mobilität war ein Schlüsselwort jener Jahre: Neue Tunnel und Brücken ermöglichten eine neue Beweglichkeit. Unterwegs sein, schöpferische Unruhe prägten die Stadt. 1923 wurde *Time* gegründet; 1925 der *New Yorker* – beide bis heute führende Medien. Und ist es Zufall, dass eine ganze Liste jener heute als Klassiker des 20. Jahrhunderts betrachteten großen amerikanischen Werke in genau diesen Jahren entstand? 1922 T. S. Eliots «The Waste Land», 1925 John Dos Passos' «Manhattan Transfer». Schließlich, 1926, F. Scott Fitzgeralds «The Great Gatsby», das den rasenden Tanz zwischen Party, Kunst und erotischer Verwirrung als einen zeigt, in dem das hinreißend Verführerische vom Tragischen nicht zu trennen ist. Die Figuren in «Gatsby», schreibt Heinz Ickstadt, sind *«von den öffentlichen Bildern der neuen Stadt- und Konsumkultur – den Bildern der Reklame, des Films, der Photocover – kaum zu unterscheiden ... So verbirgt die ‹weiche› Romanze von Geld, Schönheit und Begehren eine ‹harte› Wirklichkeit der Korruption ... die dynamische Schönheit der Stadt schafft buchstäblich aus ihren*

*Abfällen, metaphorisch aus dem Verfall ihres ursprünglichen Versprechens ... die Gegenwelt des ‹valley of ashes›, das Schattenreich der verlorenen Pastorale.»*[19]

Fitzgerald hatte die Schönheit der Oberflächen erzählt, die *«nicht Leere, sondern Abwesenheit verdecken: die Abwesenheit ursprünglicher Werte, alter Sicherheiten.»*[20] Scott und Zelda Fitzgerald wurden zu jenen, die diesen Tanz auf der Nadelspitze repräsentierten; die Lust am Exzess und die Bewusstheit über die Leere dahinter. Leben und Kunst als Einheit – mit Grenzen. Aber als bei den Fitzgeralds 1921 ein kleines Mädchen – Frances Scottie – zur Welt kam, gingen sie erst mal in den Westen zurück und versuchten, auf dieses Ereignis ganz «bürgerlich» zu reagieren.

Anders bei Paul und Elsie Fox. Auch ihr Mädchen, am 22. April 1923 geboren, wurde nach dem Vater benannt, aber – wir wissen es bereits: Was man als Zeichen von Nähe, von Verwandtschaft deuten könnte, bedeutete eigentlich nichts.


## Wie Vater und Mutter zugleich


Höchste Zeit, nach dem Kind zu sehen! Wo ist Paula geblieben? Welches sind die Schauplätze ihrer Kindheit?

Heute werde ich ein weiteres Mal den Hudson hochfahren; abseits von den Hauptrouten, mit dem Auto. In der ersten Tankstelle kaufe ich mir eine Karte: Hudson Valley Map. Nach einer knappen Stunde liegt Yonkers hinter mir und mein Ziel – Balmville, wo Elwood Corning, der Pfarrer und Stiefvater der kleinen Paula, lebte – ist noch etwa achtzig Kilometer Richtung Norden entfernt. Die Straße den Hudson hinauf, durch dichte Wälder geschnitten, ist in nie zuvor gesehener Weise mit toten

*Pfarrer Elwood Corning und Paula vor dem Haus der Foxens in Provincetown*

Tieren gesäumt. Zerquetsche Waschbären, Igel, Pelztiere und gar ein großes Reh informieren auf traurige Weise über die Menge und Artenvielfalt in den Wäldern am Hudson. Mächtige, uralte Bäume, ein grüner Baumdschungel an den Seiten.

«Orange County» heißt es irgendwann, nach eineinhalb Stunden Fahrt; ein Schild weist mich über die Newburgh Beacon Bridge, eine vielspurige Autobahnbrücke, auf der Autos neben mir im Höllentempo ans Westufer des mächtigen Flusses rasen. Hier ganz in der Nähe muss Balmville sein. Etliche Ausfahrten, ein wildes Herumgekurve – und tatsächlich finde ich mich plötzlich auf einer Balmville Road. Bis hierher trägt die Autobahnbrücke ihren Lärm.

Unvorstellbar jene brückenlose – stille – Zeit, in der Paula Fox hier aufwuchs! Es gab ein Boot ans andere Ufer des Hudson. Autos spielten kaum eine Rolle. Umso wichtiger aber war für Paula «das» Auto, Mr. Cornings alter Packard. Während ich im Schritttempo die von herrlichen Bäumen bestandene Straße herunterfahre – woran werde ich merken, wann ich in Balmville bin? –, stelle ich es mir vor: Kerzengerade und stolz, «das kleine Mädchen des Pfarrers» – so hieß es im Dorf – auf dem Beifahrersitz des Wagens neben Mr. Corning; unterwegs nach Newburgh zum Friseur oder jeden Sonntag zur Kirche, und danach zu Besuchen bei alten Damen aus der Gemeinde. Sie werden beide nichts gegen weitere Gelegenheiten zu Ausfahrten gehabt haben: Mr. Corning war «state historian» und ständig mit Forschungen über Geschichte, Persönlichkeiten, Kirchen in Orange County beschäftigt. Seine besondere Leidenschaft galt dabei der Zeit der amerikanischen Revolution. Paula Fox beschreibt in ihren Erinnerungen, wie sehr er es liebte, zu Recherchen in der Umgebung aufbrechen zu können, wenn mal jemand anders bei seiner kranken Mutter war. Dann *«konnte Onkel Elwood es sich erlauben, die Gegend zu durchstreifen und nach Anhaltspunkten für die Geschichte des Hudson-Valley zu suchen ...*

‹Da fahren wir hin wie der geölte Blitz!›, verkündete er, wenn ihm berichtet worden war, dass irgendwo die Fundamente eines Hauses zu finden sein könnten, das während der amerikanischen Revolution gebaut worden war, oder eine verfallene Ruine aus einer vielleicht noch früheren Zeit.» (FK, S. 44f.)

Und wieso bin ich jetzt wieder auf der 84 gelandet? Mich in Gedanken zwischen den Zeiten zu verlieren, birgt die Gefahr, den Weg zu verlieren. Doch als ich auf der Karte sehe, dass mich diese Straße nach Washingtonville bringen wird, beschließe ich, mein Programm umzustellen. Schließlich war das kleine, weiter vom Hudson entfernte Städtchen Paulas erste Station nach dem Findelhaus gewesen.

Als Candelaria im Mai oder Juni 1923 von Kuba zurückgekehrt war, wo sie zeitweise als Gesellschafterin ihrer Kusine Luisa arbeitete, hatte sie von ihrem Sohn Leopold erfahren, dass Paula geboren und von ihrer Tochter ins Findelhaus gebracht worden war. Sofort begab sie sich in die 68th Street und holte ihr Enkelkind heraus. «Aber was konnte sie mit mir machen?», fragt Paula Fox in ihren Memoiren. Candelaria musste schon bald nach Kuba zurück. Leopold hatte einen Freund aus der Army, Brewster Board, dessen Familie in Washingtonville lebte, und er war es, «der vorschlug, dass sie mich (seiner Schwester) Katherine übergab, die mich auf ihrer Hochzeitsreise nach Norfolk in den Armen hielt». Tatsächlich ergab sich die unglaubliche Situation, dass das vielleicht zwei Monate alte Baby die Flitterwochen eines fremden jungen Paares begleitete!

«Zufällig oder von einem guten Stern geleitet, war ich in die Hände von Rettern gelangt, Feuerwehrleuten, die mich von einem zum anderen weitergaben, bis ich sicher war.» (alle FK, S. 20) Paula wird es gut gehabt haben bei dieser Familie, in der offensichtlich mehrere nicht nur ein weiches Herz, sondern auch die Fähigkeit hatten, sich über Konventionen hinwegzusetzen.

Nein, irgendwelche Boards kenne er nicht in Washington-ville, sagt der junge Mann im Coffeeshop an der Straße, wo ich angehalten habe. Er hat den Shop frisch übernommen und stellt die Kaffeemaschine immer erst an, wenn ein Gast kommt. «Es kann noch etwas dauern mit dem heißen Wasser», hat er vorsorglich angekündigt. Aber wir kommen ins Gespräch, und als ich ihm erzähle, dass ich außer nach Spuren von einer Familie Board auch noch nach einer kleinen weißen Kirche suche, die etwas außerhalb von Washingtonville auf einem Hügel stehen muss, Blooming Grove Church, ist seine Begeisterung geweckt, denn nun kommt sein I-phone zum Einsatz, das eine kürzere Anlaufzeit hat als die Kaffeemaschine. Er zaubert ein Straßennetz aufs Display, und mit einem lauwarmen Kaffee in den Händen und einer ungefähren Vorstellung im Kopf mache ich mich wieder auf den Weg.

Fünf Monate alt war Paula Fox, als der Kongregationalpfarrer Elwood Corning, dessen Gemeinde sich bis nach Washingtonville erstreckte, bei den Boards vorbeikam, um sich das Kind anzuschauen. Er hatte von der *«besonderen Weise meiner Ankunft gehört ... – ein Ereignis, das die bewegungslos wie ein Teich daliegende Oberfläche des dörflichen Lebens aufgestört hatte – und wusste um die Ungewissheit meiner Zukunft – denn die Boards waren wie die meisten ihrer Nachbarn in jenen Jahren arm – ... Ich lag wach in der Wiege. Vielleicht habe ich ihn angelächelt. Jedenfalls erregte ich sein Interesse und sein Mitgefühl. Er bot an, mich zu sich zu nehmen, und die Boards waren – zum Teil aufgrund der Dürftigkeit ihrer Lebensumstände – bereit, mich aus der Hand zu geben.» (FK, S. 21)*

Die Kirche von Blooming Grove liegt, schneeweiß und kompakt wie ein kleines Schiff auf einem Hügel direkt oberhalb der Straße. Man sieht sie nicht im Vorbeifahren, die Höhe und ein paar Bäume verstellen den Blick. Aber ist man dann den kurzen steilen Weg hochgefahren, um sie herumgelaufen, scheint es plötzlich ganz leicht, sich achtzig Jahre zurückzuversetzen in die Zeit, als der Packard mit dem Pfarrer und dem kleinen Mädchen Paula vorfuhr und «Uncle Elwood» sich für den Gottesdienst bereit machte, während Paula sich allein in eine der vorderen Bänke setzte und auf ihn wartete.

*«In der Gemeinde kannte man mich als das kleine Mädchen des Pfarrers, und wenn ich daran dachte, freute ich mich immer ... Es war wie der Sonntag vor einer Woche und alle Sonntage, an die ich mich erinnern konnte. Ich ließ meine Hand in seine gleiten, und er ergriff sie fest ... Mein blindes Vertrauen in Onkel Elwoods Liebe und in die Zuflucht, die er für mich gewesen war in all den Jahren, seit Katherine mich zu ihrer Mutter gebracht hatte, brach plötzlich zusammen. Für einen kurzen Moment wurde ich mir der Unsicherheit meiner Lage bewusst. Ich fühlte unter meinen Füßen die Erde wanken. Ich taumelte am Rand eines Abgrunds entlang. Wenn ich fiel, so wusste ich, mein Fall würde nie aufhören. Auch das passierte jeden Sonntag nach der Kirche. Aber es dauerte nicht länger als die Zeit, die nötig ist, um es zu beschreiben.»* (FK, S. 22)

Wer war dieser Mr. Corning, den Paula «Uncle Elwood» nannte und der es geschafft hatte, dem vier-, fünfjährigen Kind so viel Sicherheit zu vermitteln, dass es seine grundlegende Ungesichertheit «nur» noch als Insel des Schreckens erlebte und nicht als allumfassendes Meer der Verlorenheit? Das frage ich mich einmal mehr, während ich die Straße zurück Richtung Hudson nehme, in der Hoffnung, diesmal Balmville nicht zu verpassen. Geborgenheit war sicher die zentrale Botschaft, das größte Geschenk an das von Vater und Mutter verlassene Kind. In ihrem Gefolge aber hatte er noch anderes in petto: Neugier und Forschergeist. Imagination. All das erweckte «Uncle Elwood» in Paula nicht nur, wenn er Abend für Abend vorlas, bis sie selbst lesen konnte, sondern durch seine eigene geistige Lebendigkeit. Er muss einen liebevollen Sinn für die «kleinen Din-

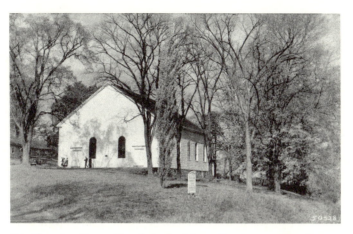

*Die Blooming Grove Church, in der Pfarrer Corning sonntags die Messe las*

ge» gehabt haben; ein großes Vergnügen an Paulas Witz. «Er lachte sich immer kaputt, wenn ich, das Kind mit der tiefen Stimme, Leute nachmachte.»

Vor seinem Leben als Pfarrer war Elwood Amos Corning, geboren 1885, Journalist in Virginia gewesen. «Seine Eltern waren, als sie jung waren, den Hudson mit dem Schiff heruntergefahren, und der Vater sagte: Hier möchte ich ein Haus haben.» In dieses Haus kam später der Sohn von Virginia zurück und pflegte sechzehn Jahre lang den Vater, der an derselben verkrüppelnden, teils lähmenden und von vielen Schmerzen begleiteten Form von Arthritis litt wie dann die Mutter.

Als Elwood Corning die kleine Paula zu sich ins Haus nahm, war er achtunddreißig, lebte unverheiratet mit der pflegebedürftigen Mutter in jenem alten viktorianischen Holzhaus, von dem, wie ich weiß, keine Spur geblieben ist.

Diesmal werde ich ihn nicht übersehen, den Balmville Tree, den einzigen Anhaltspunkt, von dem Paula sich sicher war, dass er noch da sein müsse. Entlang der Balmville Road, zwischen den hohen Bäumen, dem wild wuchernden Grün, stehen kleine Schilder, die lückenlos «private property» anzeigen. Hie und da sind weitab von der Straße Teile von einem alten Steinhaus zu erkennen, die meisten Häuser aber sind vollständig verborgen. An der Straße wuchtige, efeuüberwachsene Torpfosten mit steinernen Kugeln, Zeichen alter Zeit. Es ergibt Sinn, denke ich, dass ein Baum die Mitte von Balmville ist – nicht ein Haus, eine Dorfstraße. «The Balmville Tree» hatte Paula ihn genannt, «er war umzäunt! Wenn wir mit Uncle Elwoods altem Packard vorbeifuhren, hielten wir kurz an oder fuhren langsamer.» Das war eine Reverenz an George Washington, der als junger Mann unter dem Baum entlanggekommen sein soll. Der Baum – jetzt sehe ich ihn! Mächtig, mit metallenen Streben gestützt, steht er an einer Kreuzung, nicht nur umzäunt, sondern sogar ummauert. Die schwierigste Frage ist, wo halte ich in dieser vollständig privatisierten Baumdschungel-Landschaft? Ich parke riskant am Straßenrand einer ansteigenden Straße vor einer offenen Einfahrt. Mehr als drei Baumleben, lese ich unten auf der Tafel, hat dieser «cottonwood» unglaublicherweise schon hinter sich! Schon zu Mr. Cornings Zeiten der älteste dokumentierte Baum seiner Art in Amerika, lebt er noch immer.

Gelblich und schwer hängen Wolken über Bäumen und Fluss. Ist dies das Wetter, bei dem Uncle Elwood immer schon das heftige Gewitter vorausahnte und wusste, dass er nachts seine alte Mutter und das kleine Mädchen aus ihren Betten tragen würde? In der Stube des alten viktorianischen Hauses hoch über dem Hudson River saßen sie dann, bis der Sturm vorüber war. «Wie ein Vater –», hatte ich mal, spontan und nicht sonderlich originell, zu Paula Fox gesagt, und sie hatte ergänzt: «– und eine Mutter! Mr. Corning war mir beides.»

Paula liebte das Leben in diesem Haus. Sie mochte auch die alte Ms. Corning: *«Sie war nicht fähig, ihren Kopf aufrecht zu halten, und blickte jedermann von unten an. Sie sprach nur sel-*

*ten mit mir, doch ich konnte fühlen, dass Güte von ihr ausging, wie ich die entfernte Wärme der Sonne im Winter fühlen konnte. Sie brauchte nur wenige Worte, und wenn sie etwas sagte, ging es fast immer um den Blick auf den Hudson, den sie von ihrem Rollstuhl aus hatte, wenn sie jeden Morgen, solange ich in diesem Haus lebte, von ihrem Sohn vor die drei Fenster des Erkers in ihrem Schlafzimmer geschoben wurde.»* (FK, S. 23/24)
Der Blick über den Hudson aus einem Haus wie diesem taucht immer wieder in Paula Fox' Büchern auf. Im Kinderbuch «Die einäugige Katze» heißt es vom Haus der Familie Wallis: *«Es stand auf einem Hügel ... von seinen Fenstern sah man über den Hudson-Strom. Dieser Blick über den Fluss war ein Grund, warum Pfarrer Wallis nicht von hier fortwollte.»* (EK, S. 8) Dieser *«herzerfreuende Anblick des großen Stromes»* gehört zu jener Grundausstattung an Bildern, die die Schriftstellerin Paula Fox mitnahm und auf die sie immer zurückgreifen wird.

Das Haus muss also einen sehr hohen Standort gehabt haben. Ich laufe die steilste der drei Straßen hoch, orientierungslos, und schließlich in jenes offene Eingangstor hinein, vor dem ich geparkt habe. Es führt zu mehreren locker verstreut liegenden alten Häusern. Einmal drin, verwandelt sich das so abweisend privatistische Balmville in jenen liebreizenden Ort, der es für alle hier Lebenden vermutlich ist. Für Heidi Benson etwa. Die Haustür an dem entzückenden weißgelben Häuschen, das wie aus der umgebenden Natur hervorgewachsen scheint, steht offen, aber es braucht eine Weile, bis mein Klingeln das von drinnen herausschallende lebhafte Geplauder und Gelächter unterbricht. Als Heidi Benson, eine lebhafte junge Frau mit Pferdeschwanz und Sommerkleid, schließlich an die Tür kommt, dauert es keine fünf Minuten, bis sie selbst Feuer und Flamme ist für die Geschichte einer Frau, die vor achtzig Jahren an diesem idyllischen Ort gelebt hat, an dem jetzt ihre Kinder aufwachsen und an dem sie in den 1970er-Jahren selbst aufgewachsen ist.

*Mr Corning und Paula in Provincetown*

Die Teegesellschaft bleibt nun sich selbst überlassen, während Heidi Benson einen Anruf nach dem anderen tätigt, bis sie bei der regionalen Historikerin – «Hey Mary, sagt dir der Name Paula Fox etwas? Was sagst du? Reverend Corning lebte in der Albany Post Road? Und, was? Sie hat ihn tatsächlich noch gekannt?» Ehe ich michs versehe, tippt Heidi eine andere Nummer, und dann habe ich eine Dame in der Leitung, die älter ist als Paula Fox, und mir sagt, ja, natürlich erinnere sie sich an Mr. Corning! «Er hatte eine ganz tiefe Stimme und war eine echte Autorität, er wusste alles über Geschichte! Ja, und warum dieses kleine Mädchen bei ihm lebte, weiß ich nicht! Das wusste niemand so genau!»

Gerührt verabschiede ich mich von Heidi Benson mit dem Versprechen, wiederzukommen. Zurück am Balmville Tree weiß ich nun, wo abbiegen, dann macht die Straße eine Linkskurve und steigt steil nach rechts an: die Albany Post Road, die früher ein lehmiger Weg war, heute asphaltiert ist, durch Wald führt, sehr kurvig, bis sich rechts oben ein weitläufiges Gelände über das frühere Anwesen des Dichters Hamilton Fish erstreckt. Mr. Cornings Haus muss noch weiter oben gelegen haben, über den Bäumen sozusagen. Nichts mehr ist davon geblieben – als der Blick den Hügel hinunter. Aus dem Obergeschoss der unabsehbar vielen neueren Häuser, die nun hier stehen, wird man wohl den Hudson sehen können. Ein altes Kloster gab es damals – *«In Abständen läuteten während des Tages die Klosterglocken»* – und auch ein verlassenes Haus – *«Ich war auf seiner schmalen Veranda zwischen sechs hoch aufragenden Säulen entlangspaziert und hatte durch staubige Fenster in seine leeren Fenster gespäht ...»* (FK, S. 31) Nichts von alldem ist mehr sichtbar. Ein für alle Mal sind die Spuren ganz in die Bücher gewandert.

Vor allem in eines: «Die einäugige Katze», von dem mir Paula Fox bei unserer ersten Begegnung gesagt hatte: «Es ist mir das liebste von meinen Kinderbüchern, weil ich hier versucht habe, an Balmville und Mr. Corning zu erinnern.» In dem Buch, das unter dem Titel «One-Eyed Cat» 1984 erschien, greift Paula Fox die in Balmville verankerte Geborgenheitslandschaft ihrer frühen Kindheitsjahre auf und setzt mit Pfarrer Wallis und seiner Frau ein gutes Elternpaar hinein. Ihr Sohn Ned, gerade elf Jahre alt geworden, schaut wie die kleine Paula immer wieder durch die verstaubten Fensterscheiben in die schattigen Räume des alten Hauses nebenan. Viele Leute hätten ihre Häuser wegen der großen Wirtschaftskrise verlassen müssen, hatte sein Vater ihm erklärt. Die Geschichte um den elfjährigen Ned kreist um das Thema geborgener und doch freier Kindheit. Dabei ist sie weit davon entfernt, ein Idyll zu sein: Neds Mutter hat genau jene Krankheit, an der Mr. Cornings Eltern litten; von ihrem Mann gepflegt, sitzt sie Tag für Tag im Rollstuhl und schaut auf den Hudson hinaus. Die Sorge um sie begleitet Neds Kindheit. In diesem elften Lebensjahr aber, von dem «Die einäugige Katze» erzählt, tritt Sorge in einer Form in Neds Leben, die er nicht einmal diesen Eltern mitteilen kann. Einsamkeit, Scham und Schuldgefühle markieren etwas wie einen Abschied von der Kindheit. Vielleicht hatte ja Neds geliebter Onkel Hilary, Mutters weitreisender, fantasievoller Onkel, so eine Markierung – im Sinne einer Initiation – sogar gemeint, als er seinem Neffen ein Luftgewehr zum Geburtstag schenkt? Neds Vater aber weist das Geschenk entschieden zurück und verbannt es, für später, auf den Speicher. Von dort holt es Ned in dieser Nacht mit dem sicheren Gefühl, dass er es «*einfach einmal ausprobieren musste. Erst dann konnte er das tun, was sein Vater ihm befohlen hatte: nicht mehr daran denken.*» (EK, S. 44) Durch die erzwungene Heimlichkeit wird Neds nächtlicher Schuss auch zu einer Abgrenzung vom Vater. Aber die Heimlichkeit verzerrt, was eine positive Initiationsgeste hätte werden können. Das Erlebnis führt stattdessen zu einer ersten Vereinsamung. Ned begegnet einer Katze, die ganz offensichtlich kurz zuvor ihr eines Auge verloren hat – und für Ned wird klar, dass *sie* der Schatten gewesen sein muss, den er nach seinem Schuss vorbeihuschen sah. Von jetzt an steht alles im Schatten seiner Schuld – in der er sich den Eltern, vor allem dem «guten» Vater, nicht mitzuteilen traut.

Aber Leben hat nie nur ein Thema und nie nur eine einzige Gefühlsfarbe. Da ist noch der alte Mr. Scully, ein Nachbar, der in seinem kleinen klapprigen Haus zurechtzukommen versucht. Ned geht regelmäßig vorbei, hackt ihm Holz, holt ihm Dinge vom Speicher, hilft ihm Sachen zu ordnen. In Mr. Scullys Hof hat Ned die Katze kennengelernt – dort, auf seinem alten ausgemusterten Eisschrank, hat sie sich ihr Lager eingerichtet. Mr. Scully, der sie versorgt, wird, ohne es zu wissen, Neds Verbündeter in dessen Sehnsucht, etwas wiedergutzumachen.

So ist «Die einäugige Katze» eine Geschichte über das Sorgen im zweifachen Sinne des Wortes; Ned sorgt sich *um*, und er sorgt auch *für* – Mr. Scully, für die Katze; so, wie seine Eltern für ihn sorgen.

Kindheit, scheint Paula Fox zu sagen, ist immer schon, ist immer auch eine innere Landschaft der Sorgen. Sie ist nicht rosa und süß – nicht einmal, wenn man liebende und sorgende Eltern hat. Sie ist die Zeit, in der man Bekanntschaft schließt mit dem großen, durchaus erschreckenden Spektrum an Gefühlen, das möglich ist. Scham. Mitgefühl. Hilflosigkeit. Zärtliche Liebe. Nicht zu vergessen, Zorn. Da ist Mrs. Scallop, die Neds Vater angestellt hat, um den Haushalt zu führen, und deren mit Sentimentalität und ständigem Selbstlob dekorierte Tüchtigkeit Ned fast nicht erträgt. Dass sich unter ihrer zur Schau gestellten Rücksicht eine ziemlich aggressive Kontrolle verbirgt, macht ihn wütend – ein Empfinden und eine Wahrnehmung, in denen seine Mutter ihn unterstützt. Einmal platzt es dann aus ihm heraus – eine ab einem bestimmten Punkt nicht mehr beherrschbare Wut.

Nehmen wir «Die einäugige Katze» als Paula Fox' literarisches Denkmal für Pfarrer Corning, dann kann man es verstehen als eine Liebeserklärung in jenem nicht simplen, sondern immer komplexen Sinne, der sie auszeichnet. Neds Vater, so fürsorglich, verlässlich und gut er ist – er ist nicht *nur* gut. Er nimmt seinem Kind ein Geschenk weg und legt es auf Eis. Er lässt nicht zu, dass Ned sich über die aufdringliche Mrs. Scallop beklagt. Aber er tut etwas anderes, Entscheidenderes: Er stellt im räumlichen wie im geistigen Sinne einen weiten Raum zur Verfügung, in dem ein Kind sein und werden darf, was es ist. In dem es neben Glück und Geborgenheit auch Einsamkeit, Leid, die schmerzliche Erkenntnis von des Vaters Begrenztheit empfinden darf und mit all dem sicher aufgehoben bleibt. Der Tag wird kommen, an dem Ned seine Ängste und Sorgen teilen und die Meinung der Eltern einholen wird. Er wird kommen – aber er kommt lange nicht. Nicht, solange Neds erster Durchgang durch diese erschreckende Zone des Lebens währt, die schon vom Erwachsenenleben zu ihm herüberreicht: dass Gewalt und Schuld nicht nur Aspekte des Lebens draußen sind, sondern Teile von einem selbst. «Stirb, Katze, stirb!» hofft er einmal mit aller Heftigkeit, als der Druck übermächtig wird.

Ned war im Ungehorsam und durch den Ungehorsam sich selbst begegnet. Der Weg zu einer neuen Sicherheit der Wahrnehmung läuft über Desillusion; über jene Erschütterung der kindlichen Sicherheiten und Glaubenssätze, die Ned widerfahren ist. «Die einäugige Katze» ist ein Buch über jenen Moment, in dem Kindheit schon nicht mehr ganz Kindheit ist.

\*

Hier oben, wo mal Waldlandschaft war, von wenigen alten Häusern unterbrochen, stand auch ein kleines unbewohntes Haus. Da hinein hatte Paula Fox in ihrer Fantasie den alten Mr. Scully gesetzt, um den es *«herumpasst wie ein Schneckenhaus um die Schnecke»*. Auf dem Weg von der Schule nach Hause schaute Ned oft bei Mr. Scully vorbei.

Ich laufe die relativ steile Straße Richtung Balmville Tree herunter, an deren Ende, nach fast einer Meile, noch immer die Grundschule liegt. Laufen hier keine Kinder mehr zur Schule? Wohl eher nicht. Asphaltiert, kurvenreich und schmal, direkt an den Waldrand angrenzend, ist kein Randstreifen für Fußgänger vorgesehen. Als Ned und ein paar andere Kinder einmal von der Schule heimgehen, sehen sie zwei Schlangen im Graben. Einer der Jungen packt ein Tier, um es zu malträtieren. Da rammt ihm Janet, eines der Mädchen, den Kopf in den Bauch, sodass ihm die Schlange aus der Hand fliegt, und schreit: «Schlangen sind auch menschlich, du Grobian!» Im wirklichen Leben hieß das

Mädchen Paula. «Aus meiner Empörung waren mir plötzlich Riesenkräfte gewachsen», erinnert sich Paula Fox.

Wie viel seelische Kraft muss ihr in diesen wenigen Jahren zugewachsen sein, die ihr mit Mr. Corning vergönnt waren! Jahre, die schon auf ihr Ende zuliefen.


## Schauen Sie, wie er mich hält! Dabei gibt es in Provincetown gar keine Wellen


Was aber war mit Paulas «richtiger» Familie? Besuchten Elsie und Paul Fox ihre Tochter in Balmville? Welchen Platz nahmen sie ein im Leben ihres heranwachsenden Kindes?

Einmal, eines Nachmittags, Paula sitzt mit einem Buch auf einer Stufe, hört sie das Telefon klingeln und Uncle Elwoods erstaunten Ausruf: Mr. Fox! *«Ich stürzte die Treppe hinauf zu meinem Zimmer und kroch unter die Bettdecke. Bald darauf klopfte Onkel Elwood und sagte, der Anruf sei von meinem Vater gewesen. (...) Das Wort Vater klang absonderlich. Es klang unheilvoll. Es löste eine Lähmung in mir aus. Es war, als ob ich aus einem dunklen Wald in das unvorhergesehene grelle Licht von Scheinwerfern getreten sei.»* (FK, S. 38) Später kann Uncle Elwood sie überreden, herauszukommen, da ihr Vater schon unterwegs sei, und sie hört laute Schritte auf der Veranda: *«In diesen ersten Sekunden nahm ich alles von ihm auf; seine körperliche Unbeholfenheit, seine Größe – er ragte auf wie ein Fahnenmast in dem schwachen Licht –, sein helles lockiges, ganz zerzaustes Haar und die für mich sonderbare Kleidung, bestehend aus einem Wolljackett, dessen Stoff und Muster anders war als die Hose. Er erblickte mich, ließ die Schachtel auf den Boden fallen, worauf der Deckel aufsprang und den Blick auf*

65

*eine Reihe von Büchern freigab, und rief: ‹Da bist du ja!›, als ob*
*ich schon so lange verschwunden gewesen wäre, dass er die Su-*
*che nach mir fast aufgegeben hätte.» (FK, S. 39f.)*

Dies wird sich viele Male wiederholen: der Vater, der unver-
mutet auftaucht und ebenso wieder geht; jäh, ohne Übergang,
und ohne Zeit, in der das Kind einen Übergang vollziehen
könnte. Ihre Mutter kommt nie. Sie sieht Paula nur, wenn sich
Uncle Elwood mit ihr auf den Weg macht. «Zweimal», erzählt
sie, «haben Mr. Corning und ich meine Eltern in Provincetown
besucht.»

Provincetown. Während unserer ersten langen Gespräche
über ihre Kindheit war der Name der Stadt an der Spitze von
Cape Cod so oft gefallen, dass ich Paula Fox irgendwann danach fragen musste:

»Ich habe ein rätselhaftes, vielschichtiges Verhältnis zum
Cape», hatte Paula Fox geantwortet und dann mit übermütigem
Lachen den linken Arm zu einer «ich zeige meinen Bizeps»-Ges-
te erhoben, die Faust zum Körper hin geballt. «Das ist das
Cape!» Tatsächlich sieht Cape Cod, diese Landzunge, die sich
vor Boston rund hundert Kilometer in den Ozean krümmt, die
Spitze zum Festland hin gebogen, wie ein zum Körper hin ge-
beugter Arm aus. Ganz oben an der Spitze: Provincetown.
«There is a magic», sagt Paula Fox, und das gibt mir noch mehr
Grund, neugierig zu werden. Provincetown war ein Ort auf der
Landkarte ihrer Kindheit, und es war der einzige, an dem für
einen knappen Zeitraum alle drei in Reichweite waren; Mutter,
Vater und Uncle Elwood, der dann in einem Hotel wohnte.

Es gibt diese Fotos: Die kleine Paula allein, mit Pagenkopf,
Spitzenkleidchen, Socken, einem Lächeln; das Urbild kindlicher
Vollkommenheit. Dann Bilder, offensichtlich am selben Tag
gemacht, mit Uncle Elwood: Sie auf seinem Schoß. Er neben ihr
in der Hocke, ihr etwas in einem kleinen Buch zeigend. Diese
schönste Bilderserie aus Paulas Kindheit wurde während einem

dieser Besuche in Provincetown aufgenommen. Es muss 1926 gewesen sein: sie selbst sei dreieinhalb gewesen; der Fotograf vermutlich ihr Vater («wer sonst?»). Auf manchen fremdsprachigen Buchausgaben von «Borrowed Finery» sind im Hintergrund ein weißer Lattenzaun und dahinter ein weißes Holzhaus zu sehen; Paul und Elsie Fox' Haus in diesen Jahren. «P'town» war ein Paar-hundert-Seelen-Dorf, das während des Ersten Weltkriegs zu einem der angesagtesten künstlerischen Refugien an der Ostküste geworden war; ein Mekka für die Avantgarde vor allem des Theaters. Was haben die beiden hier gesucht?

*

«Provincetown as a Stage»[21] heißt das wichtigste Buch über diese Zeit, und beschreibt den leidenschaftlichen – und von großem Erfolg gekrönten – Versuch einiger junger Autoren, Autorinnen, Schauspieler, nach 1915 hier Leben und Kunst, Liebe und Theater in Übereinstimmung zu bringen. Sie hießen Susan Glaspell und Jig Cook, Louise Bryant und John S. Reed und waren nach und nach ihrer Freundin Mary Heaton Vorse gefolgt, die ein Haus in Provincetown besaß. Sie kamen zumeist aus der Künstlerszene im New Yorker Greenwich Village, waren unzufrieden mit den Grenzen des zeitgenössischen Theaters und traten nun an, um im Experiment die wahren Themen und Probleme menschlichen Zusammenlebens aus der Intimität heraus auf die Bühne zu bringen – und von dort aus wieder zurück. *«Es ging darum, die schlichte Wahrheit ihrer Leben und Erfahrungen im Schreiben, Spielen und Inszenieren auszudrücken»*[22] – so beschrieb es einer von ihnen. Ihre Arbeit sei «introvertiert und selbstkritisch», schreibt ein Kritiker; es gehe nicht um Außenwirkung. 1916 findet die erste «richtige» Spielzeit statt. Eugene O'Neill wird auf die Truppe aufmerksam. Dann kommt sein Stück «Bound East For Cardiff» im Lewis Wharf Theatre, einem Holzschuppen am Ende eines Landungsstegs, zur Aufführung und wird ein enormer Erfolg. O'Neill, der spätere Nobelpreisträger, hatte seinen Durchbruch in einem improvisierten Theater, auf Holzplanken und vor wenigen Zuschauern. Die Presse ist elektrisiert; die «Provincetown Players» sind nun schnell ein großer Name. Im Winter 1916/17 nehmen die Spieler ihr Theater nach New York mit. Das Theater nennt sich nun «The Playwrights Theatre» und findet ein Zuhause in der Macdougal Street.

Man kann annehmen, dass Paul Hervey Fox, der damals ein Anfang 20-jähriger angehender Schriftsteller war, vom Rumoren im New Yorker Greenwich Village und auch vom Erfolg der unkonventionellen Players wusste; ebenso von Eugene O'Neill. Ab 1917 und nach Amerikas Eintritt in den Krieg sahen sich auch die «Players» mit ihrem existenziellen Selbstverständnis in der Pflicht: «Wenn es uns auf der Bühne nicht um mehr ginge als um bloße Unterhaltung, dann stünde uns wohl jetzt kaum der Sinn nach Spielen», schrieben sie in ihrer Ankündigung des zweiten Winterspielplans im Village.

Das aber war nun zehn Jahre her. Glaspell und Cook waren fortgegangen von Provincetown, ebenso O'Neill. 1926 hatte Provincetowns Theater seinen kurzen «heyday» schon hinter sich – noch aber hatte Eugene O'Neill sein Haus hier; noch wirkte seine Gegenwart so stark nach, dass andere Truppen sich bildeten, seine Stücke aufführten … Sind Paul und Elsie vielleicht jenem kühnen Versuch einiger Landsleute nachgereist, um – was zu finden?

Auf den Spielplänen jener Jahre, die im Museum einzusehen sind, taucht der Name Paul Hervey Fox nicht auf. Dennoch kommt der Historikerin sein Name entfernt bekannt vor – sie meint, ihn mal auf einem Bild gesehen zu haben. Der Rest bleibt nebelhaft. Völlig unbeschwert kann die Zeit der Foxes sowieso nicht gewesen sein: Paul Fox hatte Krebs in diesen Jahren, im

*Hier in der Nähe ragte der Holzsteg der Lewis' Wharf ins Meer.*

Mund, und musste sich von Provincetown aus zu etlichen Operationen nach Boston begeben. Seiner Tochter hat er erzählt, dass, wenn er nach Hause kam, Elsie meist geflüchtet war. «Sie konnte Bedürftigkeit überhaupt nicht aushalten.»

\*

Heute nun ist ein Sonntagnachmittag im Sommer. Ich sitze im Bus von Boston, muss in Hyannis schon wieder umsteigen, um nach Provincetown zu kommen. Um mich herum stocken endlose Autoschlangen, der Gegenverkehr bewegt sich kaum. Was für ein Rückschritt, denke ich, gegenüber den Jahren nach 1873, als die Reisenden in Boston in den Zug einsteigen konnten und, wundervolle Ausblicke genießend, das Cape bis an seine Spitze hochfahren konnten! Zug fahren aber ist seit den 1940er-Jahren nicht mehr möglich; ein paar grasbewachsene Schienen laufen ins Leere. Zu den meisten Zeiten des Jahres wälzen sich heute Blechkarawanen aufs Cape, dieses Naherholungsgebiet vor Bostons Haustür, das auch eine traditionelle Lieblingsdestination der stadtflüchtigen New Yorker ist.

Nach Provincetown fährt man hinein wie durch ein langes Spalier: Commercial Street ist eine sich schier endlos ziehende, so schmale Straße, dass es scheint, als würde der Bus gerade eben hindurchpassen; haarscharf an den rechts und links stehenden niedlichen Holzhäusern vorbei, die zierlich, bunt bemalt, mit Veranden, Vorgärten und dem plätschernden Meer hinterm Haus wie ein Wirklichkeit gewordenes Idyll wirken.

Hier entlang lebten sie in den Jahren nach 1914, Schilder erinnern an Glaspell und Heaton Vorse, aber auch John Dos Passos. Um Peaked Hill aufzusuchen, wo O'Neills Haus, eine alte Lebensrettungsstation, langsam absackte und Anfang der Dreißigerjahre im Ozean verschwand, müsste man nicht beim Ortskern haltmachen, sondern weiter und weiter fahren, den Armbogen hoch und um die «Faust» herum und am nördlichen Ende der Landzunge zurück.

Ich aber steige in der Ortsmitte aus. Die Bushaltestelle liegt an einem kleinen Platz, überhaupt ist alles klein und putzig hier bis auf den gemauerten hohen Granit-Turm, der den Ort überragt: das Pilgrims Monument. Es erinnert daran, dass dieser Ort ja schon von seinen Anfängen her einzigartig war: 1620 landeten die Pilgrim Fathers in Provincetown, es war ihre erste Berührung mit der «neuen Welt», bevor sie fünf Wochen später weitersegelten und in Plymouth siedelten. Dann wurde Provincetown ein Fischerdorf. So reichlich war der Kabeljau – *cod* – dass er dem Cape seinen Namen gab. Wale schwammen, 1835 entstand die Commercial Street, und an ihr entlang wuchs eine kleine Industrie um Fisch und Salzproduktion.

Es war die Bahn, die den «heyday», die Hochzeit des Cape einleitete. Plötzlich konnten die Fischer ihren Kabeljau oder

Wal frisch auf die Märkte in Boston oder New York bringen; davor hatten sie alles salzen und trocknen müssen ohne Chance, mit den Booten rechtzeitig drüben zu sein. Und die Künstler waren gefolgt: Um die Jahrhundertwende eröffnete ein Künstler aus Maine eine Kunstschule in Provincetown, fasziniert vom scharfen Licht. Seither sind, bis heute, die Maler nicht verschwunden, die ihre Staffeleien an den Strand stellen und übers Meer blicken. Mark Rothko war unter ihnen, Edward Hopper, Jackson Pollock. Dann kamen die Theaterleute, die Dichter. Aber als Norman Mailer sich hier ein Domizil schuf, war die Zeit des Bahnfahrens schon lange vorbei. Heute darf sich, wer mit öffentlichem Verkehr und nach Ende der Sommersaison auch ohne Fähre anreist, fühlen wie Eugene O'Neill, der einmal sagte: es sei schwer aufs Cape zu kommen – und schwer, dann von hier wieder wegzukommen. Ein wenig von der klassischen Mühe des Reisens, finde ich, passt gut zu dem Ort am Ende dieses langen, nur vom Ozean umgebenen Arms.

War es diese außergewöhnliche Landschaft, die Ausgesetztheit, das künstlerische Flair, was Paul und Elsie Fox so anzog, dass sie sich hier niederließen? Zeitweilig niederließen, freilich, *«– ihre Lebensumstände waren, soweit ich ausmachen konnte, immer zeitweilig –»* (FK, S. 64). War Paul Fox in die bewegte Theaterszene irgendwie eingebunden? «Mein Vater kannte O'Neill», weiß Paula – aber das ist auch alles, was ihr aus dieser Lebensphase bekannt ist. Nach dem Ende der «Provincetown Players» bildeten sich am Ort mehrere andere Theaterensembles. Aber genauso wenig wie er auf Spielplänen zu finden ist, blieb von ihrem Haus eine Spur; es fiel einem Brandstifter zum Opfer. Einmal mehr verläuft eine Elternspur im Sand, im wahrsten Sinne des Wortes.

Gleich links von der Straße beginnt der Strand, die Häuser wirken wie in den Sand gesetzt. Eine Landschaft, durch und durch verspielt, bunt gestrichene Fischerboote hinter den Häusern, farbige Wimpel, zwanzig Meter bis ans Wasser. Ateliers, Schmuckläden.

In ihren Memoiren erzählt Paula eine kurze Episode, die sich hier ereignete und vielleicht vorausweist auf ein zentrales Motiv in ihrem späteren Roman «Was am Ende bleibt» (Desperate Characters): den Katzenbiss.

*«Der Schäferhund meiner Eltern griff eine Katze an, die den schmalen, rissigen Gehsteig vor dem Haus entlangstreifte. Mein Herz pochte laut; mein Gesichtsfeld verengte sich, und ich sah nur noch die beiden Tiere, das eine hilflos, das andere zu einem Ungeheuer geworden durch seine Raserei. Ich packte die Katze. In ihrer Panik kratzte sie mir über die Hand. Es war an diesem Tag niemand im Haus, dem ich den Kratzer zeigen konnte. Ich wusch mir dir Hand im Waschbecken in der Küche, auf einem Stuhl stehend, um den Hahn zu erreichen. Die Wunde fing eine Zeit lang immer wieder an zu bluten. Als meine Eltern von dort zurückkehrten, wo immer sie gewesen waren, tat ich nichts, um ihre Aufmerksamkeit darauf zu lenken.»* (FK, S. 56f.)

Kurz darauf stöbert die kleine Paula einmal in den Kleidern und Schminksachen der Mutter, als diese hereinkommt, «wie von einem gewaltigen Wind hier abgesetzt», und das geschockt weinende Kind «in einer Art wilden Erbitterung» auffordert, mit dem Weinen aufzuhören. Hält man sich an diese kurzen, so präzise erinnerten Szenen, dann findet man nicht viel Erklärung dafür, dass das Kind Paula Provincetown positiv in Erinnerung behalten sollte. Aber es muss etwas gegeben haben – denn das Cape gehört in Paula Fox' Leben zu den wenigen Kindheitsorten, an die es sie als Erwachsene immer wieder zurückzieht: Mit Martin bezieht sie später Sommerhäuser in Truro; lange vorher lebt sie mit ihrem zweiten Ehemann sogar für einige Jahre fest auf dem Cape. Aber es hatte in Provincetown ja auch nie nur die Eltern gegeben: Es gab das Meer, den Strand voller Muscheln und Mr. Corning.

72

Eines der Fotos ist mit Blick aufs Meer gemacht. Das kleine Mädchen schaut aufs Wasser, und Mr. Corning hält sie in einer festen Umarmung. Als Paula Fox mir dieses Bild zeigte, sagte sie noch einmal mit Nachdruck, was sie bereits im Buch geschrieben hatte: «Schauen Sie sich an, wie er mich hält! Dabei gibt es in Provincetown gar keine Wellen.»

*

Dann aber folgte, Paula war sechs, noch eine Reise von Balmville fort; viel weiter weg und ohne Begleitung von Mr. Corning. *«Plötzlich, wie es mir damals vorkam, endeten meine Kindheitsjahre mit Onkel Elwood und seiner Mutter. Vorhaben, von denen ich nichts gewusst hatte, verwirklichten sich. Mein Vater, der in Kalifornien lebte, ließ mich holen. Ich fand mich in einem Zug mit Tante Jessie auf dem Weg nach Los Angeles wieder.» (FK, S. 71f.)*

Später erzählte ihr Onkel Elwood, dass er auf das Dach des Pferdestalls gestiegen sei, um dem Zug, in dem sie saß, nachzusehen.

Paul Fox war als Drehbuchschreiber in Hollywood engagiert worden. Wieder bewegte er sich, wie in Provincetown, neben den Großen der damaligen Literatur.

In der Autobiografie erinnert sich Paula Fox an ihre Ankunft in Hollywood. *«Wenn ich mir die kurze Zeit vor Augen führe, die ich in diesem Haus verbrachte, bin ich immer draußen, und es ist Nacht.» (FK, S. 78)* Ihre Tante Jessie, die sie begleitet hatte, reist eine Woche später wieder in den Osten zurück. Am Abend dieses Tages gehen die Eltern abends auf eine Party und lassen Paula allein. Allein wandert das Kind durch das Haus und sperrt sich schließlich aus. Und wieder einmal treten «Feuerwehrleute» auf, rettende Hände, die das Kind, erneut schändlich verlassen, weiterreichen, bis es sicher ist. Ein Bediensteter begegnet ihr, nimmt sie mit nach Hause, wo seine Frau das Kind versorgt. Als sie früh am nächsten Morgen ins Haus der Eltern zurückgeht und «Daddy?» ruft, schreckt dieser hoch und trägt sie in ein anderes Zimmer – nicht schnell genug, als dass Paula nicht gemerkt hätte, dass die Frau neben ihm im Bett nicht ihre Mutter ist. Er will sie übers Knie legen – aber das schwarze Hausmädchen schreitet ein: «Mr. Fox! Das ist nicht richtig! Das ist ungerecht!»

Dieses schwarze Hausmädchen sei ihr ein Leben lang immer wieder in den Sinn gekommen, schreibt Paula Fox in ihren Memoiren. «… *es wurde mir klar, wie mutig sie gewesen war.» (FK, S. 81)* Seit dieser Erfahrung habe sie immer eine Nähe und ein Vertrauen zu Schwarzen empfunden, so sagt sie es bei vielen Gelegenheiten. Zum Beispiel, als sie mir ihre ersten gedruckten Geschichten zeigt: publiziert in der Zeitschrift «Negro Digest» in den mittleren 1960er-Jahren, auf dem Höhepunkt von Rassismus und Bürgerrechtsbewegung.

Und es ist nicht die einzige «rettende» Erfahrung, die Paula in dieser Zeit mit gänzlich fremden Menschen, oft Hausangestellten macht. Die Eltern lassen sie auch jetzt ein weiteres Mal im Stich, geben sie in die Obhut einer alten Frau, von dort aus geht Paula in die Schule und später in ein Sommerlager, wo sich die Leiterin des Camps ihrer annimmt.

Ob diese Erfahrungen von Vertrauenswürdigkeit, von Stetigkeit als Hinweis auf den Roman «Luisa» (1984) gelesen werden können? Luisa ist das Mädchen, das sich zum Entsetzen seiner Mutter entschließt, Dienstmädchen zu werden: *«Dienstbotin zu sein verhieß mir eine Art Freiheit. Ich wollte weg von zu Hause, ich hielt es kaum noch aus vor Ungeduld; ich vertraute auf eine heimliche Kraft, mit der ich alles auf meine Art verwirklichen würde.» (LU, S. 191)* Luisa wird zu einer Zeugin vieler fremder Leben – und zu einer Hüterin ihres eigenen «geheimen Lebens», ihres «secret life».

\*

Knapp siebenjährig kehrt das Kind zu Mr. Corning zurück. *«Ich glaubte, vor Glück platzen zu müssen, befreit von einem einjährigen Fluch wie ein Mädchen im Märchen.»* (FK, S. 95)

*«Als ich wiederkam, war es im Osten Winter. Es lag Schnee … Es sollte nur für einige weitere Monate sein. Ich klammerte mich an die vorübergehende Sicherheit. Ich wusste, es war eine Rettungsleine, die mir jeden Augenblick aus den Händen gleiten konnte.»* (FK, S. 72)

Dann hört sie eines Tages ein Taxi an der Einfahrt des Hauses in Balmville halten, dem die Großmutter entsteigt. Candelaria de Sola will ihre Enkelin mitnehmen. «Paulita», sagte sie, und das Kind empfindet: «My heart sank.»


## Die scharfe Klinge des Lebens


Paula Fox ist überrascht. «Tatsächlich, Sie waren in Kew Gardens? Steht denn das Haus noch?» Es ist früher Abend, ich habe noch mal in der Clinton Street vorbeigeschaut, und während wir im Garten die kleine Brise genießen, wird Paula plötzlich ganz still. Der Blick wandert nach innen: «Es muss Jahrzehnte her sein, dass ich dort war…» Wieso denn so lange nicht? Ist sie nicht sonst eher ein treuer Mensch? Jemand, der zwölf oder fünfzehn Sommer nach Italien gereist ist, der seit vierzig Jahren in Brooklyn lebt … «Ja, das stimmt für die Orte, die ich liebe! Kew Gardens habe ich gehasst.» Die ungeliebten Orte also, die belasteten, können so nah liegen, wie sie wollen; eine gute Stunde mit der Subway von Cobble Hill entfernt – egal. «Es gibt Türen, die man schließen kann. Die zu meinem Geist ja sowieso nicht.» Sieben Jahre alt war sie gewesen, als sie zum ersten Mal nach Kew Gardens kam, wo die Großmutter wohnte.

«My blood!», imitiert Paula jetzt das Pathos der Großmutter, mit dem diese damals, 1930, vor den Pfarrer trat und das Kind in den Schoß der Familie zurückholte. Paula Fox schüttelt sich, und in der heftigen, vom Lachen kaum geminderten Bewegung sind Abwehr und Auflehnung enthalten. «Ich habe sie immer für die Trennung von Mr. Corning verantwortlich gemacht.» Was diese Trennung bedeutete, hat sie in unmissverständlichen Worten beschrieben. «*Es war viel schlimmer als die Verzauberung in einem Märchen. Mein Abschied von dem Pfarrer war eine Amputation.*» (FK, S. 95)

Ich denke an das hübsche Häuschen Nr. 129 in der Audley Street. Von außen betrachtet ein schönes Bild – und doch ein böses Märchen. Für Paula stand es für den erneuten Verlust von Sicherheit, besser: für den Verlust des einzigen Menschen, der ihr Sicherheit vermittelt hatte, Mr. Corning. Für eine sich immer neu bestätigende prinzipielle Ungesichertheit; für Trennung, die zwar ab und zu von Briefen unterbrochen wurde, aber ansonsten absolut war. Vielleicht ist die Siebenjährige ja einem rettenden Instinkt gefolgt, als sie sich nach der Trennung von Uncle Elwood erst mal der nächsten Bindung verweigerte und ihm und der Sehnsucht nach ihm treu blieb? Der Großmutter freilich fiel dabei eine undankbare Rolle zu. Auf sie projizierte Paula die Trennungsschuld, von der sie die Eltern entlastete.

Wer war diese Großmutter, frage ich Paula am Abend. «A hidden soul», lautet Paulas Antwort, das sagt sie mehrfach, dann noch: «A secretive woman.» Erst nach und nach erfahre ich mehr. «Sie war ein einsamer Mensch, aber freundlich zu den Nachbarn, zu den Menschen um sich herum ... Heute erscheint sie mir als jemand ohne Liebe zu sich selbst; ohne Selbstwert, ja, vielleicht ohne überhaupt ein Selbst! Wenn ich mich daran erinnere, wie sie sich wehklagend an die Brust schlug, denke ich, sie ging ihren Weg auf die Art, wie das die Frauen ihrer Zeit und Schicht eben taten, um ihre Ziele zu erreichen; um wenigstens

*Candelaria de Carvajal (2.v.re.) in ihren jungen Jahren*

kleine Siege davonzutragen. Sie konnte überaus witzig sein, sogar ironisch – ihre kleine Rache an den großen Mächten, die (wie sie dachte) ihr Leben bestimmten. Sie hatte auch etwas Vages; diese Art Abwesenheit, die manche Leute haben, die immer an etwas anderes zu denken scheinen als an das Kind oder den Erwachsenen, der gerade vor ihnen steht.» Für das Kind jedenfalls war sie kein sicherer Hafen. «... aber wie sollte sie auch?» Sie, die sechzehnjährig selbst entwurzelt worden war. Als Paula in die Audley Street kam, lebten zwei der erwachsenen Söhne, Vicente und Leopoldo, immer noch mit ihrer Mutter Candelaria. Einzig Fermin, der von Paula gefürchtete älteste Onkel, hatte eine eigene Familie gegründet; der einzige der vier Brüder, der nicht homosexuell war. «Alle drei, stellen Sie sich das vor! Mir kam es oft so vor, als würde Candelaria sich belagert fühlen von ihrer Familie, außer von Leo. Er war ihr Liebling.» Dennoch –

als Elsie, die bis dahin Familie und Kinder zu verhindern gewusst hatte, Paula bekam und sie ins Findelhaus brachte, war es Candelaria, die sie dort wegholte. Damals, wie auch sieben Jahre später, als Candelaria de Sola das Kind von Pfarrer Elwood Corning fortholte, muss sie dem Gefühl einer familiären Zuständigkeit gefolgt sein, das ihre Tochter Elsie nicht kannte. Und doch – oder gerade deshalb? – war sie eher von Angst und Existenzunsicherheit geprägt als von Festigkeit und Sicherheit. «Wenn sie Herzanfälle vortäuschte, glaubte ich ihr nicht. Aber ich gab nach ...» Paula reagiert mit etwas, das man vielleicht Selbstschutz nennen könnte. Sie verweigerte die Bindung, entkoppelte sich. Entkoppelte sich – wer weiß? – vielleicht auch von der Ängstlichkeit der Großmutter und von der eigenen Hoffnung, sie könne Halt bei ihr finden.

Einmal besucht Uncle Elwood Paula in der Audley Street. Das Kind hatte so schlimme Ohrenschmerzen, dass Candelaria sich nicht zu helfen wusste und Mr. Corning anrief. Er kam sofort. «Aber ich hatte das Gefühl, eigentlich wollte sie nicht, dass ich ihn traf», meint Paula Fox. Er schrieb ihr ein paar Mal im Monat. «Aber danach sahen wir uns für Jahre nicht mehr.»

\*

So unterversorgt das Kind Paula mit seinem Bedürfnis nach verlässlicher Bindung gewesen sein muss, so reichhaltig versehen wurde ein anderer Teil, die in ihr verborgene Schriftstellerin. «Ich habe ziemlich früh damit begonnen, die Welt mit anderen Augen zu sehen», hatte sie einmal zu mir gesagt.

Tief, ohne Widerstand drang Kuba in sie ein – denn dies war die nächste Lebensstation nach etwa einem Jahr Kew Gardens. An einem frühen Morgen Ende 1931 verließen die Großmutter und ihre achtjährige Enkelin das stickige Apartment in der Metropolitain Avenue und reisten zur Penn Station. «Meiner Großmutter muss das Geld ausgegangen sein ... sonst hätten wir das

Haus in der Audley Street wohl nicht verlassen und wären in diese enge Wohnung an der Metropolitain Avenue gezogen.» Candelaria war wieder gefragt in ihrem Job als Gesellschafterin ihrer reichen Kusine, Tia Luisa. Sie bestiegen einen Zug, dessen letzter Waggon Tia Luisa gehörte. *«Wie konnte ein Mensch einen Eisenbahnwaggon besitzen?»*, fragt, noch in der Erinnerung staunend, Paula Fox in ihrer Autobiografie. Sie erinnert präzise den Anfang dieses karibischen Lebensabschnitts: *«Der Eingang zu dem privaten Waggon war teilweise abgeschirmt durch eingetopfte Palmen, die bis zum Dach reichten. Dahinter döste eine kleine ältliche Frau in einem königlichen Sessel. Ihre Augenbrauen waren wie schwarze Raupen, die auf ihrer Stirn zum Stillstand gekommen waren, und ihre kleinen, juwelengeschmückten Hände lagen zerknittert in ihrem Schoß. Diener gingen schweigend im Waggon umher. Sie ordneten Dinge in Schubladen, und der Teppich dämpfte die Geräusche ihrer Schritte.»* (FK, S. 115) «A Painter's Eye» nennt Paula Fox ihre Fähigkeit des minutiös genauen Erinnerns. Ist es nicht erstaunlich, dass sie, dieses ständig mit Wechsel und Verunsicherung konfrontierte Kind, solche Aufmerksamkeit übrig hatte für die Details des Hier und Jetzt? Dass sie sich den neuen Orten nicht verweigerte, an die sie unablässig verpflanzt wurde? Das Gegenteil war der Fall: Ihre inneren Aufzeichnungen haben die Präzision von Fotografien. Sie verfügte über eine Wachheit noch für das kleinste Detail, was angesichts des Ausmaßes an «Fremdbestimmung» und mangelnder Fürsorge umso wundersamer erscheint, als ihre Erinnerungen nicht so sehr von Angst wie von früher Faszination für die Vielfalt der Welt geprägt sind. *«Ein Geruch durchdrang den Privatwaggon, der vermutlich von den Palmen kam oder von der Erde, in die sie gepflanzt waren, oder von etwas anderem in der Luft, wie ich später dachte: ein reifer, warmer Geruch von Kuba selbst.»* (FK, S. 116.)

Denn das, nicht zuletzt, wird Kuba in den folgenden sechzehn Monaten für Paula sein: durchdringender Geruch nach Zuckerrohr, Hitze, Hagelstürme, eine Dorfschule, Kinder, zu denen sie ebenso wenig gehört wie zu den Erwachsenen im Herrenhaus, eine auf Streifzügen entdeckte erregende Freiheit, und die dicht daneben liegende Einsamkeit.

*«Ich gehörte schon allmählich zur Plantage, doch nicht zu den Leuten im Herrenhaus – die jedenfalls nicht nach mir verlangt hatten. Abends fehlte mir am meisten der Pfarrer; und ich vermisste Bücher. Ich hörte oft von Onkel Elwood. Doch einmal schrieb er wochenlang nicht. Als ein schwarzgeränderter Umschlag für mich ankam, wusste ich, dass er die Nachricht des Todes seiner Mutter, Emily Corning, enthielt …» (FK, S. 123)*

Was hier so lapidar verknappt steht, findet viele Jahre später seine längere Ausführung in Paula Fox' fünftem Roman «Luisa», der als «A Servant's Tale» 1984 in Amerika erschien. An ihm, der in großen Teilen von der Erinnerung an Kuba lebt, hat neben dem «Malerauge» auch sehr wohl ein Angstgedächtnis mitgeschrieben. Ist doch Luisa selbst, die am Anfang des Romans ungefähr sechs ist, früh markiert von dem Wissen um eine prinzipielle Ungesichertheit im Leben. Zwar lebt sie – anders als Paula – von Geburt an auf der Zuckerplantage, ohne aber je ein Teil von ihr zu werden. Schon für das Kind gilt «… *ich begann mit den Augen und den Ohren einer Außenseiterin zu sehen und zu hören.*» (LU, S. 54) Luisa ist Außenseiterin, weil sie mit dem Makel der «falschen» Herkunft auf die Welt kam: Vater Orlando ist der Sohn der Plantagenbesitzerin Beatriz de la Cueva. Ihre Mutter ist ein Mädchen vom Dorf und arbeitet als Bedienstete auf der Plantage. Dass Luisas Mutter also mit der eigenen Herkunft brach, hat nicht nur die unversöhnliche Entfremdung zwischen Mutter und Großmutter zur Folge, sondern bedeutet für Luisa ein Leben zwischen allen Stühlen. Geht sie in die Kirche wie die Mutter und die anderen Dorfkinder oder gibt sie des Vaters Verachtung für Religion nach? Gehört sie in die Dorfschule oder nicht? Darf sie die Kleider der vornehmen Cousins und Cousinen auftragen? Zwar haben die Eltern, der Standesungleichheit zum Trotz, inzwischen geheiratet. Sicherheit entsteht dadurch nicht, im Gegenteil: der Vater hat die Sicherheit seiner Privilegien verloren. Für Luisa bleibt er der große Unberechenbare, der bei jeder Gelegenheit losschreien kann und ihr die Gabel in den Mund stößt, bis sie blutet, damit sie richtig essen lernt. *«Ich erzählte Nana, dass La Señora de la Cueva jetzt meine richtige Großmutter sei, da Mama und Papa geheiratet hätten. Nana schnaufte. ‹Du bist Luisa Sanchez. In Gottes Augen bist du Luisa Sanchez.› Die Augen Gottes konnten mich nicht foppen ... ich war nicht sicher, wem ich angehörte.» (LU, S. 63f.)*

Nana, ihre Großmutter mütterlicherseits, lernt Luisa also erst spät und zufällig kennen. Dann aber wird ihr die stolze spröde Frau mit dem unerschrockenen Urteil zum Halt und Inbegriff loyaler Zuneigung. Einmal sind Großmutter und Enkelin auf dem Feld unterwegs, und ein Aufseher will sie vertreiben. Als Nana sich nicht einschüchtern lässt, sondern einen Gegenangriff startet, hebt er das Kind in die Luft, das sofort die subtile Botschaft des eigenen Andersseins wie eine verführerische Süßigkeit realisiert. «Lass sie runter», sagt Nana, und später zu ihrer Enkelin: *«Er tat, als schütze er dich, weil du Orlando de la Cuevas Kind bist. Er wollte sich nur wichtig machen. Eigentlich hat er dich gestraft. Denn er stößt dich aus dem einzigen Leben, das dir möglich ist.» (LU, S. 21)* Luisa lernt die harte Wahrheit als klaren Satz aus dem Mund der einzigen Person, der sie vollkommen traut. Klares Urteil und sichere Liebe gehen eine Verbindung ein – eine Erfahrung, die auch für Paula Fox selbst an einen einzigen Menschen gebunden ist.

Nana, sagt Paula Fox im Gespräch, sei ein «dream character»; mit der realen Großmutter habe sie nichts zu tun. «Ansonsten aber kommt das, was Luisa in San Pedro erlebt, meinen

Erfahrungen aus Kuba oft sehr nah.» Für Luisa aber erträumte sie eine Großmutter als Trost und Schutz vor den ihre Sorgepflicht vernachlässigenden Eltern, vor allem vor der gewaltigen Verwirrung, die mit Eltern einhergeht, die so unklar über alles sind: über die Natur ihrer eigenen Beziehung, über einen Ort, an den sie gehören könnten. Die Parallelen zwischen Paula und Luisa sind offensichtlich – auch dort, wo Luisa die schützende Kraft ihrer Großmutter nur für ein paar Jahre im Rücken haben darf. Eines Tages kündigt der Vater an, angesichts der drohenden Revolution würden sie in die Vereinigten Staaten gehen. *«Entsetzliche Angst packte mich, als hielte mich jemand mit beiden Händen über den Kanal und zöge eine Hand weg.» (LU, S. 86)* Doch hält sie überhaupt jemand?

Dass nichts gewiss war – keine Beziehung, kein Ort –, zieht sich als Thema durch das ganze Buch, durch Luisas ganzes Leben. Denn dieses Mal behandelt ein Roman nicht nur einen Lebensabschnitt, sondern geht weiter, begleitet Luisa nach Amerika, wo sie irgendwann die unumstößliche Entscheidung trifft, Dienstmädchen zu werden. Luisas Mutter ist entsetzt über diesen Beschluss. *«Da hockte sie, die ich für längst vom Schmerz besiegt gehalten hatte, für unempfindlich gegenüber neuen Schlägen, und schluchzte erschüttert, als würde sie das erste Mal dem schwarzen Herz des Lebens nachsinnen.» (LU, S. 194)* Ist es Bitterkeit, resignierte Ergebung, was Luisa dazu bringt, andere Möglichkeiten abzulehnen und diese zu favorisieren? Im Roman erscheint der Ort, den sie als Dienstmädchen einnimmt, als Posten der Zeugenschaft; als ein Ort jenseits von Klassen und Hierarchien, ein merkwürdiger Nichtort entfernt von Bestechlichkeit und Verwicklung.

Leben notieren ist der Impuls dahinter. Luisa wird zur Protokollantin der vielen Leben, hinter denen sie herräumt. Das eigene Leben, vor allem das gemeinsame mit dem Sohn Charlie, verschwindet dabei fast: *«‹Wir bräuchten ein Zauberfernrohr›, sagte er, dann wüssten wir immer, was der andere gerade tut. Ich begriff, dass wir beide verletzt waren; die scharfe Klinge des Lebens hatte ihn zweimal getroffen und eine unkindliche Nachdenklichkeit hinterlassen.» (LU, S. 285)*

Nachdenklich, mit übergroßer Aufmerksamkeit für alles um sich herum – so, wie Luisa selbst als Kind gewesen war – führt sie auch als Erwachsene neben ihrem Alltagsleben ein geheimes inneres Leben. «Secret Life» wird zum Zauberwort dieses Lebens. In sich etwas bewahren. Eine ihrer Arbeitgeberinnen, Mrs. Burgess, markiert das Gegenstück dazu; sie ist ein *«Mensch ohne jedes Geheimnis». (LU, S. 311)* Überhaupt ist das innerlich gut gehütete Leben ein wiederkehrendes Thema. In «Die einäugige Katze», dessen amerikanisches Original «One-Eyed Cat» im selben Jahr – 1984 – erschien wie «The Servant's Tale», sagt Neds kranke Mutter zu ihrem Sohn: *««Du musst dich vor Leuten hüten, die ihr Herz immer vor sich hertragen. Das ist nicht der richtige Platz für ein Herz, es wird rostig und abgewetzt, und innen drin, wo es hingehört, bleibt bloß ein Loch.»»(EK, S. 69)*

Damals, nach meinem Besuch in der Audley Street, war ich auf der Metropolitain Avenue zurück zur Subway gelaufen. Sie ist, ganz anders als die teilweise ausladenden und fantasievoll konstruierten Holzhäuser in den Straßen rechts und links, eine hässliche Straße. Miethausklötze, Sozialbau – hierher kehrten Großmutter und Enkelin 1933 nach sechzehn Monaten Kuba zurück. Der kubanische Präsident war aus dem Amt geputscht worden. Wieder einmal musste Candelaria, und mit ihr Paula, das Land wechseln. Paula Fox erinnert sich an die Rückkehr und wie sie, die Zehnjährige, sich fühlte nach der Weite der Plantage. *«Wir starrten, die Koffer auf dem Boden neben uns, in das Einzimmerapartment, in das wir zurückgekehrt waren und für das meine Großmutter so viele Monate lang Miete bezahlt hatte. Alles war voller Staub. Ein muffiger Geruch hing in der*

*Luft. Ich bekam ein würgendes Gefühl im Hals. Mit halb er-*
*stickter Stimme konnte ich gerade noch sagen: ‹Es ist so*
*klein …›» (FK, S. 133)*

\*

Paul und Elsie Fox kamen «*nach einem Aufenthalt von drei*
*oder vier Jahren aus Europa zurück, als ich elf war*». *(FK, S. 143)*
Wo sie genau gewesen waren? Was sie gemacht, wovon sie gelebt hatten? Paula Fox weiß es nicht. Sie kommen an, schreiten
von Deck, schön «wie Filmstars», während Paula und die Großmutter unten warten. Die Mutter hat auf dem Gesicht *«ein kal-*
*tes, strahlendes Lächeln. Meine Seele erschauerte.» (FK, S. 146)*
Der Vater gibt der Tochter in den nächsten Tagen eine Schreibmaschine und fordert sie nach drei Tagen wieder ein. Er pumpt
sich fünfzig Dollar von ihr, die Tia Luisa aus Kuba Paula gegeben hatte, und gibt sie ihr nie zurück. Das Geld war mir egal,
die Schreibmaschine hätte ich gern gehabt, heißt es lapidar in
der Autobiografie. Dass die Eltern immer *«broke»* waren –
pleite – scheint für Paul und Elsie selbst eher ein Aspekt jener
mondänen Lässigkeit gewesen zu sein, mit der sie sich gern
umgaben, aber kein Anlass, den Lebensstil zu ändern. Und so
klingt ihr «pleite» – nach einer Reise, vor einer Reise – nach
purer Koketterie. Für Paula war folglich Armut ein ständiger
Begleiter. Eine Passage aus «Lauras Schweigen» thematisiert,
wie sich für ein bei der Großmutter aufwachsendes Kind ständig reisender Eltern diese Armut anfühlen mag: *«Es hieß, man*
*sei ‹pleite›. Als Kind spürte Clara das diesem Wort innewohnen-*
*de Versprechen: Pleite zu sein war ein Zustand, der plötzliche*
*dramatische Veränderungen erwarten ließ. Dass die Verände-*
*rung nie eintrat, dass sie Jahr um Jahr, wenn sie von der Schule*
*heimkam und ihren abgetragenen Wintermantel in den Schrank*
*hängte, das eine ‹gute› Paar Schuhe der Großmutter sah, das*
*immer schäbiger und schäbiger wurde, konnte die erregende Er-*

*Die Zuckerplantage auf Kuba, auf der Paula Fox sechzehn Monate lang bis 1933 lebte*

wartung nicht aus ihrem Bewusstsein verbannen, dass Geld kommen werde, dass es einmal ein großes Geldfest geben werde. In der Mitte ihres Lebens wusste Clara, dass sie arm waren, zu den Ärmsten ihrer Ecke von Brooklyn gehörten. Dennoch hörte sie nicht auf, die gegenteilige Möglichkeit in Betracht zu ziehen, dass sie nur vorübergehend ‹pleite›, seien, dass die Rettung unterwegs sei – immer unterwegs.» *(LS, S. 55)*

Als Paula in dieser Zeit einmal mit der Subway nach New York fährt, um ihre Mutter für einen Einkauf zu treffen, hat die Aussicht auf neue Schuhe nichts Schönes an sich. Stattdessen empfindet das Mädchen «einen mein ganzes Inneres ausfüllenden Schrecken». Paula ist elf Jahre alt, und ein paar Dinge scheinen bereits klar entschieden. Armut hin oder her, noch die schönsten Schuhe der Welt können diesen Schrecken nicht entkräften, der untrennbar mit der Mutter verbunden ist. Sie, die zu keiner Zeit in Paulas Leben eine fürsorgliche Kraft verkörperte, sich aber umgekehrt das Recht nahm, als verurteilende, zersetzende und zerstörende Kraft aufzutauchen, wann immer ihr danach war – sie muss für das Kind nicht weniger als der Inbegriff von Grauen gewesen sein; lauernd, unvorhersehbar aus der Abwesenheit hervorspringend wie ein Flaschenteufel. Die Großmutter war dabei keine Hilfe. Aber war nicht für das Kind Paula das Leben sowieso ein einziger Flaschenteufel? Alles konnte von heute auf morgen anders sein – jemand sprang aus dem Nichts hervor und gab dem Leben eine neue Richtung.

Paula Fox weiß eine Geschichte aus dieser Zeit, die ihr Vater ihr erzählt hat. Elsie und Paul verbrachten mit anderen Leuten vom Film ein Wochenende am Lake Tahoe. Mit dabei war Humphrey Bogart, der gern Schach spielte und mitbekam, dass auch Elsie das Spiel beherrschte. Also rückten sich die beiden Tisch und Stühle auf einen Bootssteg und bauten auf. Als Elsie nach einem gelungenen Zug Bogarts eine bissig-ironische Bemerkung machte, schob Bogart das Brett zurück und warf Elsie Fox mit den Worten in den See: «You and your killer manners!» Sie habe Bogart danach verehrt, kommentierte Paula die Geschichte lachend. Und so wurde, viel später, Humphrey Bogart zu einem Verbündeten ihrer Wahrnehmung; einem Mann, der diese *«killer manners»* nicht nur zutreffend zu bezeichnen, sondern auch zu beantworten gewusst hatte.

*

Noch nicht lange existierte die Subway-Verbindung zwischen Kew Gardens und Manhattan in den frühen Dreißigerjahren. Gerade richtig für eine Elf-, Zwölfjährige, die nur zu gern aus Kew Gardens floh, manchmal mit ihrer Cousine, Fermins Tochter Natalie. *«Es war von Kew Gardens eine lange Fahrt mit der neuen Untergrundbahn ... An jenen längst vergessenen Samstagen, wenn eine von uns genügend Geld für die Eintrittskarten zusammenkratzen konnte, verbrachten Natalie und ich ganze Nachmittage im Bluebird-Kino am Broadway auf der Höhe der 158. Straße, wenn ich mich richtig erinnere ... Und was für Fil-*

*me wir sahen! All die Schauspieler und Schauspielerinnen, deren Fotografien ich sammelte, mit ihren Mienen von Ewigkeit! Ihr Strahlen, ihre Augen, ihre Gesichter, ihre Stimmen, die Gewandtheit ihrer Bewegungen! Ihre Kleider! Sogar in Gefängnisfilmen glänzten die Stars in ihren Gefängniskleidern, als ob sie noch im Untergang begleitet wären von Schneidern. Im Bluebird war es, als würde eine Frau Geschichten singen, die größer waren als das Leben, die von Schicksal und Liebe und dem Bösen handelten, aufgeführt in dämmrigen Zimmern und wilden Landschaften, zu denen ich keinen Zugang hatte, die ich nur ganz flüchtig sehen konnte, hingerissen.» (FK, S. 136)*

Ich stelle mir vor, wie nötig – und bitter zugleich – diese Welt des Glanzes zu einer Zeit gewesen sein mag, als Paulas reale Lebenslandschaft winzig war: ein Einzimmerapartment in der Metropolitan Avenue, in dem das Bett für Großmutter und Enkelin jede Nacht aus dem Schrank geklappt wurde. Die Ausflüge mit ihrer Cousine Natalie kamen mehr als gelegen. Als Natalies Mutter, Tante Elpidia, einmal für eine Weile bei ihnen wohnte, nächtigte Paula in der Badewanne. Auch Elpidia hatte Gründe genug, ihr Zuhause zu fliehen. Die Familie lebte in Spanish Harlem, regiert vom despotischen Fermin. «Er war sadistisch! Seine Frau und seine drei Töchter wurden von ihm regelmäßig verprügelt, er quälte sie physisch und psychisch. Nicht ein einziges Mal habe ich ihn lächeln oder lachen gesehen.» Immer wieder taucht dieser älteste Onkel im Gespräch auf, für Paula die zweite bedrohliche Person in der Familie neben der Mutter.

Wer war diese Großmutter, die gleich mehrere so unangenehme Kinder hervorbrachte und diese dann nicht einmal loswerden konnte? Ich frage Paula Fox noch einmal. Paula zeigt auf ein Foto an der Ziegelwand der Küche. Schwarz-weiß, groß, hängt es etwas am Rand, nicht beleuchtet wie der italienische Freund Floriano, von dem Paula so liebevoll erzählt, die Freundin Marjorie, die Enkelsöhne Dan und Tobias, die Tochter Linda; und es scheint direkt aus einem orientalischen Märchen zu kommen. Vier Frauen schauen den Betrachter an, schwere schöne dekorative Kleider, Tücher im Haar, vor einem jener Mosaiken, die an die Alhambra erinnern. «Es muss irgendwann am Ende des 19. Jahrhunderts aufgenommen sein. In Spanien?» Oder ist sie schon auf Kuba, und der Hintergrund ist ein Fake? Paula lacht, sie weiß es nicht. Noch, scheint das Bild zu sagen, schaut Candelaria ins Leben wie in einen schönen Traum – noch weiß sie nicht, dass sie in einem fremden Land als junge Witwe mit fünf Kindern zurückbleiben und ein weiteres neues Land aufsuchen wird. Sicherheit, so es sie je gab, wird auch in ihrem Leben markant ins Schwanken kommen. Noch einmal fällt mir der Satz aus «Luisa» ein: *«Entsetzliche Angst packte mich, als hielte mich jemand mit beiden Händen über den Kanal und zöge eine Hand weg» (LU, S. 86)*. Hat das Thema Trennung, die Erfahrung von Trennung sie nicht mit der Großmutter verbunden? Nein, ganz im Gegenteil. Candelaria hatte kein Bewusstsein davon, was sie der Enkelin antat, als sie sie zurück in die Familie holte. Vielleicht ja genau deshalb nicht – weil sie diese radikalen Trennungen selbst erlebt hatte und aus ihrer Erfahrung nun unreflektiert ihr eigenes Handlungsrepertoire entwickelte.

«Mein Herz hatte sich gegen sie verhärtet», beschreibt Paula Fox ihre Haltung zur Großmutter. Aber heute ist es anders: «In den letzten Tagen kommt etwas wie Sympathie für sie hoch», sagt Paula Fox mit einem kleinen Lachen. «Ich sah sie lange, fast verächtlich, als eine Art Spielfigur, die sich hierhin und dorthin schieben ließ. Aber sie muss etwas wie einen starken eigenen Willen gehabt haben. Mit diesem Willen holte sie mich zu sich, wollte sich über mich definieren.» Aber sie hatte doch auch, im Gegensatz zu den Eltern, Verantwortung übernommen. Vielleicht wäre Paula ja sonst im Findelhaus geblieben? «O nein, mein Vater war ja immer zwiegespalten. Er hat mich nie ganz losgelassen, er hat mich überall besucht.» Was für eine tiefe, durch alle Erkenntnis, alles bessere Wissen hindurch tiefe Loyalität mit diesem Vater! «Ja», sagt Paula Fox, «da haben Sie wohl recht. Martin sagt das immer wieder, was für ein furchtbarer Vater. Meine Großmutter war nie böse. Aber sie belastete mich. Wenn ich abends raus wollte, griff sie sich ans Herz und tat, als würde sie einen Anfall bekommen. Ich glaubte ihr nicht wirklich, aber gab etwas auf, das ich gern gehabt hätte; frühe Abende, die ich mit anderen Kindern verbringen wollte und an denen ich dann doch zu Hause blieb. Ich verübelte ihr das natürlich. Und mein Vater, na ja – er konnte mich eben zum Lachen bringen.»


## Wie niemandes Kind


«Sie nannte mich Paulita», erinnert sich Paula Fox, «ich war ihr Liebling». Aber es half nichts. Paulas Großmutter hatte, wie man so sagen würde, schlechte Karten in Bezug auf die Enkelin. Zu oft und zu früh war «Paulita» der vertrauten Orte und Menschen beraubt worden. Paul und Elsie, die beiden egozentrischen Elternfiguren, stellten ja ihre Ablehnung ihrer Tochter nie infrage – als wäre das «Nein» zum eigenen Kind ihr gutes Recht. Auch der ambivalente Vater tat nie einen entschiedenen Schritt in die Verantwortung. Candelarias Treue muss für Paula, die von Anfang an lernen musste, ohne elterliche Treue zu leben, wie Schwäche ausgesehen haben. So wurde Candelaria, wie widersinnig auch immer, zur Zielscheibe von Paulas Feindseligkeit. An manchen Tagen, schreibt Paula Fox in ihren Memoiren, «... *reizte mich sogar ihr Gang. Sie hatte Schmerzen in den Füßen, entzündete Ballen und Hühneraugen. Ich hatte eine*

*Abneigung gegen die Art, wie sie stolpernd umherging. Sie sagte oft: ‹Ich weiß viele Sacken›, und wenn mein Vater diese Worte nachmachte, reagierte ich mit mehr Heiterkeit, als ich eigentlich empfand, als ob sie mich sehen und hören könnte, wie ich über sie lachte.» (FK, S. 171)*

Insbesondere das winzige Apartment in der Metropolitain Avenue trieb die Heranwachsende in eine Enge, aus der sie, so oft sie konnte, entfloh – weiter als ins nahe Inwood Movie House oder ins Broadway-Kino. Die Wohnung, «klein wie eine Schuhschachtel», schuf eine Notlage, aus der sie, koste es, was es wolle, entkommen musste: «*In diesem Dorf auf Long Island gab es eine große Gemeindebücherei. Jede Woche brachte ich so viele Bücher mit nach Hause, wie ich tragen konnte. Und am Sonntag, wenn die meisten meiner Schulfreunde zu Hause blieben und das Inwood-Filmtheater geschlossen hatte, konnte ich den ganzen Nachmittag lang lesen. Ich konnte aus den beengten Verhältnissen verschwinden und an anderen Orten wieder auftauchen, wo die Geschichten aus der Phantasie der Autoren spielen: wo ein skrupelloser Ganove das Schicksal eines misshandelten Jungen verändert, wo eine Wasserratte und ein Maulwurf am Ufer eines Flusses picknicken, wo ein Waisenjunge Piraten zu einem vergrabenen Schatz führt, wo ein kleines Mädchen durch einen magischen Trunk so schrumpft, dass sie in einen verzauberten Garten eintreten kann. Damals gab es natürlich noch kein Fernsehen. Aber wir hatten ein Radio, und es gab Kindersendungen wie «Mandrake the Magician», «Jack Armstrong», «The All-American Boy», «The Lone Ranger», «Fu Manchu» und viele andere, die ich vergessen habe. Was für klangvolle Stimmen! Was für eine Fülle an Geräuschen: Gongs, Pferdegetrappel, Schiffssirenen, brechende Wellen, Nebelhörner, scheußliche knirschende Schurkenstimmen, klare, fröhliche, wenn auch etwas flache Stimmen von Helden und Heldinnen, und alles, alles unsichtbar und doch in dem Zimmer, wo ich zuhörte, ungleich lebhafter gegenwärtig als die Bilder heute im Fernsehen, die den Raum besetzen, den die Fantasie einst ins Grenzenlose dehnte.» (DZ, S. 65)*

Eines Tages, sie war elf Jahre alt, nahmen die Eltern sie mit in das Haus einer Freundin in Florida. Ein weiterer Umzug. *«Ich empfand kein Bedauern, als ich meiner Großmutter auf Wiedersehen sagte. ... Ich würde endlich dort sein, wo ich sein wollte. Ich sah unverwandt meine Mutter an, die mit einer Zigarette in der Hand am Steuer saß. Rauch und ihr schwarzes Haar wehten in meine Richtung auf den engen Rücksitz des Sportwagens. Das Verdeck war offen. Das Auto war, wie mein Vater sagte, mit Filmgeld gekauft worden.» (FK, S. 171)*

Mit den Eltern ging Paulas Herz mit. Mit einem weiteren von deren halbherzigen Versuchen, Paula in ihr Leben einzubeziehen. Aber waren es überhaupt echte Versuche? Jedes Mal setzt sich die Halbherzigkeit, die Unzuverlässigkeit der Eltern wieder durch. Von der ganz großen Herzlosigkeit abgesehen, Paula nie eine Kontinuität zugestanden zu haben. Hatte doch Pfarrer Corning ihnen angeboten, Paula zu adoptieren – Paul Fox hatte abgelehnt.

Noch einmal durchlebt die Elfjährige ein Aufwallen der Hoffnung, bei ihren Eltern endlich am «richtigen» Platz zu sein. *«Die ersten Male waren Ereignisse: das erste Mal, mit meinen Eltern eine Reise im Auto zu machen, das erste Mal, zusammen in einem Restaurant zu sein ...» (FK, S. 173)* Doch wie so oft schon, passieren die Dinge, unvorhersehbar, Schlag auf Schlag. An jenem ersten Abend in Florida spricht Paula beim Abendessen über ein Stück von George Bernard Shaw. Sie hat es gelesen, um dem theaterbegeisterten Vater zu gefallen. Diese Äußerung endet mit einem dramatischen Ausbruch der Mutter, in dem sie Paula maßregelt, sie habe kein Recht zu ihrem Vater über Shaw zu reden. «Du hast nicht das Recht, deinem Vater die Schuhe zu binden.»

Und wieder reisen die Eltern ab und lassen das Kind bei der freundlichen schottischen Haushälterin zurück. *«Als sie abfuhren, hatte ich das Gefühl, sie hätten mir nichts hinterlassen als das Vergessen meiner Existenz. Ich saß in der Falle meines Alters, elf.» (FK, S. 174)*

«Ich wusste es tief drinnen, dass auf sie beide überhaupt kein Verlass war», sagt Paula Fox heute. «Zwar erinnere ich mich daran, wie mein Vater einmal zu mir sagte: Wo auch immer du bist, wenn du einen Notruf startest, SCHICK DIE TRUPPEN LOS, bin ich da – ich hörte ihn das sagen und vergaß es gleich wieder.»

Was aber ist mit jenem Ozean an Wut, der doch irgendwo sein muss? Eine endlose Wut über diese Vernachlässigung, dieses in seiner Gleichgültigkeit sadistische Spiel? Gab es sie nie? Candelaria muss in diesen verwirrenden Jahren eine Art Blitzableiter für Paula gewesen sein – zumindest im Stillen. Denn wie kann man dem Sadismus der eigenen Eltern entkommen? Als Candelaria die Enkelin in Florida besucht, nachdem die Eltern wieder «irgendwo» sind, erlebt Paula ihre Anwesenheit als bedrückend. *«Ihre lange Blicke auf mich und ihre Seufzer hatten ein dumpfes körperliches Gewicht. Dem Haus oder dem Wald oder dem Fluss schenkte sie keine Aufmerksamkeit. Ihre Landschaft war innerlich, es war die Region ihrer Gefühle.» (FK, S. 182)* Aber Candelaria wusste etwas, was die Elfjährige, die nun wiederum fast ein Schuljahr in der Obhut einer Haushälterin in Florida bleiben sollte, noch nicht wissen konnte. Elsies und Pauls Trennung stand kurz bevor.

*

Als ich am nächsten Tag in die Clinton Street komme, empfängt mich Paula Fox mit großen angstgeweiteten Augen in einer Stimmung von Dringlichkeit, etwas muss passiert sein. «Kommen Sie, wir gehen hoch.» Wir ziehen uns in ein ruhiges Zimmer zurück. Gehetzt, in einem atemlosen Stakkato, fasst sie noch einmal die Ereignisse ihrer Jugend zusammen, und auch wenn ich das meiste weiß, heute erzählt sie es in dem Rhythmus, den es für sie als Kind gehabt haben muss, Schlag auf Schlag, unerbittlich, unerträglich. Die Mutter, die ein Glas nach ihr warf. Die zu ihrem Mann sagte: «Ich oder sie, entscheide dich!» Eine Geschichte, die sie fast noch nie erzählt habe, wie die Mutter sie einmal in ein Treppenhaus gezogen habe und ihr einen Kinderwagen gezeigt hätte: Dieses Kind sei ermordet worden: «Es war klar, was sie mir damit sagen wollte: Sie hätte **mich** am liebsten getötet. Ich denke, sie hätte es getan, wenn es keine Folgen für sie gehabt hätte.»

Schließlich, die Trennung der Eltern. «Mein Vater kam eines Tages nach Florida und informierte mich. Was er nicht sagte, war, dass er längst ein Verhältnis mit Mary, einer Freundin meiner Mutter hatte. Diese Mary kam dann zu Besuch und versuchte mich für sich zu gewinnen. Dann rief meine Mutter an und fragte mich, ob ich sie liebe. Warum sie das fragte? Weil sie einen ‹Liebesdienst› von mir erwartete! Ich sollte in Marys Tagebuch lesen und ihr davon berichten. Ich musste zurück zu meiner Großmutter. In Florida war ich zwölf geworden. Es folgen West Pittston, mit Mary. Mit vierzehn besuchte ich die Highschool in Peterborough, New Hampshire, weil Mary dort oben ein Haus gemietet hatte. Dort wies mich der Direktor von der Schule, weil mein Vater eine unmoralische Person sei.» Fünfzehnjährig, zurück in New York, schreibt der Vater sie in der «Arts Student's League» ein. Sie wohnt allein in einer Wohnung an der West Side. *«Es war Anfang Mai (1938). Mein Vater sagte in seinem vertrauten Ton – freundschaftlich, humorvoll –, er verlasse die Stadt und sei in ein paar Wochen wieder zurück. Wäre das in Ordnung? Er gab mir eine Handvoll Bargeld – ‹für Knöpfe und Essen›, sagte er. Als er gegangen war, fand ich einen Kasten Bier in einem Wandschrank. Jeden Abend trank ich eine Flasche und hörte Radio.» (FK, S. 211)* In der «Arts Student's League» nahm sie Unterricht in Bildhauerei. Der Lehrer bescheinigte ihr «a wild untrained talent»: «Vieltalentiert, ja, das war ich – und was half das? Es führte zu gar nichts!» Als das Geld ausging, war es das. Den Sommer verbringt sie mit einer Freundin auf der Insel Nantucket vor Cape Cod. Es folgt ein Jahr in einem Internat in Montreal.

Schlag auf Schlag! Das sind keine Wanderjahre – nein, das ist ein Zickzackkurs, ein Schleudergang, den man schon lesend fast nicht mitmachen mag. Paula wird älter, und in dem Maß, wie die wechselnden Betreuungspersonen schließlich ganz verschwinden, treten wechselnde Jobs an ihre Stelle. Jobs, die sich aneinanderreihen, um Vaters «Handvoll Bargeld» zu einem minimalen Lebensunterhalt aufzubessern: Modell stehen, als «Mädchen für alles» bei einer Theatertruppe arbeiten …

«In fremden Kleidern» ist ein Buch, das Situationen aneinanderreiht, kurze Lebensphasen in einem Satz zusammenfasst, Momente auf eine Kette zieht. Es ist in dem Rhythmus geschrieben, in dem das herumgestoßene Mädchen sich im Leben festhielt: von einem Moment zum nächsten und unter Aneignung der Kunst, Momente für etwas Ganzes zu nehmen. Als Alternative zu einem Kontinuum, das es nie gab.

«All that had worked on me», sagt Paula Fox jetzt, erschöpft von der geballten Ladung Geschichte, die noch einmal aus ihr herausbrach. «Verstehen Sie jetzt, warum ich Linda weggegeben habe? Sie sollte so etwas nicht erleben.»

*

Aber gehen wir zurück zu Paula, mittlerweile sechzehn Jahre alt. Paul Fox hat die zwanzig Jahre jüngere Mary Guildersleve Parke geheiratet, die als reiche Erbin ihres Vaters viel Geld mit in die Ehe bringt. Paula wird auf ein Mädchenpensionat namens Sainte-Geneviève in Montreal, Kanada, geschickt.

«Wir entdeckten Sex in allem ... Machten es auch alte Leute, um die vierzig? Das Schlafzimmer von Madame Chennoux, der Direktorin, der die Schule auch gehörte, und ihrem Mann, einem Anwalt, befand sich im zweiten Stock. Sie war mindestens fünfzig. Und doch hielten wir mitten in der Nacht abwechselnd Wache an ihrer Tür, weil wir hofften, fürchteten, irgendeine intime Szene zu belauschen. Ihr Mann war kleiner als sie, ein Faktum, das die grotesken Geschichten, die wir, fügsame junge Mädchen mit Herzen aus Eis, über das Geschlechtsleben der Erwachsenen erfanden, um eine weitere Dimension bereicherte.» (FK, S. 224f.)

Dann kommt das Schuljahr an sein Ende. «*Ende Mai, Anfang Juni verließen die Internatsschülerinnen Sainte-Geneviève. Madame Chennoux konnte meinen Vater weder telefonisch noch durch ein Telegramm erreichen. Er setzte sich erst Anfang Juli mit der Schule in Verbindung und organisierte dann meine Fahrt nach Halifax, Nova Scotia.*» (FK, S. 240)

Was in den Memoiren lapidar daherkommt – drei völlig neutrale Sätze zum Thema jener einmonatigen Verspätung ihres Vaters –, hört sich in ihrem Jugendroman «Moonlight Man» ganz anders an. «Moonlight Man», 1986, auf Deutsch als «Der Schattentänzer» erschienen, ist das Buch, von dem Paula Fox sagt: «Es handelt von meinem Vater.»

*

«*Der Klang einer Flöte weckte Catherine Ames. Sie stieg aus dem Bett und kniete sich auf das abgewetzte Kissen auf dem Fenstersims, lauschte angespannt und fragte sich, wer unten durch die enge Straße gehe und musiziere. Als die Melodie verklang, meldete sich in Catherines Gedanken die Frage wieder, die sie schon all die Tage quälte wie ein Schmerz, von der nur ein so seltsames Ereignis wie Flötenspiel mitten in der Nacht sie ablenken konnte. Wo steckte er? Wo war ihr Vater? Sie hörte*

*noch ein paar ferne, flatternde Noten; jemand schlug ein Fenster*
*zu. Ein Mondlichtstrahl fiel auf ihre Hand, die mit gespreizten*
*Fingern auf dem Fensterbrett lag, und ließ sie gespenstisch er-*
*scheinen. Catherine kam sich vor wie ein Geist, wie niemandes*
*Kind.» (ST, S. 5)*

So beginnt «Der Schattentänzer» – mit einem jungen Mädchen, das auf seinen Vater wartet, Tag um Tag. Als die Schuldirektorin versucht hatte, ihren Vater anzurufen, war die Antwort der Dame in der Telefonvermittlung gewesen: «Dieser Anschluss ist zurzeit unterbrochen.» – «Und was mache ich nun mit dir, mein Kind?», hatte die Direktorin geseufzt. Catherine lässt sich Tricks einfallen, um sie davon abzuhalten, die Mutter zu kontaktieren. Ungewollt, ungefragt wird sie zur Verbündeten des treulosen Vaters.

Dann ist es Anfang Juli, wiederum mitten in der Nacht, und diesmal wird Catherine nicht von einem Flötenspieler geweckt, sondern von der Direktorin, die an ihr Bett kommt: der Vater sei am Telefon. «Sorry, sorry, sorry ... du weißt nicht, wie schlecht ich mich fühle!» sind seine ersten Worte. Verwickelte Erklärungen folgen, bei denen ihn Catherine irgendwann unterbricht – «sie wollte nicht mehr länger daran denken, wie unglücklich sie gewesen war».

Auch später wird Mr. Ames nie versäumen, darauf hinzuweisen, wie schlecht es *ihm* bei seinen eigenen Unzuverlässigkeiten geht. Sie reisen in ein Ferienhaus in Nova Scotia, wo es nach zwei Tagen zum ersten Alkoholabsturz kommt. Immer wisse er an einem neuen Ort gleich, wo die *«local rats»* sitzen, mit denen man sich sinnlos betrinken könne, so hatte es Catherines Mutter einmal ausgedrückt. In dieser Nacht drückt er Catherine die Autoschlüssel in die Hand und fordert die Fünfzehnjährige auf, drei schnarchende Männer heim zu ihren Höfen zu fahren. Hab ich ihr das Autofahren nicht gut beigebracht? – brüstet sich Ames im Auto vor einem seiner Saufkumpane, als er irgendwann kurz aufwacht. Catherine sieht sich in ihrem fassungslosen Zorn bestätigt – nie, nie wieder wird sie so etwas mitmachen; nein, sie wird überhaupt abreisen –, wütend schüttelt sie seinen Arm ab, als er sich auf sie stützen will, woraufhin er murmelt: «Ich kann es dir kaum verdenken.»

Nein, Illusionen über sich macht er sich nicht – auch nicht über die Zumutung, die er für Catherine ist. Dafür muss sie ihn dann doch lieben; und als sie am nächsten Morgen aufwacht, schaut sie in sein Lächeln, das so zärtlich ist, dass ihr die Waffen buchstäblich aus der Hand fallen. Sie wird seines Alters, seiner Zerbrechlichkeit gewahr: ihn rasieren ist der nächste Job, zu dem er sie überredet. *«‹Ich werde dir ein großartiges Frühstück machen, sobald ich eine Tasse halten kann, ohne sie fallen zu lassen. Ein erstklassiges Ei, zart in Butter gebraten, und Toast, mit Honig vollgesaugt. Aber zuerst … mach mir bitte einen Kaffee. Der wird mir Kraft geben.› Sie kannte inzwischen seine Art, über das zu sprechen, was er vorhatte, als ob die Worte eine Hoffnung nährten, die immer in der Gefahr schwebte, wieder zu verfliegen.»* (ST, S. 32 f.)

*

*«What a father – ahh!!»* – Wir sind aus dem Zimmer im ersten Stock wieder in die Küche zurückgekehrt; und gerade kommt Martin herunter und hört Paula von ihrem Vater erzählen; genau jene Erlebnisse aus dem einzigen Urlaub mit ihm, die sie in «Der Schattentänzer» ihre Figur Catherine Ames erleben lässt. Ich kenne diesen Ausruf schon – heftige Empörung klingt daraus; das Wissen um die Verstörungen, die dieser Vater in Paula angerichtet hat. Paula stimmt zu, schweigend, nachdenklich. Kam mit Martin eine Klarheit der Wertung in ihr Leben, die sie sich selbst, als Tochter dieses Vaters, nie leisten konnte? «To Martin» heißt die Widmung in «Moonlight Man». Martin Greenberg hat den Schwiegervater nicht mehr kennengelernt.

Als sich Paula und Martin trafen, 1958, war Paul Fox schon zwei Jahre tot.

Dass sie Liebe – meist die zwischen den Eltern – zu früh als Kampf erleben müssen, ist das Schicksal vieler Kinder. Das Kind Paula Fox aber konnte auch die Liebe des Vaters zu ihr nie als etwas Bedingungsloses, Unkompliziertes erfahren. Dass Liebe einem nicht einmal als Kind einfach geschenkt wird, sondern immer einen Preis hat; dass sie immer begrenzt ist; dass hinter einer Strecke Liebe so oft die nächste bittere Enttäuschung wartet, das nächste leere Versprechen – das ist der zweifelhafte Mehrwert, den Vaters Liebe für sie gegenüber Mutters Ablehnung hatte. Selbst noch ein halbes Kind, musste sie ein «altes Kind» werden – viel wissender, reifer, kompetenter als ihrem Alter gemäß.

Catherine Ames ist zwei Jahre jünger, als die reale Paula bei ihren Ferien im Sommer 1940 mit dem Vater in Nova Scotia war. Als Harry Ames an diesem Morgen seiner Tochter das üppige Frühstück ausmalt, das er ihr zubereiten wird, weiß sie, dass er vor allem sich selbst beschwört; einer Hoffnung zuredet, die jederzeit abstürzen kann. Catherines Sensorium wird messerscharf – um welchen Preis? Um den vielleicht, dass Wachheit immer zugleich Alarmiertheit bedeutet? Dass Selbstnähe nur zu haben ist als unbedingte Wahrhaftigkeit? Ihrem Vater die Wahrheit sagen – das, was sie sieht; das, was sie versteht über ihn –, um diesen Mut zu kämpfen, wird während dieser Ferien zum Faden, an dem Catherine sich selbst festhält. Catherine kämpft um den Mut, wenigstens zu benennen, was geschieht; den Dingen ihren Namen zu geben. Und doch – wie klar auch immer sie sieht, es schützt sie nicht. Oder doch?

Der Vater, versteht sie, ist nicht ein einziger Mensch, *«he is a crowd»*: Er treibt zwischen Schönheit und Hässlichkeit hin und her, Kompetenz und Lächerlichkeit, Selbstbewusstsein und Selbsthass. Jeder fürsorgliche Impuls kann sofort verschwinden;

etwa, wenn ein anderer Erwachsener auftaucht, dem er gefallen will. Wie soll Catherine dem folgen können – der unendlich komplizierten Spur zwischen Ablehnung und Anziehung, Zärtlichkeit, Wut und Hass? Nach Wochen, in denen sie keine Minute mit dem Vater verpassen wollte, zieht sie sich ein erstes Mal mit einem Buch und einem Sandwich ins Alleinsein zurück – und fällt, erschöpft, gleich in tiefen Schlaf.

In «Der Schattentänzer» (The Moonlight Man) ist, anders als in Paulas Leben, der Vater der Unverlässlichere von beiden Eltern. Ihre Mutter, der Stiefvater, die Schule – in Catherines Welt gibt es Stabilität. Ja, der Stiefvater sei nett, antwortet Catherine vorsichtig auf des Vaters Frage – weiß sie doch, wie schnell er dabei ist, verlässliche Menschen mit vernichtenden Etiketten zu strafen: langweilig, spießig, uninteressant.

Ihre Mutter sei eine «daylight person», sagt Harry Ames einmal – «Und du, bist du der Mondlichtmann?», fragt ihn Catherine später. Leicht kann es passieren, dass man sie, dieses Kind einer taghellen Mutter und eines Mondlichtmannes, überschätzt; so kompetent ist sie, sensibel und tatkräftig, witzig und nachdenklich, hell und dunkel zugleich.

Aber das ist natürlich nicht die ganze Wahrheit. Auf wie viel Not, Schutzlosigkeit, Verstörung ist diese Kompetenz aufgebaut! Im Übrigen sei er gar kein Mondlichtmann, antwortet der Vater: In seinem Leben habe er sich meist von dickem Nebel umgeben gefühlt.

Und so wird die Verbindung zwischen ihnen in diesen gemeinsamen Sommerwochen immer wieder «zeitweise unterbrochen»; immer dann, wenn Harry Ames sich bis zur Bewusstlosigkeit betrinkt. Wenn das alles wäre, gäbe es für Catherine nicht viel neben Wut und Verachtung, wenn – ja, wenn eben nicht noch die andere Seite wäre. Der Vater ist mit Verführungskräften begabt, und seine Tochter verführt er zum Lachen und dazu, Gedichte zu lieben und Geschichten und die tausend

Details, mit denen er ihr in den guten Momenten die Welt erklärt und mit Zärtlichkeit ausmalt. Bis zur nächsten Unterbrechung. Und schließlich führt diese erste und einzige längere gemeinsame Zeit für Catherine zur wahren Desillusionierung: Nach dem zweiten großen Zwischenfall, in dem er andere benutzt, schreit sie ihm in heller Wut die schmerzhafte Wahrheit ins Gesicht: «Du bist ein drittklassiger Schriftsteller», und es kommt der Moment, in dem die Wut schwindet: *«Es lag daran, dass sie ihm nicht mehr glauben konnte. Sie hatte ihrem Vater immer geglaubt ... auch als der Überseekoffer niemals eintraf und aus allen Reisen zu fernen Ländern nichts wurde. Catherine lief unruhig durch das Haus. Was hatte sie denn geglaubt? Sie setzte sich auf das harte kleine Sofa im Wohnzimmer und starrte auf den Sessel, in dem ihr Vater meistens saß. Sie hatte geglaubt, sie sei der Mittelpunkt seines Lebens. Aber das war sie nicht. Auch ihr Vater hatte anderswo sein eigenes Leben.»* (ST S. 138)

Darin liegt auch Befreiung – stellt doch Catherine fest, dass sie selbst ja auch – und längst – ein eigenes Leben hat. Nicht nur mit der Mutter in New York, sondern vor allem mit den anderen Mädchen im Internet und mit ihrem gleichaltrigen Freund Philippe. Sie beginnt sich auf sie zu freuen – und auf die Dinge in der Schule; sie erinnert sich, wie gern sie es immer mochte, wenn ihre Lehrerin *«so leidenschaftlich über den Zustand der Welt (sprach), über die Rettung der Wale und Seehunde und des Friedens, über Dinge, die nicht das eigene, kleine Leben betrafen, sondern das Leben selbst».* (ST, S. 104)

Die einzige mögliche und wirkliche Befreiung aus der Dynamik der sich wiederholenden Abstürze ist, sich von ihm wieder zu trennen. Und der einzige – und wirkliche – Trost ist, dass ihr Vater sie und sich selbst nicht über diese Wahrheit belügt. *«Wenn ich mich mit dem Leben herumschlage, dann liegt das nur daran, weil ich so enttäuscht von mir selbst bin», (ST, S. 103)* gesteht er ihr einmal. Das macht den emotionalen Missbrauch nicht besser und schon gar nicht ungeschehen, aber es gibt ihr die Möglichkeit, sich selbst nicht spalten zu müssen: in jene, die die Lage klar erkennt – und jene, die trotz allem hoffnungslos liebt. Sie darf lieben *und* erkennen – und verabschiedet sich diesmal nicht nur von einem nie verfügbaren Vater, sondern jetzt auch von der Illusion, dass er alles für sie täte. Nicht zuletzt lernt sie von ihm die Bandbreite des Zaubermittels Sprache. Ihre tröstende, inspirierende, Leben schenkende Kraft – und ihre Missbrauchbarkeit: *«He was drowning her in language»*, er ertränkt sie in Sprache. *«Wie machte er das nur: Dinge, die so wichtig schienen, in Nebensächlichkeiten zu verwandeln?»* (ST, S. 102)

Und die junge Paula selbst, die hier ihre eigenen Ferien mit dem Vater in Nova Scotia aufleben lässt? Hätte wohl seine Initiation in Sprache und Literatur für Paula dieselbe Bedeutung gehabt, wenn sie Mr. Corning nicht gehabt hätte? Ihn, bei dem jedes Wort «zählte» und Bedeutung hatte; nicht sofort entkräftet und widerlegt werden konnte wie bei ihrem Vater? Mr. Corning, der nicht einfach das Gegengift zu ihren Eltern war, sondern der Boden, auf dem eine sprunghaft-zufällige Liebe wie die des Vaters überhaupt aushaltbar war.

Schön illustriert dies folgende Episode, die stattfand, als Paula sechs war und bei Mr. Corning saß, während er seine Predigten vorbereitete. *«Einmal fragte er mich: ‹Worüber soll ich nächsten Sonntag predigen, Pauli?› – ‹Über einen Wasserfall›, erwiderte ich ohne Zögern. Ich hatte gerade über ein Picknick nachgedacht, das wir am Ufer eines Flusses veranstaltet hatten; eine kleine Kaskade speiste ihn, und der Dunst hatte unsere belegten Brote und uns selbst durchnässt. Ich kann mich immer noch an die verdutzte Freude erinnern, die ich an jenem Sonntag in der Kirche empfand, als ich merkte, dass es in seiner Predigt tatsächlich um einen Wasserfall ging. In einem Augenblick wur-*

*de mir bewusst, was in jeder Facette des alltäglichen Zusammenlebens mit Onkel Elwood enthalten war – dass alles zählte und dass ein in allem Ernst gesprochenes Wort eine geheimnisvolle Kraft enthielt, die Gedanken und Gefühle erwecken konnte, im Sprechenden wie im Zuhörer.» (FK, S. 49f.)*

Ich stelle Paula die Frage, die sich an die Lektüre von «Der Schattentänzer» zwingend anschließt: Welche Spuren hat dies Erbe bei ihr hinterlassen? Das erbarmungslose Hineingezogenwerden in dieses zwanghaft zwischen Ekstase und Besinnungslosigkeit schwankende Leben?

In einer Mail antwortet sie: «Ich wusste, mit dem instinktiven Wissen eines Kindes, dass mein Vater ein Trinker war, ich wusste es ohne die Dimension erwachsenen Wissens. Selbst wenn er mich in betrunkener Raserei geschlagen hätte, hätte ich auch nicht mehr gewusst – außer dass ich vermutlich gelernt hätte zu rennen, sobald er sich mir näherte! Aber er rührte mich nie an, nur seine Stimme war wie ein wildes Tier, das man von der Kette gelassen hat; halb poetisch, halb aber auch bedrohte sie mich mit irgendwelchen trunkenen Eröffnungen! Aber immer konnte ich – außer in Momenten völliger Unzurechnungsfähigkeit – durch all das hindurch die Intensität seines eigentlichen Selbst spüren, und ab und zu konnte ich es für einen kurzen Augenblick sehen.»

Paul Fox selbst stand zu dieser Zeit, 1940, sechsundvierzigjährig, am Anfang einer neuen Familiengründung. Im September 1941 wurde Mary und ihm ein erster Sohn, James, geboren. Drei weitere Kinder folgten in den nächsten neun Jahren. «Meine Mutter glaubte, mein Vater hätte Freude an einer großen Familie», hatte mir James Fox, heute in Massachusetts lebend, geschrieben. Paula sieht diese Kinder – James, Keith, Bruce und Louise – in ihrem jungen Alter ganz selten. James Fox schreibt dazu: «Über die Gründe kann ich nur spekulieren … Mein Vater war sehr ambivalent Paula gegenüber. Sie sei sehr klug, aber auch ein bisschen gefährlich, sagte er. Meine Mutter mochte Paula, aber konnte ihr gegenüber auch ziemlich gemein sein. Einmal sagte sie zu ihr: *You are too rich for my blood!*» Sätze, Gesten, die das altbekannte Gefühl, ausgeschlossen zu werden, für Paula erneut bestätigen mussten. «Mit diesem seltsamen Satz rechtfertigte Mary ihre Art und Weise, mir aus dem Weg zu gehen. Ich weiß nicht genau, was sie damit meinte – reich war ja sie, nicht ich. Ich nahm den Satz als eine Kritik an einer Art von Stärke, die sie an mir wahrnahm. Wie ich selbst das alles verkraftet habe? Vielleicht sind die wirklich schlimmen Folgen von alldem für mich nicht eingetreten, weil Mr. Cornings Umarmung mich immer noch hielt.»

\*

Im Herbst 1940 meldet der Vater sie in der renommierten New Yorker «Juilliard Music School» an. Sie nimmt Klavierstunden. Mary bezahlt für den Gesangsunterricht. Im «International House», dem New Yorker Wohnheim, in dem sie wohnt, lernt sie den begabten Paul Moor kennen; auch den Schauspieler Howard Bird. «Bird behandelte mich total verächtlich. Ich mochte ihn nicht – und ließ mich trotzdem mit ihm ein!»

Dann ging das alte Elend von Neuem los. «Mein Vater bezahlte nach ein paar Monaten nicht länger für meine Musikstunden in Juilliard.» Dabei hatte er insistiert, sie müsse sich überlegen, welchen Weg sie einschlagen wolle. Einmal besucht Paula ihre Mutter in dieser Zeit; krank, mit heißem Kopf. Die Mutter empfängt sie im Mantel und macht sich gleich auf den Weg. *«Mein Leben war für mich ohne Zusammenhang. Ich fühlte, wie es zitterte und gebrochene Zähne ausspuckte. Wenn ich an die Ziele dachte, die ich im letzten Jahr für mich zu finden versucht hatte, um meinem Vater zu zeigen, dass ich etwas ‹wollte› – Klavier, Gesangsstunden, Bildhauerei, nichts, was den geringsten Nutzen hatte –, und wenn ich an die Verrücktheit mei-*

*ner Eltern dachte, die sie bei allem, was mich betraf, an den Tag legten, empfand ich das trostloseste Elend.» (FK, S. 252)*

Auch Mary Fox hat verrückte Ideen. Sie kauft einen gebrauchten Chevrolet und schickt Paula mit einer alten Bekannten Richtung Kalifornien. «Sie wollte mich unbedingt los sein», sagt Paula dazu. Diese Bekannte ist Alkoholikerin – in den Memoiren wird sie Kay genannt; tatsächlich hat sie wohl, sagt Paula mir, Mary Kernel geheißen – und die Erfahrung des letzten Sommers wiederholt sich. Haltlosigkeit, Totalausfälle – wieder muss Paula, die viel Jüngere, das Steuer übernehmen. Einmal, beschreibt Paula, bricht sie selbst zusammen, am Rande ihrer Möglichkeiten. *«Nasskalte Luft wehte durchs Fenster; Regen kündigte sich an. Zum ersten Mal tauchte mein Leben als undeutliches Bild vor mir auf. Was für ein stinkender Sumpf! Ich erinnerte mich an gute Abschnitte, gute Zeiten, aber sie hatten fast kein Gewicht gegenüber den schlechten. Was für eine Trostlosigkeit! Was für schreckliche Kämpfe, nur um sich über Wasser zu halten!» (FK, S. 261)*

Die klarsten, auch härtesten Worte über Alkoholiker hat Paula Fox in ihrem Roman «Der Gott der Alpträume» gefunden. *«Solche Leute tun nur so, als wären sie menschlich. Ihr Herz ist aus Eis. Inzwischen hat er längst eine Bar gefunden und kehrt zurück zu seinem Lebenswerk. Alles, außer dem Trinken, ist nur Schau, um die Leute davon abzuhalten, ihn in einen Sarg zu werfen und zu begraben. Ja, Betrunkene haben vielleicht von menschlichen Gefühlen gehört.» (GA, S. 228)*

## California Dreaming

Und so beginnt das zweite kalifornische Jahr im Leben der jungen Paula Fox als ein deprimierender Road-Movie. Ein weiteres Mal hatte sie auf dieser Reise die Bestätigung für die Inkompetenz von Erwachsenen erhalten, denen sie anvertraut war. Grotesk und zugleich treffend markiert die Reise mit der betrunkenen Frau einen Auftakt ins erwachsene Alleinsein. In Los Angeles geht das Chaos weiter. Howard Bird kommt von New York herüber an die Westküste. *«Ich ging eine kurze katastrophale Ehe mit einem Schauspieler ein, den ich im International House kennengelernt hatte. Er war auf einem Schiff nach Kalifornien gekommen und Mitglied der Mannschaft, ein sogenannter Vollmatrose. Das war seine reguläre Arbeit. Er war fast doppelt so alt wie ich. Er sagte, wie sollten besser heiraten, und ich konnte mir keine Alternative dazu vorstellen, obwohl ich ihn nicht besonders mochte. Ich war minderjährig, deshalb brauchte ich das Einverständnis der Eltern. Es kostete mich mehrere Tage, bevor ich herausfand, wo mein Vater gerade wohnte, damit ich ihm schreiben konnte. Er schickte mir ein Telegramm, das seine Einwilligung und die Worte ‹wenn es das ist, was du willst› enthielt.»* (FK, S. 262)

Außer Bird kennt die Siebzehnjährige niemanden in Los Angeles. Sie hat kein Ziel hier, kein Geld – «Ich heiratete ihn widerstrebend, im Standesamt Los Angeles, ohne jede Zeremonie.» Auf des Vaters Gleichgültigkeit folgt nun die des Ehemannes, der nach kurzer Zeit Hals über Kopf wieder aufbricht und auf einem Schiff anheuert. «Für kurze Zeit war ich nun also Paula Bird. Ich habe abstoßende Erinnerungen an eine bestimmte Art von Howard, mich mit Fotos und Geschichten aus seinem eigenen Sexleben zu quälen», schreibt mir Paula Fox auf Nachfrage. «Immer wieder präsentierte er mir diese Fotos von jämmerlich aussehenden Mädchen in Badeanzügen und wollte mir gleichzeitig weismachen, dass ich nicht einmal richtig küssen könnte. Ich fand das ziemlich sadistisch. Howard quälte mich – nicht körperlich, aber emotional.» Die einzig gute Zeit, an die sie sich erinnere, seien drei Tage im Yosemite Park gewesen, «inmitten dieser wunderbaren Wälder und Wasserfälle und Felsen kam Howard völlig zur Ruhe».

Es gibt eine Stelle in «Kalifornische Jahre», die von drei solcherart kostbaren Tagen im Yosemite Valley erzählt, einer kurzen erstaunlichen Unterbrechung in der ansonsten eher zerstörerischen Beziehung zwischen dem jungen Paar Annie und Walter. Ein paar Tage lang zelten sie, sitzen am Feuer, leben in vollkommener, stiller Eintracht. Eine Zeit, die wie herausgeschnitten scheint aus ihrem sonstigen konflikthaften Zusammenleben – *«Die Zeit, die sie hier verbrachten, war jenseits der Zeit … Das Tal hielt sie fest – ihre Geschichten, jede so fremd für den anderen, waren aus ihrem Gedächtnis gelöscht. Einmal dachte sie, wie seltsam es war, dass diese Befreiung, die sie empfand, in irgendeiner Weise mit der Aufgabe ihrer verschiedenen Temperamente zusammenhing, jener Persönlichkeiten, die sie im Tunnel über dem Tal aus dem Auge verloren hatten …» (KJ, S 311 f.)*

*

Alle Bücher von Paula Fox handeln auf irgendeine Art vom Alleinsein. «Kalifornische Jahre» aber, das die Irrfahrt der jungen Annie Gianfala durch Jobs, Beziehungen und Notsituationen aller Art beschreibt, ist das Buch, das am radikalsten vom existenziellen Alleinsein erzählt; gleichsam den Auftakt darstellt zu dieser scharf umrissenen, unpathetischen Form, die «allein sein» bei Paula Fox bedeutet.

Annie Gianfala kommt aus New York und will weiter nach

San Diego – irgendwo auf diesem Weg ist sie gestrandet. Das Bild, das sich dem jungen, im Auto vorbeifahrenden Genossen Max Shore, bietet, als er sie auf dem Weg zu einer kommunistischen Versammlung an der Straße stehen sieht, an einen Baum gelehnt, die Augen geschlossen, ist das Bild radikalen Alleinseins. Was will das Mädchen da? Die nächste Stadt ist zwei Stunden entfernt, sagt Max Shore erschrocken zu seiner Begleiterin. Als er Annie eine Mitfahrgelegenheit anbietet, verrät sie ihm nicht, wieso sie an dieser gottverlassenen Stelle herausgelassen wurde. Wenig präziser sind ihre Angaben über das vor ihr liegende Ziel. Als wäre sie ihm vor die Füße gefallen, ein Mensch ohne gestern und morgen. Annie Gianfalas «allein» ist nicht das von jemandem, der, ausgewachsen, sein Nest verlassen hat und nun auf einer Entdeckungsreise ist. Es ist das «allein» von jemandem, der bereits tief erschöpft von einem Alleinsein ist, das sich durch eine ganze Kindheit und Jugend hindurch in ihm angesammelt hat. Ein Alleinsein, das durch den latent gewalttätigen Ehemann Walter eher verstärkt als gelindert wird. Weit weg ist die einzig positive Bezugsperson, Onkel Greg, bei dem sie phasenweise aufwuchs; unerreichbar auch der unzuverlässige Vater namens Tony, eine unmögliche Exstiefmutter namens Bea.

Als ich «Kalifornische Jahre» nach acht Jahren erneut lese, stelle ich fest, dass ich von diesem Roman mehr vergessen habe als von allen anderen Büchern von Paula Fox: ein Vergessen, das mir nun als Tribut an die enorme Zahl von Figuren erscheint, die den Roman durchlaufen. Kaum zählbar, wer Annie Gianfalas Odyssee durch Jobs, Wohnungen, Beziehungen für Momente, Tage oder Wochen streift; wer darüber hinaus aus ihrer Erinnerung hochsteigt und ihre Gedanken für kurze Zeit besetzt. Passanten die meisten, Streiflichter am Weg. Eine Szene allerdings war mir von meiner ersten Lektüre geblieben – und diese so präzise, dass ich noch die Details vor Augen habe.

Monate sind seit ihrer trostlosen Ankunft vergangen. Annie ist längst in Hollywood angekommen, hat sich durch x neue Jobs und Bekanntschaften gehangelt; den Matrosen-Ehemann Walter kommen und gehen sehen. Irgendwann findet Max Shore, der sie damals auf der Straße aufgelesen hatte – auch er eigentlich längst verschwunden aus der Geschichte –, Annies Adresse heraus. Als sie ihm die Tür öffnet, bleich und offensichtlich krank, merkt er schnell, dass etwas nicht in Ordnung ist. Dennoch lässt sie sich aufs Gespräch mit ihm ein – *«Sie waren wie von allem losgelöst in diesem Keller, ihr Gespräch war außerhalb der Zeit. Ihre Schmalheit, der Schmerz, der sich in ihrem Gesicht offenbarte, ihre Erschöpfung, der tropfende Wasserhahn, das zerwühlte Bettzeug, die schattige Feuchtigkeit, die Vorstellung eines Tages, den der Wind in die Nacht jenseits eines einzigen kleinen Fensters trieb, all das gab ihm das Gefühl, als ob er im Begriff stünde, sich in ein anderes Medium aufzulösen. Die festen Knoten von Gewissheit und Haltungen und Meinungen, von täglicher Gewohnheit, von Verantwortung gegenüber seiner Frau und seinem Kind, von politischer Überzeugung waren gelockert.»* (KJ, S. 228f.)

Er bleibt bei ihr, während irgendwann ein akuter Schmerz durch ihren Körper fährt: Es ist ein Bandwurm, der gerade in ihrem Inneren stirbt, nachdem sie ein Medikament genommen hat. Sie hatte ihn sich bei einem ihrer Jobs, beim Herunterschlingen irgendeiner Billigware, eingefangen. Max Shore, erschrocken und ergriffen zugleich wie damals, als er sie an der Straße stehen sah, bleibt während dieser qualvollen Stunden bei ihr. Immer wieder gelingt es ihr, sich selbst mit Geschichten – über ihre Vermieterin, über die Fabrik, aus der sie rausflog, über das griechische Restaurant, in dem sie gearbeitet hat – von dem grauenhaften Vorgang abzulenken. *«Sie konnte das sehr gut – reden und sich in ihren Geschichten verlieren, statt sich krampfhaft mit dem fürchterlichen Geschehen in ihrem Inneren zu be-*

*schäftigen. Aber er konnte nicht richtig mitdenken. Er hörte auf jenes andere, als ob es eine Stimme hätte, ein unterirdisches, unartikuliertes Gestöhn.» (KJ, S. 240)*

Die Szene war mir, fast losgelöst vom Kontext, haften geblieben als eine Urszene im Kosmos von Paula Fox. Eine verzweiflungsvolle Situation, die von außen betrachtet, Schrecken ist, aber von innen als «Normalität» erlebt wird; die Normalität von Armut, Krankheit, Alleinsein, aus denen die Heldin sich routiniert einen Ausweg gebaut hat, Geschichten. Nicht nur stellen sie einen Fluchtweg dar, die unzähligen, unglaublichen Geschichten, die um sie herum stattfinden und durch sie hindurchlaufen, als wäre sie selbst der Schnittpunkt. Auch schafft sie mit Geschichten Nähe, Dialog, Beziehung zum teilnehmenden Gegenüber. Passiert doch auch dies Annie und anderen Heldinnen von Paula Fox immer wieder: «Rettung war unterwegs – immer unterwegs.»

Unterwegs wie Annie selbst, die kaum vom Bandwurmdrama genesen, schon wieder auf Jobsuche ist. Eine Bekannte, Sigrid, nimmt sie mit zur Arbeit in einem Drive-in in Laguna Beach. *«Die Wochenenden waren Marathons, die in Erschöpfung endeten. Sigrid übernahm die Autos draußen, und Annie stand hinter dem Tresen, wo sich die Kundschaft in drei Reihen drängelte und dabei schrie und kreischte und lachte – es waren meist junge und reiche Leute aus Hollywood, Filmkinder, Kinder aus der Branche. Sie verlangten komplizierte Kreationen, die Annie herzustellen hatte, Mixturen aus Soda und Eis und Walnüssen und Sahne und Saucen und Pistazien. Die Mädchen behandelten sie unverschämt grob; die jungen Männer flirteten und sahen sie über das helle, saubere Haar ihrer Freundinnen hinweg anzüglich an.» (KJ, S. 257)*

Annie erlebt das Hollywood der frühen 1940er-Jahre – so, wie Paula es erlebt hat; aus der Aschenputtel-Perspektive der armen, schönen Außenseiterin.

*«Fast jedes Wochenende gab es schwere Autounfälle; die jungen Leute aus Hollywood rasten in ihren kleinen Cabrios die Straßen entlang und warfen sich mit voller Wucht und mit derselben sprachlosen Penetranz, mit der sie ihre abscheulichen Süßspeisen verlangten, dem Tod in die Arme.»* (KJ, S. 258)

Annie selbst geht – auch darin Paula ähnlich – ins Kino, sooft sie kann. Ihr eigenes Hollywood ist eines, in dem die Filmmusik nicht die Illusion, sondern die Desillusion begleitet; einen Zauber schafft, der irgendwo anders wohnt als im zweisamen Happy End.

*«Die Filmmusik begleitete sie fast immer. Der Blick eines Mannes, und die Eine-Million-Dollar-Akkorde hoben an; der Mann sprach, und eine Geige spielte eine billige und zärtliche Weise; sie gingen die nächtlichen Straßen Hollywoods entlang, und Cellos färbten den Nachthimmel pflaumenblau; sie sahen einander an in seinem oder ihrem Zimmer, und ein gedämpfter Trommelwirbel erscholl. Dann lag der Körper des Mannes auf ihr, und das ganze Orchester fiel mit blechernem Geschepper in seinen eigenen Graben. Ja. Dann packte die ganze verdammte Bande ihre Butterbrottüten und Instrumente zusammen, und sie zogen ihre alten Mäntel an und gingen heim.»* (KJ, S. 253f.)

Wer ist Annie Gianfala, die Erzählstimme? Ihr Blick ist ein scharfer, analytischer und zugleich gleichmütiger, der Hollywood entblättert; ein Blick, der Distanz zu allem hält; auch zu sich selbst. Gehört sie doch selbst – mindestens ein Teil von ihr – mit hinein in diesen Jahrmarkt der Eitelkeiten.

*«Gunther Wildener, der weißhaarige Mann, den sie im Haus des Schauspielers kennengelernt hatte, wo sie mit Walter gewesen war, fand heraus, wo sie wohnte. Er war von einer schwergewichtigen Heiterkeit, die Annie Männern mittleren Alters zuzuordnen gelernt hatte; Männer, die ihre Hände gern auf die Körper junger Mädchen legten. Er hatte ihr Ratschläge gegeben, was sie mit ihrem Leben anfangen sollte, und er hatte dabei in*

dem gleichen Sessel gesessen wie Max Shore; er hatte ihr vorgeschlagen, dass sie sich zusätzlich ein bisschen Geld verdiente,
indem sie sich fotografieren ließ. Man fuhr sie zu einem Land-
haus. Sie saß nackt auf einem Sprungbrett; die wellige Oberfläche der rauhen Matte schnitt in ihr Gesäß ein, während etliche
Männer, ohne mit ihr zu sprechen, Aufnahmen machten. (...)
‹Es ist nichts Schlechtes daran›, versicherte ihr Wildener. ‹Du
hast einen wunderbaren Körper. Also machen wir kleine farbige
Bilder, und Gentlemen aus dem ganzen Land können dich genießen und bewundern. Bestell das Bœuf Stroganoff.› Er fuhr
mit seiner dicken, starken Hand ihren Arm entlang. ‹Du
brauchst ein paar Kleider, die dich zur Geltung bringen›, sagte
er. Sie fragte ihn nach seinen Studenten. Das lenkte ihn nicht
lange ab. Sie verstanden beide. Nachdem er schwerfällig von
dem Bett in seiner Wohnung aufgestanden war, ging er ins Bad
und sagte ‹Armes Ding› in einem Ton, dass sie dachte, er würde
gleich in Tränen ausbrechen. Sie dachte, er meinte sich selbst.»
(KJ, S. 252 f.)

Wer ist Paula Fox selbst in diesen vielleicht fünfzehn Monaten, als sie sich mit unzähligen Jobs über Wasser hält? In Los
Angeles reiht sich ein Job an den nächsten, sie modelt, arbeitet
als Tanzlehrerin, malt schlafende Mexikaner mit Sombreros auf
Keramiktöpfe, bereitet Krabbencocktails, arbeitet im Keller
eines Kleiderladens. Ohne abgeschlossene Ausbildung wandert
sie durch die Jobs. Die damit verbundene Armut lässt sie Hollywood nicht mit den begehrlich-bewundernden Augen eines kleinen Mädchens, sondern mit der nüchternen Distanz der Beobachterin betrachten. Hat sie in diesen Jahren auch mal daran
gedacht, all das aufzuschreiben, Schriftstellerin zu werden?

Kein Gedanke daran, antwortet sie. Ein Leben von Tag zu
Tag, von der Hand in den Mund, ohne Zusammenhang. Reines
Überleben. Vielleicht aber bildet sich die ihr eigene Wahrneh-
mungsform des fotografisch genauen Aufzeichnens ja genau

entlang dieser Unschärfe aus? Je diffuser die Beziehungswelt rundherum, desto präziser und differenzierter wird das eigene Protokoll. Dem grenzenlosen Chaos setzt sie gestochen scharfe Momente entgegen.

Jobs kommen und gehen, wie der Schauspieler-Matrose-Ehemann kommt und geht. Als sie einmal gegen das Vorhaben ihres Mannes protestiert, der mit einer anderen Frau nach Palm Springs fahren will, zerbricht er einen Stuhl auf ihrem Rücken. *«Ich hätte eines dieser Kinder sein können, die in der Wildnis gefunden und über die Fallgeschichten geschrieben werden, wäre nicht Onkel Elwood gewesen; von ihm hatte ich Güte und Höflichkeit gelernt. Ich wusste, wie man sich in prekären Situationen verhält, konnte mich äußerlich anpassen und Kompromisse schließen, das hatte mich mein Vater gelehrt. Von meiner Mutter hatte ich das Wissen erworben, wie man sich der Verrücktheit von Menschen gegenüber behauptet. Und von schwarzen Dienstboten hatte ich gelernt, was Gerechtigkeit war.»* (FK, S. 263)

Wie waren Sie zu dieser Zeit, Paula Fox? Auf diese Frage fällt ihr keine Antwort ein. Es gibt ein Bild, auf dem sie in Sommerkleid und lässiger Haltung an einem Fenster sitzt, die Beine übereinandergeschlagen, das Haar zu einer Frisur getürmt, den Blick auf eine Zeitung gesenkt, die Zigarette so routiniert in der lockeren Hand, als sei es dies, was sie den lieben langen Tag täte: anmutig in einer Zeitung blättern. Die erste Zigarette hatte ihr der Vater in die Hand gedrückt, als sie zwölf war – ab dann wurde sie zu exzessiven Raucherin. Aber – nein, sie hat keinen Blick auf sich selbst außerhalb der Bücher, die sie, inspiriert von diesen Jahren, schrieb. Der Umweg über ihre Figuren ist unerlässlich, will man einem Bild von ihr näher kommen. *«Was Gerechtigkeit war»* – dieser Halbsatz etwa enthält einen Hinweis auf ihr «echtes Leben»: Paula Fox verliert damals einen Job, weil sie als einzige Amerikanerin unter den für einen Hungerlohn Nieten sortierenden mexikanischen Arbeiterinnen ihre

*Paula Fox während ihrer ersten Ehe in Kalifornien*

Stimme erhebt. Erzählt ist die Situation in den «Kalifornischen Jahren», wo Annie Gianfala ihre Chefs den ganzen Tag Würfel spielen sieht, während sie mit den Mädchen am Fließband steht:

«‹Annie, chica, frag sie, wann sie uns endlich pro Sack bezahlen. Sie werden auf dich hören›, sagte Natalie. Sie versuchte es. ‹Geht in Ordnung, Kleine›, sagte einer der Männer. ‹Sobald wir das mit den Leuten von der Flugzeugfabrik hinkriegen, mit Vertrag und allem Pipapo, werdet ihr richtige Akkordlöhne kriegen. Braucht aber Zeit – kapierst du das? Wir haben praktisch keine zwei Dollar Reserve (...) Du darfst nicht vergessen, wir gehören nicht zu den reichen Läden mit jeder Menge Kapital.› Sie ging zurück zu ihrer Tonne und hörte, wie der Würfel auf das Holz traf. Plötzlich hatte sie geschrien: ‹Wann zahlt ihr uns endlich genug, dass man davon leben kann? Hört auf mit diesen Märchen von Verträgen!› Die drei Männer kamen zur Tür; ihre

*Köpfe waren alle auf dieselbe Weise ausgerichtet, die Empörung anzeigte. ‹Raus›, sagte einer zu Annie. ‹Du fliegst raus.› Sie fing an zu lachen. ‹Gauner!›, schrie sie. Die Mädchen um sie herum schwiegen. Sie blickte sie an. Sie hatten ihre Stühle zurückgezogen. Ihre Augen glitzerten. Sie konnte ihren schneller gewordenen Atem hören. ‹Ich bin gefeuert›, sagte sie fröhlich, mit schwacher Stimme. Laurita stand auf, dann die anderen. ‹Wir gehen alle›, sagte das Mädchen. Von den anderen kam bekümmertes Murmeln. Sie brauchten das Geld; sie konnten nicht aufhören. ‹Ich gehe›, sagte Annie und stellte ihren Stuhl zurück. ‹Aber ihr müsst nicht. Danke trotzdem.›» (KJ, S. 234 f.)*

Nur durch Nachfragen erfahre ich, dass sich diese Szene genauso in ihrem eigenen Leben abgespielt hat – und sehe in der jungen Paula Fox eine erstaunliche Furchtlosigkeit; die Fähigkeit, kühn zu handeln ohne Blick auf Konsequenzen. Ich frage Paula nach diesem Wesenszug – ist er nicht erstaunlich für jemanden, die nie Eltern im Rücken hatte, die in die Bresche sprangen für ihr Kind?

»Ich empfand das nicht als ‹heroische› Tat. Aber auf irgendeine Weise fühlte ich mich eins mit denen, die geprügelt wurden oder geprügelt werden sollten; aus dem Leid entstand ein spontaner Impuls. Ich erinnerte mich immer so gut an das schwarze Mädchen, das zu meinem Vater sagte: Das ist nicht fair, Mr. Fox! Es war nicht so, dass ich mich deshalb als etwas ‹Besseres› fühlte. Ich wusste einfach, dass es keine Alternative für mich gab. Das klingt vage, konturlos – aber es ist tatsächlich so; ich fühlte mich nicht moralisch besser – aber kann das überhaupt jemand für sich reklamieren?«

In diesem Jahr 1941 lebte auch jemand in Hollywood, der einen ähnlich radikal einsamen Weg wie Paula Fox hinter sich hatte; und der der neunzehn Jahre Jüngeren vielleicht hätte Mut machen können, wenn der Zufall es gewollt hätte, dass sie sich kennengelernt hätten. Die Rede ist von Sheilah Graham, die im

Hollywood des Jahres 1941 dabei war, den Tod ihres Geliebten F. Scott Fitzgerald im Jahr zuvor zu verkraften und zugleich ihren Namen als Kolumnistin und kühne Außenseiterin in Hollywood zu festigen. Hätte sie Paula gekannt, die beiden hätten einiges Gemeinsame entdecken können – über die Liebe zu Fitzgeralds Büchern hinaus bis zurück in schreckenerregende Kindertage. Fitzgerald selbst war nach Hollywood gekommen, als seine glanzvollen New Yorker Jahre vorbei waren. Im Westen sah er sich plötzlich statt mit Glamour mit Geld- und Schreibnot, Alkoholismus und Krankheit konfrontiert. Während seine Frau Zelda längst in einer Nervenheilanstalt war, erlebte Fitzgerald noch eine glückliche Liebe in den Jahren vor seinem plötzlichen Tod 1940: Er traf bei einer Party Sheilah Graham, die eigentlich Lily Sheil hieß – was zu diesem Zeitpunkt niemand in ganz Amerika wusste. Es war ein Geheimnis, das die junge Frau vor allen verbarg und einzig ihm erzählte, bevor sie es viel später in einem Buch mit dem Titel «Beloved Infidel» beschrieb: Lily Sheil war «... *ein Name, der mich bis zum heutigen Tag in einem Ausmaß entsetzt, das ich nicht zu erklären vermag.*»[23] Als Kind war Lily Sheil von ihrer bitterarmen Mutter in ein Londoner Waisenhaus gegeben worden, wo die Kinder ihr erklärten, dass dies natürlich bedeute, von ihrer Mutter nicht gewollt zu sein. In einer unglaublichen Kette von Zufällen, getragen von der eigenen Entschlossenheit, dieser Herkunft zu entkommen, wird Graham zur gefeierten Kolumnistin in New York und schließlich – «geeignet, Trug und Glanz zu verstehen» – nach Hollywood entsandt. Was sie auszeichnet, ist – wen wundert's – die scharfe kritische Wahrnehmung der Außenseiterin. «*Ich stellte fest, dass es eine hektische Stadt war und ein verschlafenes Dorf, wo nebeneinander viel Geist und viel Absurdität existierten, ungeheures Talent und ungeheure Mittelmäßigkeit (...) eine Stadt der Träume und Traumfabrikanten, wo die Sonne strahlte und man, nur wenn man darüber nachdachte, merkte, dass man niedergeschlagen war.*»[24] Paula Fox und Sheilah Graham lernen sich nie persönlich kennen – aber später werden sie in New York denselben Agenten für ihre Bücher haben, Robert Lescher.

Das Hollywood des Jahres 1941 ist auch das Jahr, in dem Charlie Chaplins «Der große Diktator» in die Kinos kommt; in dem die Filme eines Preston Sturges Amerika nicht nur als «strahlende Stadt auf dem Berge» feiern, sondern in denen *«Amerika auch als das gezeigt wird, als was wir es sowieso kennen: ein Maskenball voller Gewalt und Glorie, wo einen hinter der nächsten Ecke immer alles erwarten konnte: ein Millionär oder ein gebrochener Hals.»*[25] Es ist Amerika kurz vor dem Kriegseintritt. Und es ist auch das Amerika junger kritischer Kommunisten; ein Umfeld, in dem sich Paula bewegt. «Ja, es war so, die Linken retteten mich, gewährten mir Unterschlupf, waren meine Freunde, und doch dachte ich oft: Leben ist nicht so einfach, wie euer Credo mir weismachen will.»

Hollywood 1941 schließlich war für die siebzehnjährige Paula Fox auch nicht nur Arbeit und Verlassenheit, nicht nur die aufreibende Arbeit im Drive-in, nicht nur ein zwischen Abwesenheit und Gewaltausbrüchen schwankender Ehemann und die höchst zweifelhafte Alternative des mittelalten Gunther Wildener. Es ist etwa auch ihre heftige Verehrung des Schauspielers Franchot Tone, über die sie später in einer Geschichte erzählt. Tone, den sie an einem regnerischen Tag auf dem Parkplatz vor dem Drugstore plötzlich in Wirklichkeit vor sich sieht und der ihr fröhlich zuruft: «Wo haben Sie Ihre Ballettschuhe gelassen?» Sie schenkt ihm ein schnelles Lächeln und flieht ins Auto und verkriecht sich später, zusammengekauert im Kinosessel, in ihr privates Hollywood. Dort wartet das geheime Leben; warten Gefühle, reserviert für jemandem, der im richtigen Leben nur für eine schöne Schrecksekunde auf dem Parkplatz vorkam: «...

*«Als ich ihn Jahre zuvor zum ersten Mal gesehen hatte, war ich*

*darüber erstaunt gewesen, was für Emotionen seine Leinwand-
präsenz in mir weckte. Ich hatte ihn viele Jahre geliebt – in der
Fantasie, wo die meisten Emotionen ihren Anfang nehmen.
Dieses intensive Gefühl hatte mich in gewisser Weise auf die
Liebe selbst vorbereitet, auf ihre Widrigkeiten, ihre Niederlagen,
ihre Schönheit.» (DZ, S. 171)*

Schließlich, Paula ist noch in Kalifornien, greift am 7. Dezember 1941 die japanische Luftwaffe den amerikanischen Flotten-
stützpunkt in Pearl Harbour an. Amerika tritt in den Krieg ein.
Irgendwann im nächsten Frühjahr, meint Paula Fox, müsse es
gewesen sein, dass sie ihren Mann nach New Orleans begleitete,
von wo aus er ein weiteres Mal angeheuert hatte.

## Dieser Zauber der Fremdheit

Fast eisgekühlt von der Klimaanlage, komme ich in New Orleans an. Dreißig Stunden Zugfahrt von New York her liegen
hinter mir: Beim Abendessen war ich durch Washington und
über den Potomac River gefahren, am frühen Morgen in Atlanta
gewesen. Abends dann durch die sumpfige grüne verschlungene
Natur in Louisiana, vorhin ein kurzer Blick aufs Meer, bevor es
erneut dunkel wird und nun der Zug in New Orleans einfährt.
Der nette schwarze Zugbegleiter stellt eine kleine Treppe an den
Ausstieg und hilft mit dem Koffer, während die Luft wie aus
dem warmen Fön geblasen mir gleich den Schweiß auf die Stirn
treibt. Eine kurze Taxifahrt noch ins French Quarter; und jetzt
ist die Luft samtig und feucht; schwer wie von anderer Substanz,
und mit vielfältigen Gerüchen beladen. Um mich herum zierliche
Palazzi, zwei- dreistöckig, von ausladenden schmiedeeisern verzierten Balkonen umlaufen und von Straßenlaternen beleuchtet.

*«Die Luft roch nach reifen Pfirsichen und unbekannten Blumen und ganz entfernt nach etwas Brackigem, Wässrigem ...»*
*(GA, S. 45)*

Das French Quarter ist – der französische Name Vieux Carré sagt es besser – ein Schachbrett schmaler Straßen aus dem späten 18. Jahrhundert; ein Viertel von nicht mehr als sieben nahezu parallel zum Mississippi verlaufenden Straßen, von vierzehn quer dazu liegenden gekreuzt. Der alte Kern von New Orleans, das ist diese einzigartige französisch-spanische Gründung am Fluss, in der ich mich nun zu orientieren versuche.

Ich laufe unter Galerien hindurch, zwischen Häusern, deren breite, reich ziselierte Balkongeländer sie wie große Schmuckstücke zieren. Riesige farbige Pflanzen wuchern hinunter; alles hat eine miniaturhafte Anmut, ist zierlich und üppig zugleich und – anders als alles, was ich sonst kenne. Unwirklich, eine Filmkulisse, die aus Versehen stehen geblieben ist? Auch die Leute sind anders; die übliche Einteilung in dunkel- und hellhäutig, black or white, funktioniert einmal nicht. Die meisten der New Orleanians sind kreolisch; in Amerika geborene Nachfahren der europäischen Siedler, in denen sich viele Hautfarben zu etwas Neuem gemischt haben. Nicht von ungefähr werde ich bald hören: Wir sind keine Amerikaner! Alles hier ist ein «blend», eine atemberaubende Mischung aus französischen, spanischen und sogar deutschen Einflüssen und Zuwanderungen; das lebendige Herz der Stadt.

*«Es war, als wanderte man in den Zimmern und Korridoren eines Palasts umher, wo geräuschvolle Vorbereitungen für eine Party getroffen werden. Musik schallte aus dem offenen Eingang eines Jazzclubs in der Bourbon Street. Ich stand da und sah den schwarzen Musikern zu, deren steife runde Filzhüte in verwegener Schräge auf dem Kopf saßen; sie drängten sich auf einem kleinen Podium zusammen, das, wie es schien, vom dichten Zigarettenrauch zusammengehalten wurde, und in ihren dun-*

*kelhäutigen Händen glänzten ihre Instrumente wie Goldadern.»*
*(GA, S. 46)*

Ich laufe die Straße zum Inn on Bourbon hinunter. Auf der Bourbon Street ist Musik zu einer Lärmsuppe geworden. Aus jeder Tür dröhnt es und vermischt sich mit den Klängen aus der nächsten. Grell die Reklamen, enorm die Bierbecher, mit denen die Leute durch diese Straße ziehen. In der Vergnügungsmeile Bourbon Street ist es, als hätte sich die große Tradition der Stadt von religiöser Freiheit und sozialer Toleranz hier in die einzige Freiheit übersetzt, statt aus Bechern aus Eimern zu trinken! Selten ist der Begriff «mainstream» so plastisch erfahrbar: Ist doch schon eine Straße weiter, in der Royal Street, wieder eine andere Welt; schöne Stille vor den Schaufenstern der Antiquitätenge-schäfte, sodass der träumerische Gesang einer Kreolin mit wei-ßen Haaren und jungem Gesicht die Straße füllen kann. Eine Pferdekutsche fährt durch. Die Luft voller Duft und Gestank, faulig, süß, erdig; immer sind irgendwo Pfützen, tropft etwas von oben herunter. Alles scheint voller Geheimnis; endlos ver-schachtelte Häuser, unabsehbare menschliche Geschichten. Lange, unter den oberen Etagen durchführende Hauseingänge führen in jene Hinterhöfe, in denen noch vor zweihundert Jah-ren Sklaven wohnten.

*«Ich war entschlossen, eine Wohnung im Vieux Carré zu fin-den ... Das Zimmer, das ich mietete, war im oberen Stock eines kleinen zweistöckigen alten Backsteingebäudes, das in einem verwilderten Garten hinter einem Holzhaus in der St. Philip Street lag. Eine Treppe, kaum mehr als eine Leiter, führte von dem Zimmer in die dunkle Küche hinunter, die nach Pfeffer roch, und zu einem winzigen Bad aus immer noch ungestriche-nem Holz, das offenbar erst vor Kurzem angebaut worden war; es enthielt eine Toilette und eine kleine Badewanne wie ein run-der Topf. Das Zimmer lag im vollen Morgenlicht, das durch das einzige, nach Osten gehende Fenster hereinfiel. Ich ließ meinen*

*Blick einmal umherwandern. Etwas, das ich mit diesem Blick erfasste, ließ mein Herz schneller schlagen; plötzlich glaubte ich, ich würde hier glücklich sein.» (GA, S. 54)*

\*

New Orleans! – hatte Paula Fox geantwortet, als ich gefragt hatte, welche Orte ihres Lebens ich unbedingt auf meiner Spurensuche bereisen solle. Wie aus der Pistole geschossen: Gehen Sie nach New Orleans.

Es muss im Frühjahr 1942 gewesen sein. «Einige Monate nach Kriegsausbruch schiffte Howard von New Orleans aus» – nach Murmansk? An einen anderen Hafen? In den Memoiren erinnert sich Paula Fox an Howards Abreise als von New York aus. Bei meiner Nachfrage ist sie nicht mehr sicher, wohin Howard von New Orleans aus aufbrach – einzig, dass Murmansk sowieso nicht stimmte und Howard ein gefährlicheres Ziel angegeben hatte als das tatsächlich angeschiffte, das weiß sie sicher. Paula ist gerade neunzehn und bleibt in New Orleans zurück. Sie findet eine erste Bleibe in einem billigen Hotel.

*«Fast eine Woche wanderte ich durch die Straßen von New Orleans und kehrte oft bis zum Abend nicht zurück in das kleine Hotel an der oberen Canal Street, in dem ich ein Zimmer hatte. Eines Nachts sank ich auf dem Bett in den Schlaf, bevor ich mich ausgezogen hatte, und in der Morgendämmerung erwachte ich und fühlte meine Kleider wie weiche Taue um mich verdreht. Ich verspürte keinen Drang, mich zu befreien, und lag still; ich stellte mir vor, die Stadt atmen zu hören wie ein großes warmes Tier, das sich in der Biegung des Mississippi schläfrig zusammengerollt hatte.*

*Eines Nachmittags starrte ich durch ein Restaurantfenster einen Mann an, der allein an einem Tisch saß, mit langen ausgestreckten, an den Knöcheln gekreuzten Beinen und einer Hand in seiner Hosentasche, während die andere sich gerade hob, um*

*eine Locke dunklen Haars zurückzustreichen, die ihm in die
Stirn gefallen war. Er sah, dass ich ihn ansah, und lächelte ein
Lächeln, so anziehend und intim, dass es die Distanz der Beobachterin vernichtete – oder vielleicht die vage Vermutung, dass
ich unsichtbar geworden sei –, die mich bis zu diesem Moment
an diesem fremden Ort vor Einsamkeit bewahrt hatte. Schnell
ging ich weiter.» (GA, S. 44/45)*

Zunächst zieht Paula zu einer heruntergekommenen Alkoholikerin in der Royal Street, dann aber scheinen die rettenden
«Feuerwehrleute» wieder ins Spiel zu kommen, und sie gerät an
einen guten Ort: das Haus des Schriftstellers Patrick O'Donnell
und seiner Partnerin Mary King.

«Es war ein Häuschen an der St. Ann Street, es ging ein paar
Stufen hoch, hatte einen grauen Anstrich ...» O'Donnell und
King nehmen die junge Frau herzlich in ihr offenes Haus auf, laden sie zu Geralds kreolischem Gumbo und Jambalaya ein und
beziehen sie in die Tischrunden mit Freunden, wenn über Literatur oder über den bedrohlichen Krieg gesprochen wird, mit ein.
Ohne es zu wissen, ist Paula mitten hinein ins Umfeld der Künstler und Literaten geraten, die seit den 1920er-Jahren im French
Quarter lebten und schrieben und seinen besonderen Charakter
mit prägten. Da war Sherwood Anderson, der sich 1922 zum ersten Mal in der Royal Street einmietete und später mit seiner Frau
am Jackson Square niederließ. Er förderte den jungen Faulkner –
und einmal hatte er eine Führung durch die riesigen Ford-Werke
bei New Orleans gemacht, wo ihm ein Arbeiter namens Patrick
O'Donnell die Maschinen erklärte. Am Ende dieses Rundgangs
war Anderson von Sprache und Präsentation des jungen
O'Donnell so angetan, dass dieser sich ermutigt fühlte, dem bekannten Autor seine Gedichte zu zeigen. Anderson bestärkte ihn,
Schriftsteller zu werden.[26] Tatsächlich hatte Pat – wie ihn Paula
Fox nennt – bald Erfolg, gewann Preise und wurde 1936 für seinen Roman «Green Margins» von Eudora Welty gepriesen.

Dies alles erfährt Paula nach und nach. Ein weiteres Mal ist sie, die Herumgestoßene, unfreiwillig hier und dort anlandend an einen gleich in mehrerer Hinsicht besonderen Ort geraten; nicht nur hält er Schutz und Inspiration für sie bereit – ganz nebenbei ist das French Quarter auch einer jener amerikanischen Traum-Orte, die sie für ein paar Dollar bewohnt und die ein paar Jahrzehnte später zu den allerersten Touristenzielen Amerikas gehören werden.

Alles hier rings um die Royal Street ist literarischer Raum – in den nächsten Jahren wird eine Ecke weiter Tennessee Williams wohnen und «A Streetcar named Desire» (Endstation Sehnsucht) hinter jenem Fenster schreiben, von dem aus er die Straßenbahnen auf der Royal Street rumpeln hören konnte, und später wird er sagen: Nirgends habe er sich so frei gefühlt wie in New Orleans. Etwas Ähnliches ist auch von Truman Capote überliefert, der einen Block weiter, 711 Royal Street, 1945 seinen ersten Roman «Other Voices, other Rooms» (Andere Stimmen, andere Räume) zu Ende schreibt. Hier im French Quarter, so Capote, habe er frei atmen können.

*

Fast fünfzig Jahre später entwirft Paula Fox ein Bild von diesem knappen Jahr in New Orleans in ihrem Buch «Der Gott der Alpträume». Es ist ein Roman, der eine Totale des Lebens zeichnet; eine Geschichte vom Verlassen der Heimat und vom In-die-Welt-Gehen; davon, sich in der Fremde selbst zu erobern, vom Lieben und Finden, von Irrtümern und Verlusten und Entscheidungen, – und dann, viel später, vom Blick aus weiter Ferne zurück.

Helen ist Anfang zwanzig, als sie und ihre Mutter Nachricht vom Tod des Vaters erhalten, der vor langen Jahren auf und davon gegangen war. Zurückgelassen auf der einstigen Pferdefarm nahe Poughkeepsie im Hudson-Tal, hatte Helens Mutter ihrer Tochter und sich inzwischen ein bescheidenes Auskommen mit dem Vermieten von Blockhütten gesichert. Nun aber, in der pathetischen Reaktion der Mutter auf den so lange Verschollenen wird Helen die tiefe Entfremdung zwischen ihnen beiden vollends bewusst. Während die Mutter nostalgisch ihre Ehe verklärt, meint Helen «... *dass es zum Teil der aufdringliche und tyrannische Optimismus meiner Mutter gewesen war und als dessen Folge ihr verhärtetes Herz, das meinen Vater seinem Elend überlassen, ihn damit alleingelassen und am Ende von uns fortgetrieben hatte.» (GA, S. 15)*

Nun geht Helen fort – auch sie fortgetrieben? Aus dem Nest geschubst jedenfalls und nach New Orleans geschickt; mit dem so vagen wie seltsamen Auftrag der Mutter, ihre Tante Lulu suchen zu gehen; die Schwester der Mutter, die, so munkelt man, in das Leben der «Bohème» abgerutscht sei und die jetzt vielleicht zu ihrer Schwester ziehen wolle.

In New Orleans angekommen aber, geschieht Helen etwas Unerwartetes: Plötzlich reißt die Welt vor ihr auf, und gebannt von «diesem Zauber der Fremdheit – «*this spell of strangeness*» – begegnet sie sich selbst.

«*Ich schrieb Mutter nicht. Es hätte den Bann gebrochen, das Haus, die Hütten und den leeren Stall heraufbeschworen, die ich in farbloses, graues Licht getaucht vor mir sah. Ich wusste, es war ein falsches Bild. Es war dieses erste wirkliche Für-mich-Sein, das ich bewahren wollte, eine üppige innere Stille, kaum gestört durch die wenigen Worte, die ich äußerte, um Essen zu bestellen oder die Begrüßung des Angestellten am Empfang zu erwidern. ... Spätnachmittags ging ich zum Fluss, wo ich die schwarzen Männer beim Verladen der Fracht beobachtete; ich sah, wie sie ihre Last auf Rücken und Kopf trugen, an den Kaianlagen entlang, die Landungsstege hoch, in die Laderäume von Schiffen hinein. Danach ging ich in das Alte Viertel, das Vieux Carré, wo Dämmerung die Straßen füllte wie dunkler Honig, der vom Himmel strömte.» (GA S. 48/46)*

Ist es eine Täuschung, heute im French Quarter herumwandernd zu meinen, hier werde etwas spürbar, das fast sechzig Jahre vergangen ist? Natürlich ist heute alles anders, sagt Mary LaCoste, eine alte Dame, die mir als mein *guide* einen Tag lang ihre Stadt zeigt. Freilich – in mancher Hinsicht ist das French Quarter verschont geblieben; von Abriss und Neubau; verschont nicht zuletzt vom Hurrikan Katrina 2005. Als höchstgelegene Gegend der Stadt wurde es von den Zerstörungen wundersamerweise nicht getroffen. Die Touristen sind zurückgekehrt, das Viertel zeigt wie eh und je sein einzigartiges Gesicht, seine Fassaden – hinter denen ein anderes Leben wohnt. «Damals, 1942, war hier einerseits *working class area*, viele Italiener, Franzosen; andererseits lebten viele Künstler hier», erzählt die Siebenundsiebzigjährige. «Heute sind ein paar letzte Italiener übrig geblieben; außerdem Rentner wie ich, wohlhabende Ausländer – und ungefähr die Hälfte von ihnen allen ist schwul!»

Ein Transvestit mit enormen Brüsten unter dem T-shirt kommt auf mich zu und fragt mit einem Lachen breiter als sein Gesicht, ob ich Schriftstellerin sei; ich sähe irgendwie so aus. Dann zwinkert er mir zu, wartet die Antwort nicht ab, aber lässt einen Schub an Lebensfreude und verrücktem Charme zurück.

*

Schließlich sucht Helen doch die Tante auf. In der Royal Street findet sie die Adresse, die ihr die Mutter aufgeschrieben hat.

*«Das Gebäude … glich einem gestrandeten Wrack. Am Balkon im ersten Stock lief ein unentzifferbarer Satz entlang, geschrieben in der verschnörkelten Schrift eines schmiedeeisernen Gitters.» (GA, S. 61)*

Helen läuft durch einen Hinterhof die Treppe hoch, bis sie vor einer Tür mit der Aufschrift «Miss Lulu George» steht.

*«Der Raum war riesengroß und rund. Ich sah auf. Die kup-*

*pelförmige Decke weit oben war ein blauschwarzer Himmel,
über den die Sternbilder hingeworfen waren wie Fischernetze,
jeder Stern so deutlich wie ein weißer Dorn.» (GA, S. 62)*

Ich werde das Haus suchen. Ich weiß, dieser Raum mit dem
Sternenhimmel in der Kuppeldecke war Paulas erstes Zimmer in
New Orleans. Die Vermieterin des Billighotels hatte von einer
älteren Schauspielerin gewusst, die einen Untermieter suche.

Wo könnte das sein? Mary LaCoste hat keine Ahnung. Die
Royal Street ist lang. Vielleicht sollte ich in der Faulkner-Buch-
handlung nachfragen? Sie liegt in der schmalen Pirates' Alley,
die Richtung Mississippi führt. «Schauen Sie mal da rein!», sagt
die Buchhändlerin und hält mir einen Bildband mit besonderen
Häusern aus Louisiana entgegen. «Häuser mit so einer Kuppeldecke gibt es nur wenige in ganz Amerika» – und schon habe
ich die Adresse.

Zwei Straßenecken weiter sehe ich es: Das Haus ist mächtig,
auf zwei Geschosse ist noch ein drittes aufgesetzt, der blassrosa
Putz blättert ab; grüne Fensterläden, heruntergekommen. Der
Balkon hängt über der Royal Street, als könne er jeden Moment
abbrechen. Unten ist ein Laden, mit Souvenirs vollgestopft. Vier
T-Shirts für zwanzig Dollar. Voodoo-Puppen und kleine
Schnapsgläser. Wer oben wohnt, frage ich die Verkäuferin. Ein
Mann, keine Ahnung, wie er heißt. Irgendwo in der Hausfassa-
de öffnet sich eine Balkontür, zwei Männer treten heraus. Hey,
wer wohnt da oben? Der Mann erklärt sich bereit, den Nach-
barn zu fragen. Ich warte. Er kommt wieder mit einer enttäu-
schenden Antwort: Keine Chance – er hat neun kleine Hunde.
Seine Wohnung sei ein Chaos. Komm morgen wieder.

*«Es war später Nachmittag, und ich wollte in die Dämme-
rung hineingehen, die Zeit, die ich im Quarter am liebsten hatte,
wenn ich mich im weichen Schimmer des nachlassenden Tages-
lichts wie von einem warmen, parfümierten Strom getragen
fühlte.» (GA, S. 180)*

Am Abend laufe ich noch mal am Haus vorbei. Oben in dem Raum ist Licht. Durch dünne Vorhänge hindurch ist die Kuppel zu ahnen, eine Wolke zu sehen. Mary LaCoste hatte angerufen: Hör zu, Jay im Laden sagt, er würde dir helfen. Oben tritt ein Mann auf den Balkon. Ich versuche ihm zuzurufen, aber schnell geht er wieder ins Haus.

Ich bin noch einen Tag in New Orleans. Immer wieder laufe ich am Haus in der Royal Street vorbei. Jay ist eine Pleite, er taucht nicht auf. Geben Sie ihm bloß kein Geld, warnt seine Angestellte im Laden. Er lässt sich das bestimmt bezahlen. War es das also? Ein großer fröhlich aussehender Schwarzer kommt aus dem Haus – noch einmal erzähle ich meine Geschichte –, aber klar doch, sagt er, ich frag ihn. Und dann, unglaublich, tatsächlich ruft er mich wenige Minuten später hinein.

*«Ein bläuliches wässriges Licht glomm von ungleichmäßig getünchten Wänden; wie bald würden sie nachgeben, wie bald würde dieses alte Wrack sinken?» (GA, S. 62)*

Das offene Treppenhaus scheint nur aus uraltem brüchigen Holz zu bestehen. Blick auf einen Springbrunnen im Hof. Eine Doppeltür, ein großes feuerrotes Gemälde an der Tür, ein freundlicher Mann – *hello*, ich bin Michael, kommen Sie rein.

Und da ist er, der Himmel – mittlerweile ohne Sternzeichen, sondern von einer englischen Künstlerin ganz realistisch profan mit Blau und weißen Wolken bemalt. Unter der Kuppel herrscht stickige Hitze, ein Ventilator verbreitet ein winziges Lüftchen, verlegen fragt der Mann, ob ich mir seine Hunde anschauen wolle? Elf Welpen sind es, die durch den Kuppelraum und das angrenzende Schlafzimmer wuseln. «Eigentlich gehören sie Alexandra, meiner Freundin. Sie ist Kunstsammlerin und gerade in Europa», sagt Michael, siebzig. «Sie hat durch den Hurrikan ihr Haus verloren und sich nun hier eingemietet.»

Auch Michael sieht irgendwie verloren aus. Er ist in New

Orleans wegen einer Frau, aber die ist nicht da. Er ist Popmusiker, aber seine Musik ist hier nicht gefragt. Unter dem Sternenhimmel stehen Spiegel, Kerzenleuchter, Skulpturen, eine Geisha. Überall Hundebabys. Jemand sollte für ihn und sie die Wohnung hüten und hat ein beträchtliches Chaos hinterlassen. «Ich weiß nicht wirklich, was ich hier soll», sagt er. «Jetzt kommen Sie und erzählen mir, hier hätte eine berühmte Schriftstellerin gewohnt? Vielleicht ist das ja mein Job; Zeuge von merkwürdigen Geschichten zu sein?»

*

Unten, an der Straßenecke zur St. Ann Street singt sie wieder oder noch immer, dieselbe Frau wie am Morgen, die junge Kreolin mit den weißen Haaren; singt mit ihrer bezaubernden Stimme wie für sich selbst. Gaslaternen sind angezündet und werfen einen zitternden Schimmer über die Balkone. Hier irgendwo muss das Haus gelegen haben, in dem Paulas Freunde und Vermieter Pat und Mary lebten. Die Häuser sind miniaturhaft, zumindest von vorne. Nach hinten gehen sie in die Höfe über, in denen einst die Sklavenunterkünfte lagen.

»Ich war überwältigt von Pat und Mary; von ihnen als Paar, als Schriftsteller, als gastfreundliche Menschen – überwältigt von all dem Positiven, dem ich in ihnen begegnete», sagt Paula Fox heute. Die Verbindung von Geborgenheit und geistiger Inspiration, auf die sie hier trifft, lässt an Mr. Corning denken. Ein weiteres Mal erfährt Paula Fox glückliche Nähe dort, wo Familie nicht ist – endgültig abgekoppelt von allen Mitgliedern der Herkunftsfamilie, aber auch von jener ersten eigenen Wahl, die sie mit ihrem Ehemann getroffen hatte. Und so kündigt die Schriftstellerin Paula Fox in jenem Roman, der seine Geschichte aus dieser Lebensphase entlehnt, ein weiteres Mal das Bündnis von Familie und Beziehungsglück auf. Stärker als in jedem anderen ihrer Romane wird im «Gott der Alpträume» ein anderes

Mary King

Glück Thema: das zerbrechliche Glück der zufällig sich findenden Gemeinschaft Gleichgesinnter.

»*Während der Monate, die ich in New Orleans lebte, liebte ich mehr Menschen, als ich je zuvor in meinem Leben geliebt hatte. Ich ertrank in Gewässern von Liebe. Mein Herz schlug stark vor Freude, sie zu sehen. Nie wurde ich ihre Gesichter, ihre Stimmen leid.*« *(GA, S. 152)*

«Der Gott der Alpträume» feiert diese Form von Beziehungsglück; würdigt sie als eine überaus kostbare. Kein anderer ihrer Romane kennt diese Entschlossenheit zum Glück; diese Sicherheit darüber, wo es, für eine kurze Zeit, zu finden ist – und wo sicher nicht. Als Helen zum ersten Mal ihre stockbetrunkene Tante Lulu aufsucht, steigen Fantasien über das seltsame Schwesternpaar vor ihrem inneren Auge auf, das ihre Mutter und die Tante gewesen sein müssen.

Pat o' Donnell

«*Verschwindet! Befahl ich den einzigen beiden Verwandten, die ich noch hatte.*» *(GA, S. 75)*

In gewissem Sinn ist Paula Fox' letzter, 1990 erschienener Roman ihr «jüngster» – jung in dem Sinn, dass hier für einen kurzen, fragilen Moment glückliches Jungsein stattfindet.

Nie, freilich, auch hier nicht, unbedroht. Im Hintergrund von allem ist die unheimliche Präsenz des Krieges. Der Name «Adolphe» auf einem Buchcover alarmiert Helen, die sofort an Hitler denkt. Sie erzählt Len, in den sie sich verliebt, von ihrem Irrtum.

«‹*Ich habe ihn im Radio gehört. Es ist, wie wenn man einem Hundekampf zuhört*›, *sagte ich.* ‹*Wenn Sie Deutsch könnten, würden Sie verstehen, was für ein Alptraum er ist.*›» *(GA, S. 102)*

Aber die Hetzjagden sind nicht auf Europa beschränkt. Schutzlosigkeit lauert überall und bedroht das zerbrechliche

Glück. Als Helens mutige, politisch bewusstere Freundin Nina einem Impuls folgend im Kaufhaus aus dem Brunnen mit der Aufschrift «für Farbige» trinkt, löst sie einen Sturm der Empörung aus.

*«‹Sie werden sterben in diesem Krieg, der da kommt, genau wie die anderen›, sagte Nina, nachdem wir unser Mittagessen bestellt hatten. ‹Ich zittere innerlich, wenn ich diese Schilder sehe. Gerald sagt: 'Geduld, Geduld.' Er meint Gesetze. Aber die Verletzungen finden in diesem Augenblick statt ...›»* (GA, S. 173)

Homosexuelle werden verfolgt. Geralds und Catherines Freund Claude – einer derer, die Helen lieb gewonnen hat – wird ermordet. Schließlich Gerald selbst: Er, der eine Hütte in den Deltasümpfen gekauft hatte, hatte in einem Buch von dem harten Leben dort erzählt. Die Menschen, über die er schrieb, dankten es ihm nicht: Sie entführten ihn, pumpten mit einem Rohr Luft in seinen Darm, fügten ihm Verletzungen zu, die zu Herzproblemen führten.

*«... es gab Geschichten, die einen zittern ließen vor Furcht, weil man ein Bewusstsein von der Zerbrechlichkeit des eigenen Lebens bekam – Geschichten, die einen aus dem Leben herausschnitten.»* (GA, S. 165)

Dies alles ist genau so im «wirklichen Leben» passiert. Paula selbst hatte aus einem Brunnen für Farbige getrunken und einen kleinen Skandal provoziert. Clay, der homosexuelle Freund, in dessen Haus Paula zog, nachdem es bei Pat und Mary zu eng für sie wurde, fiel einem Mordanschlag zum Opfer. Die Attacken gegen Pat O'Donnell im Anschluss an seinen 1936 publizierten Roman «Green Margins» führten wirklich zu Pats frühem Tod 1943. Da aber war Paula schon nicht mehr in New Orleans.

\*

«Der Gott der Alpträume» ist ein Buch über erste Male; über die Initiation, die einen unerwartet treffen kann; über eine Weise des zu sich selbst Erwachens, die wie eine zweite Geburt ist.

Auch führt dieser letzte Roman von Paula Fox Fäden in sich zusammen, die in den anderen Romanen bereits gesponnen wurden; fast, als bündele er ihre Romane der 1970er- und 80er-Jahre und brächte sie zu einer weiteren Stufe der Verdichtung. Das Thema der Lebensreise etwa. Das der unheilvoll lauernden Mutterbeziehung. Das Thema des Alleinreisens, das stets zwischen Einsamkeit und Intensität oszilliert. «Der Gott der Alpträume» ist – in aller Konkretheit der Erzählung – ein Werk vollkommener Poesie; voller Sätze, die ein ganzes Kapitel in sich zu bündeln scheinen; Lesarten, die ineinanderspielen. Sind Helen und Nina nicht vielleicht zwei Seiten einer Frau? Textpassagen stehen als autarke Einheiten für sich; Inseln in einer Geschichte vom Meer.

Er ist auch ein Buch über die Erschütterung der Desillusion, nein, jener Verunsicherung, die, zumindest für Paula Fox, das letzte Wort zu sein scheint. In einem zweiten Teil springt die Handlung um Jahrzehnte weiter. Helen ist seit langen Jahren mit Len verheiratet. Das Leben hat sich weitergedreht, aber plötzlich, ausgelöst durch eine Begegnung mit Nina, steht sie mitten in der Vergangenheit, die sich ihr plötzlich in anderem Licht darstellt: War sie, als sie losging ins eigene Leben, von ganz falschen Dingen ausgegangen? War die Entfremdung, die Distanzgeschichte mit der Mutter genauso überflüssig gewesen wie die Liebesgeschichte mit Len? Wieso ist es die Mutter, die plötzlich in einem Brief kurz vor ihrem Tod an ihre Tochter den Satz schreibt: *«In unserem geheimen Selbst werden wir nicht alt.»* Und: *«Ach, Helen! Vergib mir mich selbst!»*

*«Der Brief war wie eine Rasierklinge, die in mich einschnitt, geräuschlos, tiefer und tiefer. Ich las ihn häufig und trug ihn überall mit mir herum. Ich zeigte ihn niemandem. Mein Herz*

*sank unter die Grenze der Scham, in irgendeinen trüben, grauen*
*Bereich, der vermutlich das Fegefeuer war. Vom Fenster meiner*
*Wohnung aus sah ich auf den Fluss, sah die Schneewolken über*
*den Palisades. Ich weinte über die Unzulänglichkeit meines Be-*
*greifens. Ich weinte, weil ich meiner Mutter sich selbst nicht ver-*
*geben konnte, außer mit Worten in meinem Kopf, während*
*mein Herz, wie ein religiöser Eiferer, wieder und wieder das Ver-*
*zeichnis ihrer Ketzereien öffnete.» (GA, S. 261)*

Und was ist mit Len, ihrem Mann, der sie – wie sie jetzt erfährt – auf eine Weise verraten hat, die sie nie vermutet hätte?
Ein Bogen schließt sich um seine Mitte, das Herzstück ihrer gemeinsamen Lebenszeit in New Orleans.

Helen schaut zurück – im Zorn? In Trauer? Vor allem in exis-
tenzieller Verunsicherung. Etwas hat sich verschoben und
scheint alles andere zu verschieben: Hat sie, was sie meinte, gefunden zu haben, in Wirklichkeit nie besessen? War das Selbst,
auf das sie ihre Entscheidungen gründete, ein Irrtum?

Noch eine Frage stellt sich: Darf «Der Gott der Alpträume»
verwoben werden mit der Lebensgeschichte seiner Autorin? Als
verwoben gelesen werden? Paula Fox selbst sagt dazu: «Man
kennt nichts anderes als sein eigenes Leben. Aus diesem Stoff ist
alles gemacht, was man schreibt.»

*

An diesem letzten Abend in New Orleans esse ich bei
«Arnaud's». Auch Paula Fox kannte diese Adresse im alten
edlen Gemäuer zwischen Bienville und Bourbon Street. Siebzehn ganz unterschiedliche Speisesäle, vom intimen Separee in
Rotgold bis zu großen Sälen mit Kronleuchtern, sind hinter-
und nebeneinandergeschachtelt, labyrinthisch, geheimnisvoll,
tiefer und tiefer in die geheimnisvollen Eingeweide des French
Quarter hinein, und man meint, nie den Weg zum Ausgang zurückzufinden. Ich esse Okra und einen Fisch und Austern und

*Blick auf das Eckhaus in der Royal Street, in dem Paula Fox 1942 für kurze Zeit wohnte*

etwas mit der schweren braunen Sauce kreolischer Gerichte. Meine Begleiterin stellt mir Richard Parker vor, den Kellner, der aus dem Lower Ninth Ward stammt und dessen Mutter die erste war, die nach dem Hurrikan Katrina zurückkehrte, obwohl ihr Haus ausgeleert war, noch kein Strom da war, kein Wasser. «Ja, sie wollte unbedingt zurück», sagt Richard verlegen und stolz zugleich. Letzte Woche hätten sie die Kirche wieder eingeweiht, nach vier Jahren Aufbauarbeit – das war ein Fest!

Ich gehe zurück durch die schwere duftende Luft, noch einmal durch die Royal Street, ja, ich kann mir vorstellen, dass das Weggehen von New Orleans schwer sein kann.

«Ich wollte damals nicht fort», bestätigt Paula Fox. Sie hatte einen festen Job gefunden am Lake Pontchartrain im Norden der Stadt, wo Flugzeuge für den Krieg getestet wurden. Dann aber schickte Howard Bird ein Telegramm, und die Abreise war beschlossene Sache. «Ein paar Tage später fuhren wir in demselben alten Chevy, mit dem ich nach Kalifornien gereist war, zurück nach New York. Dort verkauften wir ihn für ein paar Dollar – und trennten uns mitten auf der 6th Avenue. Ich erinnere mich noch, wie wir uns zuwinkten – das war's! Der Beschluss dazu war in der Woche vorher gefallen. Howard hatte eine neue Frau gefunden.»

Warum hatte Howard ihr das nicht früher gesagt? Und warum war Paula überhaupt mit ihm mitgegangen? Fragen, die unbeantwortbar scheinen angesichts ihres damaligen Lebens von Tag zu Tag, von der Hand in den Mund; eines Lebens, in dem sie selbst zerbrechlich erscheint und unfähig, irgendwo zu bleiben. «Ich verließ Orte, wie ich Menschen verließ, immer begleitet von Hoffnungslosigkeit» ist Paula Fox' heutiger Kommentar dazu.

Zurück im Norden also, der – so hatte es in jenen Jahren der Dichter Sherwood Anderson gesagt – wie eine harte Faust sei im Vergleich zum Süden, dieser geöffneten, entspannten Hand …


*Ich war so leicht zu belügen damals.*
*Nach einer Weile bin ich entkommen*


Wüste, Canyons, Felsformationen. Eine ganze Strecke lang sehe ich seltsame grüne und gelbe kreisrunde Flecken, wie mit dem Zirkel gezogen, tief unter mir, sind das Ackerflächen? Dann krumpelige Krater, Gräben und Täler, als hätte jemand mit einem großen Finger in der Erde herumgebohrt. Berge, mächtige Gebirgszüge. Unter mir, auf der kleinen Erde, läuft ein spektakulärer, nicht immer verständlicher Film. Das Flugzeug ist unterwegs nach Nordwesten, auf dem Weg von Houston, Texas, nach Portland in Oregon. Irgendwann zu nachtschlafener Zeit hatte ich New Orleans und seinen heißen Atem hinter mir gelassen. Mein Flugweg gen Westen führt über Texas.

Auch Paula kam damals, im Spätsommer 1943, von Texas her nach Kalifornien. Wieso das? Und wieso überhaupt schon wieder Kalifornien? Nach ihrer «Ehe, die keine war», so Paula, war sie zurückgekommen nach New York. «Ich wohnte in Mary Fox' Apartment in der Macdougal Street, im Greenwich Village – übergangsweise, wie immer. Eines Tages kam ein Freund mich dort besuchen, ein Künstler, der auch Pat und Mary kannte. Er brachte mir die Nachricht, dass Pat ein paar Tage zuvor in New Orleans gestorben war. Ich war sprachlos. Wir saßen eine halbe Stunde beide da, schweigend, weinend.» Es war April 1943, Pat O'Donnell war im Charity Hospital seinen Herzproblemen erlegen, achtundvierzigjährig. Erst wenige Wochen zuvor hatten Mary King und er heiraten können – bis dahin hatte Pats frühere Frau die Scheidung verweigert.

Einige Zeit später reiste Mary King zu ihrer Familie nach Texas und schrieb von dort aus einen Brief an Paula: «Komm und rette mich!» – «Irgendwann in dem Sommer fuhr ich zu ihr. Marys Vater war ein Blackfoot-Indianer. Auf dem Gelände der Ranch hatte er noch ein kleines Haus für seine Tochter gebaut, wohin sie sich zurückziehen konnte. Da lebten wir nun für eine kurze Zeit und rauchten unzählige Zigaretten! Mary sprach unentwegt von Pat.»

Wie aber sollte es weitergehen? Auch für Paula scheint Pats Tod einen Einschnitt markiert zu haben. Vielleicht ging ja erst hier, Monate später, ihre New-Orleans-Zeit wirklich zu Ende? Jedenfalls planten die beiden Frauen zusammen einen Neuanfang.

«San Francisco war meine Idee. Mary war so sehr in ihrer Trauer versunken, dass sie mir die Entscheidung überließ – ihr war es egal, sie hatte aber auch keine Einwände dagegen.»

So brachen sie in diesem Spätsommer 1943 nach Kalifornien auf, in einem Zug voll mit Soldaten. Die beiden jungen Frauen saßen eingequetscht zwischen den Männern. Einer, erinnert sich Paula, verliebte sich gleich in sie.

In New York hatte sie ein kurzes Verhältnis mit einem alten Freund gehabt. Er spielte für ihre Zukunft offensichtlich so wenig eine Rolle wie Howard. War sie von Howard inzwischen geschieden? «Es muss eine Scheidung gegeben haben», rätselt Paula mehr als sechzig Jahre später, «zwei Jahre später heiratete er wieder; auch war das ziemlich kompliziert damals – man musste Untreue nachweisen, es gab ein Riesengeschäft um vermeintliche Liebhaber, wie immer in diesem Land wurde mit menschlichem Leid noch Profit gemacht.»

Während der Reise wurde Paula morgens ab und zu schlecht. «Ich schob es auf das Essen von Marys Mutter», erinnert sich Paula Fox. «Dabei war es Linda.» Was Paula wahrnahm, waren die ersten Anzeichen einer Schwangerschaft.

*

Unten nun dicht bewaldete, grüne Berge. Hinten ein See. Eine Reliefkarte, endlos weit unter uns ausgebreitet. Wieder Canyons – eine einzige Straße, wie ein langer weißer Faden hindurchgezogen. Kurz vor Portland sind, genau gezeichnet, in deutlichem Abstand, drei Gipfel zu sehen, schneebedeckt. «Are these the Three Sisters?», fragt meine Sitznachbarin.

Linda. Ich warte auf sie im Flughafen Portland. Es war schwierig gewesen, diesen Termin zu vereinbaren. Linda Carroll, Psychotherapeutin, spezialisiert auf Paarworkshops, immer wieder in Mexiko, Mutter von fünf Kindern, Großmutter, hat einen Stundenplan fast ohne Lücken. Gestern ist sie von New York gekommen, morgen beginnt ein Workshop, heute Nachmittag hat sie einen Termin.

Unsere gemeinsame Zeit ist auf ein paar Stunden begrenzt.

Vor keiner anderen Begegnung auf dieser Reise war ich ähnlich aufgeregt. Die endlosen Mails, Terminvorschläge, die dann wieder zurückgenommen wurden, hatten mich irgendwann zweifeln lassen, ob Paulas Tochter dieses Gespräch wirklich wollte.

Ich warte unten im Flughafen, ein grauer Wagen rollt heran, ich steige von der heißen kalifornischen Luft in die klimatisierte Kühle des Wagens. «Hallo!» Linda Carroll, fünfundsechzig, ist groß, mit kurzem blonden Haar, sie ist kräftig, ohne dick zu sein; sie hat intensive blaue Augen, die ich zunächst nur für einen schnellen sonnenbrillenlosen Moment sehe, und eine Ausstrahlung von entschiedener Kraft. Während der eineinhalb Stunden Fahrt zu ihrem Haus in Corvallis, Oregon, bleibt Linda Carroll hinter ihrer Sonnenbrille versteckt. Sehr wach hat sie alle Fühler in meine Richtung ausgestreckt. Sie will alles noch einmal ganz genau wissen: Wer bin ich? Was habe ich vor? Wird das, was ich schreibe, nie auf Englisch zu lesen sein?

Wir haben Zeit im Auto nebeneinander, müssen uns noch nicht in die Augen schauen. Zeit, uns zu gewöhnen. Sie ist distanziert, ich fühle mich geprüft.

Linda Carroll sieht ihrer Mutter Paula Fox ähnlich – die Kraft, Energie, Vitalität, Intensität, die blauen Augen, etwas beinahe Nordisches. Und gleichzeitig überhaupt nicht. Beim Nachdenken darüber, was denn so anders ist, wird mir deutlich, wie sehr Paula Fox' Anmut, die sie mit sechsundachtzig Jahren immer noch hat, auch die alarmierte Wachheit von jemandem ist, der immer auf alles gefasst ist, sprungbereit. Lindas Wachheit kommt eher aus Sicherheit, auch Selbstsicherheit.

Was will ich von ihr? Ich muss noch mal zum Anfang zurück; sehr gründlich mein Vorhaben erläutern. Mir leuchtet das ein – gibt es doch nur eine in dieser ganzen Geschichte, die ähnlich wie Paula immer wieder im Leben gezwungen ist, ganz zum Anfang zurückzugehen; zu einem Anfang, an dem nichts selbstverständlich war, sondern alles kompliziert, verstörend. Diese eine ist sie, Linda Carroll.

Dann aber, in ihrem Haus, bricht das Eis. Wir kommen in dem kleinen Städtchen Corvallis an, laufen durch einen wild wuchernden Garten voller Blumen; ein Hund springt herbei, eine Katze; schließlich begrüße ich Lindas sehr freundlichen Ehemann Tim Barraud aus Neuseeland. Auch dies eine Parallele zu Paula: Mit dem langjährigen Lebenspartner gibt es keine gemeinsamen Kinder. Und dann sitzen wir in ihrem kleinen Büro, und sie erzählt. Von ihrem schwierigen Weg mit den Adoptiveltern. Der Sehnsucht nach eigenen Kindern. Der ersten Tochter, die sie noch jünger bekam, als ihre Mutter sie bekommen hatte, zwanzigjährig, und mit der sie heute fast keine Beziehung mehr hat: der weltbekannten Rocksängerin Courtney Love. Ihren Jahren in Neuseeland, weiteren Beziehungen, der Geburt zweier Töchter, schließlich zweier Söhne. Ihrer Arbeit als Therapeutin und dem Thema, das sie Jahr um Jahr vor sich herschob: wer die «richtigen», die leiblichen Eltern waren. Sie schenkt mir zwei Bücher, die sie selbst geschrieben hat: «Her Mother's Daughter» heißt das eine, mit dem Untertitel: «A Memoir of the Mother I Never Knew and of My Daughter Courtney Love», und ein vor Kurzem erschienenes: «Remember Who You Are. Seven Stages on a Woman's Journey of Spirit.» «Ich bin eine richtige Westküsten-Therapeutin», sagt Linda Carroll lachend – hier, an dieser Sonnenküste, die ein Elysium für Therapien und für alternatives Leben aller Art ist und an der viele experimentelle Lebensformen entstanden sind: Hier ist sie die geworden, die sie ist. Ich zeichne unser Gespräch auf, eine Stunde, zwei Stunden. Dann muss Linda Carroll zu ihrem Termin; lässt mich in der Nähe der Greyhound-Station heraus, und während ich meine Zeit zur Abfahrt des Busses nach Eugene im besten Secondhandbuchladen verbringe, den ich auf dieser Reise gefunden habe, entdecke ich dort gleich fünf Jugendromane von Paula Fox. Wie schön! In Eugene steige ich ein zweites Mal in einen Nachtzug. Durch die enormen Wälder auf der Strecke nach Süden fährt ein Aussichtswagen, komplett verglast. Abendsonne zwischen Redwood-Bäumen, dahinter Berge, und irgendwo dahinter muss das Meer sein. Kalifornien hat alles, denke ich auf dieser Fahrt; Sonne, Steilhänge und Weiten, und eine Einsamkeit, als wären wir in diesem gläsernen Wagen die einzigen Menschen weit und breit.

*

«Ich werde Ihnen aufschreiben, wo die Klinik ist, in der ich geboren bin», hatte Linda gesagt. Für San Francisco habe ich gleich ein paar Tage reserviert. Dass hier eine wichtige Station meiner Reise sein würde, war mir früh klar gewesen: der zweite Ort, an dem es gilt, der Geschichte eines schwierigen Anfangs nachzugehen.

In San Francisco aus der Untergrundbahn aufzusteigen heißt, mich plötzlich und heftig von einigem europäisch Vertrauten umgeben zu sehen. Viele Fahrräder! Einen Blumen- und Gemüsemarkt! Und ein abrupt kühles Klima, das viel mehr Ähnlichkeit mit einem deutschen Septembertag als mit der glühenden Sonne in Corvallis oder der Föhnluft von New Orleans hat. Während ich mein B&B suche, durch die lange breite Market Street laufe, an der hohe schöne, aber heruntergekommene Häuser liegen, stelle ich weiterhin fest, dass ich noch an keinem Ort in Amerika bisher so direkt und offensichtlich Armut auf der Straße gesehen habe; so viel Mülleimerwühlen, so viele in Hauseingängen Schlafende; Bettler, die mit wunden Füßen und stumpfen Augen einen Einkaufswagen voller Plastiktüten schieben.

«Für mich war San Francisco vor allem North Beach», hatte mir Paula Fox vor meiner Reise gesagt, also streife ich an meinem ersten Abend durch die Straßen vor Fisherman's Wharf, schaue mich in Boutiquen und kleinen Cafés um, die definitiv ihre beste Zeit hinter sich haben. Ich solle die Kleider bitte nur anfassen, wenn ich auch vorhätte, sie zu kaufen, herrscht mich die Besitzerin eines Ladens mit Strickwaren an und lässt mich sprachlos zurück. Wieder bin ich auf einem Erinnerungsgang im Zeichen von Paula Fox' Biografie in eine jener «Top»-Gegenden geraten, deren Zauber in jenen sechzig, siebzig Jahren, seit sie hier war, spurlos verschwunden ist, aber von einer Kommerzialisierungsmaschinerie noch gnadenlos vermarktet wird. Geblieben ist eine traurige Landschaft der Desillusion, dekoriert mit Billig-T-Shirts und kitschigen Souvenirs. Und anders als aus New Orleans oder Balmville oder Kuba, gibt es von diesem Schauplatz aus Paula Fox' Leben kein literarisches Zeugnis. «San Francisco war ein Schmerzort», hatte Paula Fox rasch gesagt, als ich dies ansprach; eine Wunde, zu offen über lange Zeit, als dass sie sich ihr auf irgendeinem Wege nähern konnte.

Als ich am nächsten Tag den Bus nach Twin Peaks nehme, Paulas und Marys erster Wohngegend in jenem Sommer 1943, bin ich gespannt, was aus dieser einst eher abgelegenen Ecke geworden ist. Dass auch die «Zwillingshügel», der Hausberg von San Francisco, längst ein beliebtes, edles Wohngebiet und ein gesuchter Aussichtspunkt für Touristen geworden sind, hatte ich gelesen. Nun ist der Bus voll. Fast wütend rast der Busfahrer über den Hügel, diese spektakuläre, mittlerweile von In- und Outsidern, Bewohnern und Touristen in ihrer Besonderheit längst erkannte Gegend. Kaum zu glauben, was Paula erzählt hatte: dass der Hügel damals kaum bebaut war. Der Busfahrer erfreut sich an abrupten Stopps und scharfen Kurven. Unvorstellbar, dass man in dieser Gegend einmal ohne Geld leben konnte!

Heute sind die Hügel dicht an dicht besiedelt, einige alte, schöne Reihenhaussiedlungen mit Erkern, viele Neubauten. Dann kommt der Aussichtspunkt, viele Touristen steigen aus, andere steigen zu für die Fahrt herunter ins Castro, das fröhlich belebte In-Viertel am Fuße der Twin Peaks. Und während unten das Castro mit grünen Palmen in Sicht kommt, stelle ich fest, dass ich gar keinen Haltepunkt gefunden habe, an dem mich das Aussteigen gereizt hätte.

Damals mieteten sich Mary und Paula hier ein: in einem kleinen Haus in Twin Peaks. In den ersten Wochen lebten sie von Marys Geld. Dann fand Paula Arbeit in einer nahen Tankstelle. Unter anderem hatte sie Autos zu polieren und zu ölen, und immer wieder höre ich die Geschichte, wie einmal ein Kunde zu ihr gesagt habe, noch nie in seinem Leben habe er jemanden so über und über voller Schmieröl und Dreck gesehen.

«Die Übelkeit am Morgen wurde stärker. Ich ging zu einer Ärztin, die mir sagte, ich sei nicht schwanger.» Der nächste Arzt bescheinigte ihr die Schwangerschaft, längst zu weit fortgeschritten, um noch abgebrochen zu werden. Er brachte sie in Kontakt mit einem Psychiater, der ihr empfahl, das Baby gleich nach der Geburt zur Adoption freizugeben. «Jacob Kasanian bot mir auch einen Job an. Ich verdiente nun etwas Geld dafür, dass ich mich um einen trinkenden Schriftsteller kümmerte, der auch in Twin Peaks lebte.» Hatte der Psychiater geahnt, dass die junge Frau, was trinkende Künstler betraf, bereits über reiche Erfahrung verfügte?

«Einmal lief ich die Straße herunter und sah einen Ambulanzwagen vor dem Haus des Schriftstellers, er wurde eingeliefert. Ein Jahr später lief ich ihm zufällig über den Weg, in einem Park, er war dünner, nicht nur trocken, sondern ein bisschen ausgetrocknet, wie ehemalige Trinker manchmal aussehen ... Ja, er habe seit elf Monaten aufgehört, erzählte er mir, gedämpft, aber froh, mich zu sehen. Ich sehe ihn vor mir, die Beine übergeschlagen, die scharfen Bügelfalten in seiner Hose, den Filzhut schief über der Stirn, seine blauen Augen müde vor Anstrengung, seine Stimme freundlich und herzlich. Wenig später las ich in der Zeitung, dass er gestorben war.»

Manche Szenen blieben so scharfgeschnitten in ihr, als hätten sie gestern stattgefunden, sagt Paula Fox, anderes sei vollkommen verschwunden. «Nun hatte ich zwei Jobs und verdiente etwas mehr. Dann lernte Mary einen Reporter kennen und zog zu ihm. Ich fand eine kleine Wohnung in der Montgomery Street und einen Job bei der Zeitung ‹The People's World›.» Paula erinnert sich an eine Artikelserie zum Gesundheitsplan des Pharmakonzerns Kaiser, die sie recherchierte: «Später war ich erstaunt, zu sehen, dass es gute Artikel waren, strukturiert aufgebaut, informativ, nicht langweilig.

Ich modelte, solange es noch ging; hier ein Job, da einer, keiner gut bezahlt.» Aus dieser Zeit gibt es ein regelrecht spektakuläres Foto von ihr: bildschön, den Kopf mit dem blonden, leicht gelockten Haar geneigt, strahlt sie den Betrachter an, auf den Knien ein großes Schild, das den Körper verdeckt: «Air Raid Shelter» steht da auf einem gemalten Pfeil; es ist ein Wegweiser zu einem Luftschutzbunker. «Es gingen damals Befürchtungen um, dass es im Krieg gegen Japan zu Bombardements kommen könnte.» Unter dem Schild sind die schönen Beine, übereinandergeschlagen, von den Knien bis zu den hochhackigen Pumps sichtbar. Jung, fast kindlich reizend das Lächeln, mit dem sie ein Schild aus dem Krieg sorgsam hält, als wäre es ein Baby.

Die Montgomery Street ist eine der langen Straßen, die wie Adern den Stadtkörper und seine ganz unterschiedlichen Bezirke durchlaufen. Sie startet zwischen Hochhausschluchten, im Menschen- und Häusergedränge, fast eine Art Wall Street. Wo dann die Häuser kleiner werden, kommt ein bald recht steiler Anstieg in Sicht. Ich messe den Weg zum Telegraph Hill in Hunderter-Nummern – Paula lebte in der Nummer 1405! Da wo es richtig steil wird, kreuzt die Montgomery die Lombard Street, die für Autofahrer als verwinkeltste Straße der Stadt gilt. Rechts kommt sie hoch, links sieht man die Autos in engen Kurven wie beim Autoscootern sich durch einen dicht bepflanzten Hang schlängeln – und immer haben ein paar Fotografen die Kamera im Anschlag. Bei den 1400er-Nummern ist man so hoch, dass durch die Häuser hindurch der Blick auf ein Meerespanorama samt Oakland Bay Bridge frei wird. 1405 ist ein mehrstöckiges Steinhaus, gelb gestrichen, und kurz vor dem höchsten Punkt der Straße.

Bis vor wenigen Jahren stand hier noch das alte Holzhaus, in dem Paula wohnte, bis Schwangerschaftsbeschwerden überhandnahmen und sie den Job bei der Zeitung aufgeben musste. «Einmal ging ich zu der Organisation ‹Native Sons›; ich wusste nicht mehr weiter. Sie waren so verächtlich, behandelten mich so von oben herab, dass ich flüchtete, so schnell ich konnte. In meiner Situation ein Kind zu bekommen, unehelich, mittellos, das war eine Tortur damals.»

Gegenüber sitzt eine Katze auf dem Dach, weit hinter ihr sind die feinen Umrisse der Brücke zu erkennen. Herrliche Aussicht, allerbeste Wohngegend! «Damals lebte die Bohème hier», erinnert Paula. Aber weder dies noch den Ausblick hat sie genossen. Einmal mehr fand sie sich allein und in materieller Armut – nun auch noch mit der Aussicht auf ein Kind.

Was war mit Mary? Auch für sie gingen die Dinge in rasendem Tempo weiter; ihr zweiter Ehemann starb ebenfalls jung, berichtet Paula kopfschüttelnd. «Aber später heiratete sie noch einmal und gründete eine Familie.» Die kleine Notgemeinschaft, als die sie beide nach San Francisco gekommen waren, hatte sich schnell in zwei separate Notgeschichten aufgelöst.

\*

Linda hatte mir die Adresse des «University Medical Centre» in der Parnassas Street in San Francisco gegeben. Nun sitze ich mit dem Stadtplan im Bus. «Das ist doch nicht auf diesem Hügel», sagt ein Fahrgast, und zusammen mit einem Mitreisenden lacht er sich kaputt. Wie kann man in San Francisco, dieser Rauf-und-runter-Stadt, nur meinen, man könne Distanzen aufgrund des Stadtplanes einschätzen! Zum Totlachen. Nett, wie er trotz-dem ist, nimmt mich der fröhliche Herr mit aus dem Bus und bringt mich zur nächsten Umsteigestation. Wieder geht's herauf und herunter und herauf, hier, das ist Parnassas Street.

Das «Children's Hospital» ist ein Hochhaus älteren Datums inmitten einer Straße voller Klinikgebäude. Es ist hoch gelegen – steil fallen Straßen ab in Richtung des Golden Gate Parks. Am 7. April 1944 – zwei Wochen vor ihrem einundzwanzigsten Ge-burtstag – brachte Paula Fox hier ihre Tochter zur Welt. Zur Entbindungsstation geht es in den obersten, den fünfzehnten Stock. Früher muss sie weiter unten gewesen sein, überlege ich. Paula hatte von einem Baum vor dem Fenster erzählt. Die schöne Aussicht aus den Zimmern kann ich mir nur vorstellen, während ich im fensterlosen Gang, der mit den Bildern sozialer Vorkämp-ferinnen geschmückt ist, nach jemandem suche, die ich fragen könnte. Hilfsbereit ruft die Frau am Empfang die leitende Sozial-arbeiterin herbei, die mich gleich hereinbittet. Worüber wolle ich Bescheid wissen, eine Adoptionsregelung, die ohne Beratungs-stelle allein von einem Arzt getroffen worden sei? So etwas käme äußerst selten vor. Ärzte seien heute überhaupt nicht mehr invol-viert in Adoptionen. Doch, ihr sei bekannt, dass früher oft Dinge auf halb privatem Weg gelaufen seien. Was natürlich nicht legal war, auch damals nicht. Und es habe damals eben nur die ver-deckte Adoption gegeben, die der Mutter keinerlei Chance ließ, ihr Kind später wiederzufinden. Auch das hat sich radikal ge-ändert. Heute hat eine Frau in Kalifornien drei Möglichkeiten, eine Adoption einzuleiten – über einen Rechtsanwalt, eine priva-te Vermittlungsagentur oder eine staatliche Adoptionsagentur. Geld? «Exactly! This is a big issue.» Wer wenig Geld hat, kann auch heute nur die dritte Option wählen.

Der Gynäkologe, der die Adoption in die Wege geleitet hatte, war sehr eindringlich gewesen, erinnert sich Paula. Sie fand es schwierig, sich seiner festen Überzeugung, sie werde es mit dem Kind nie allein schaffen, zu entziehen. Was hatte sie entgegenzusetzen? Sechsunddreißig Stunden dauerte die Geburt. «Als die Babys zu ihren Müttern gebracht wurden, sagte jemand mit Blick auf mich: die nicht. Ich schaute aus dem Fenster und sah einen kleinen Vogel auf einem Zweig.» Diese Situation wird Paula immer wieder erzählen. Einmal fügt sie hinzu: «Das war eine dieser alltäglichen Grausamkeiten zwischen Menschen. Sie wissen, was sie tun, und sie tun es trotzdem.»

*«Zehn Tage später ging ich zu einem der Ärzte, der die Adoption vermittelt hatte, und wollte meine Tochter zurück. Der Arzt sagte mir, dass die gesetzliche Frist für einen Widerruf meiner Entscheidung verstrichen sei.» (FK, S. 284)* Paula Fox wusste nicht, dass ihr nach kalifornischem Recht dreißig Tage zugestanden hätten, um ihre Entscheidung zu revidieren. «Ich war so leicht zu belügen damals.» Und einzuschüchtern. Sie könne das Kind nicht haben, mittellos und hilflos wie sie sei. Was sie nicht wusste und erst sehr viel später durch Linda erfahren würde, war, dass der Arzt, Dr. Earl Marsh, mit Lindas Eltern befreundet war. Gegen diesen «Deal» hatte sie keine Chance. Für sie musste dieser Abschied wie ein Tod sein; wusste sie doch, dass weder ihr noch ihrer Tochter die Daten der anderen je ausgehändigt werden würden. Was für Daten eigentlich? In den Angaben, die Paula Fox damals über sich machte, gab sie an, sie wolle Schriftstellerin werden. Ich staunte, als ich das zum ersten Mal hörte. In diesen schrecklichsten Moment pflanzt sie, die ohne Ausbildung und Geld und Aussichten dasteht, eine trotzige Hoffnung!

Neunundvierzig Jahre sollten sich Mutter und Tochter nicht mehr sehen. Bis Linda ihre Mutter – die Schriftstellerin – finden wird.

*

Im jüngsten Buch von Linda Carroll, «Remember Who You Are», steht folgende Szene: *«In den Jahren (bevor ich meine Mutter wiedersah) hatte ich einen immer wiederkehrenden Traum. Ich bewegte mich auf eine Person zu, die ihre Arme nach mir ausgestreckt hatte. So kamen wir langsam aufeinander zu – aber dann, plötzlich, schoss eine Mauer hoch oder Soldaten kreuzten ihre Waffen zwischen uns oder die Erde öffnete sich. Wenn das passiert war, lösten sich beide Personen langsam auf.»* [27]

*

Draußen scheint, immer noch, die Sonne. Wohin nun? Es würde jetzt passen, an den Ozean zu gehen, und auf dem Stadtplan sieht es auch so aus, als könne ich durch den Golden Gate Park dahin kommen. Aber einmal mehr täusche ich mich völlig in den Dimensionen von San Francisco. Schon mein Schuhwerk ist völlig falsch. «Definitely no San Francisco shoes!», ruft eine Frau aus, als sie meine offenen Sandalen sieht, in denen ich beim Laufen durch die steilen Straßen qualvoll hin- und her-rutsche. Immerhin bietet sie mir eine Mitfahrgelegenheit an, und so lande ich in den malerischen Wohnstraßen von Pacific Heights mit viel Grün zwischen den geräumigen Steinhäusern mit Erkern, und ich beschließe, an einen der Orte zu laufen, an dem die kleine Linda mit ihren Adoptiveltern lebte.

Paula brauchte mehr als zwei Monate, um sich von der Geburt zu erholen. Kein Wunder. Häuften sich doch auf ihre immer prekäre wirtschaftliche Not unvorstellbare psychische Umstände: der Kindsvater war nicht Howard Bird, sondern eine flüchtige New Yorker Bekanntschaft, von der sie nichts erhoffen konnte. Die eigenen Eltern hatten auf Paulas Nachricht in gewohnt kalter Weise reagiert: Vater Paul indifferent; ihm selbst wird in diesem Jahr 1944 ein dritter Sohn geboren. Mutter Elsie unüberbietbar grausam mit der Frage: *«Is it your father's?»*

146

*Ist dies dieselbe Frau? Paula Fox 1944 mit den mexikanischen Jugendlichen*

Ist das Kind von deinem Vater? Hilfe bietet ihr keiner von beiden an. Wieder waren, einmal mehr, ausschließlich Freunde für sie da: ein kommunistischer Freund, Mason, der ihr Geld lieh und ihr viel Zeit widmete. Durch Marjorie Kellogg, die Freundin aus Santa Barbara und spätere Schriftstellerin, fand sie den nächsten Job bei «Community Chest», einer Art Sozialzentrum für mexikanische Kinder. «Ich bekam den Job, weil ich Englisch und Spanisch sprach», hatte sie erzählt und mir ein Foto gezeigt, auf dem ein langer Tisch zu sehen ist, viele lächelnde dunkelhäutige Gesichter dem Fotografen zugewandt. Nur eine Person auf dem Bild schaut auf ihren Teller, ein ernstes helles Gesicht, die blonden Haare als Zopf auf dem Kopf – äußerst zerbrechlich sieht Paula Fox hier aus, alterslos, als falle sie nicht nur aus dieser Situation, sondern überhaupt ein bisschen aus Raum und Zeit. Ist dies dieselbe Frau, die so liebreizend über dem «Air Raid Shelter»-Schild in die Kamera gestrahlt hat? Trotzdem – «ich liebte die Kinder, und sie liebten mich. Wir gaben uns gegenseitig etwas.»

Wer war sonst noch bei ihr? Gab es jemanden? Namen fallen, aber so knapp, als wolle sie deutlich machen: Aus dieser Zeit gibt es keine Geschichten zu erzählen. Marjorie Kellogg muss immer wieder eine Rolle gespielt haben, Tochter des Bürgermeisters von Santa Barbara, der Pferde für Hollywood-Filme vorbereitete. Marjorie wurde eine Freundin fürs Leben. «Marge war Pferdenärrin, vor allem aber war sie ein Mensch mit ganz großem Herzen.» Gleich mehrere Fotos der jungen, auch der älteren Marjorie hängen an der Ziegelwand in Paulas und Martins Küche. Nur wenige Jahre später reisten die beiden Frauen zusammen durch Spanien.

*

Die kleine Linda war unterdessen bei ihren neuen Eltern angekommen: «Als ich ein Kind war, fragte ich oft danach, wie ich die Adoptivtochter von Louella und Jack Risi geworden war», schreibt Linda Carroll im zweiten Kapitel ihres Buches «Her Mother's Daughter». «*Sie wurden nie müde, mir die Fahrt von der Klinik nach Hause zu beschreiben, ich zehn Tage alt, mit einem Kahlkopf. Ich wollte aber etwas anderes: irgendwelche Hinweise auf die unbekannte Frau, die mich geboren hatte, bevor ich ‹Louellas Kind› wurde.*»[28] Die Risis waren sizilianischer Herkunft, doch in Kalifornien aufgewachsen. – «*Ich war nicht die Einzige, um deren Herkunft sich Geheimnisse rankten*», schreibt Linda Carroll. «*Keine Fotos von Großeltern, Tanten oder Onkeln hingen an den Wänden unseres Hauses. Fast nie fanden Familiengeschichten Eingang ins Tischgespräch ... Familiengeschichte begann mit dem Tag, als Jack und Louella mich von der Klinik heimbrachten. ‹Wir wünschten uns ein Kind mehr als alles andere auf der Welt›, sagte Louella immer, wenn*

*Paula Fox als junges Model in San Francisco 1943*

ich fragte. ‹Sobald ich dich sah, wusste ich, dass du mein Kind bist.›»[29] Die Risis waren nicht mehr jung, als sie Linda adoptierten, und sie hätten gern ein kleines Mädchen gehabt, das seine Kleider sauber hielt und nicht so ein wilder «*tomboy*» war wie Linda. Und eines, das weniger eindringlich nach allen Sachen fragte.

Denn die Fantasien über seine richtige Mutter beschäftigten das Kind seine ganze Kindheit lang. Ist diese Mutter schrecklich wie die «*drunk lady*», die sie jeden Morgen zur benachbarten Bar schlurfen sieht? Oder wundervoll wie die glamouröse Ginger? Sie muss es sein, erzählt Linda anderen Kindern. Dass Linda sich Ginger als Mutter erträumt, dringt an Louellas Ohr, und die gekränkte Adoptivmutter ruft die «*young lady*» zu einem Gespräch unter vier Augen. «*Die Frau, die dich geboren hat, war zu verantwortungslos, um für dich zu sorgen. Du hast Glück gehabt, dass jemand dich wollte.*»[30] Louellas Tränen, als sie den Raum verlässt, erwecken Scham in der kleinen Linda – sie wird nicht mehr nach der richtigen Mutter fragen. Aber sie weigert sich auch, Louella und Jack «Mom» und «Dad» zu nennen.

«*Am Ende des Koreakrieges boomte die amerikanische Wirtschaft, und mit ihr Jacks Firma, Ferrari & Risi. Unser Umzug vom mittelständischen Ewing Terrace ins herrschaftliche Pacific Heights mit den Ausblicken auf Marina Bay und Golden Gate Bridge war ein Beleg dieser Erfolgsgeschichte. Das Haus stand an der Ecke von Jackson und Steiner. Damals war hier der Wendepunkt der Straßenbahn. Ein pinkfarbenes Steinhaus, dreistöckig, sechs Badezimmer und eine ganze Dienstbotenmannschaft.*»[31]

An genau dieser Ecke bin ich nun und kann es mir mühelos vorstellen: das herrschaftliche Wohnen an dieser ruhigen Kreuzung, an der in gebührendem Abstand voneinander geräumige Villen stehen; direkt gegenüber ein Park und der Blick in die unvergleichliche weite Meereslandschaft von San Francisco.

Lindas Anfang ohne die richtige Mutter scheint geradezu ge-

gensätzlich zu Paulas. Sie war erwünscht, ersehnt, wuchs auf, ohne herumgereicht zu werden und ohne materielle Not. Und doch gibt es Parallelen. Auch Linda Carroll wird in ihrem Leben mit ähnlicher Intensität wie Paula immer wieder zurückgeworfen auf das Thema Anfang; fehlt doch auch ihrem Anfang die «richtige Geschichte». Weder gibt es eine, die mit Paula zu tun hätte, noch kann sie sich bei den Risis in einem Netz aus Vorgeschichte und Beziehungen verankern, das über das Paar Jack und Louella hinausreichen würde. Auch Linda erlebte Fremdheit und mangelnde Verankerung – gespiegelt auch bei ihr in einer Art Namensverwirrung.

Waren es doch die Adoptiveltern, nicht Paula, die dem kleinen Mädchen seinen Namen gaben. «Paula, wie hätten Sie ihre Tochter genannt?», habe ich einmal gefragt. «Ich weiß es nicht … vielleicht Anna?» Linda selbst verankerte sich, auch darin Paula ähnlich, früh in engen Freundinnenbeziehungen. Auch ihr Nachname «Carroll» ist ein Gedenken an ihre jung verstorbene engste Jugendfreundin Judy Carroll.

Die «Kalifornischen Jahre» habe sie übrigens nicht gelesen, erzählte mir Linda noch. Alle anderen Bücher – aber dieses nicht. Es habe zu viel mit der Zeit zu tun, in der ihre Mutter mit ihr schwanger gewesen sei. Zuerst hatte ich gedacht, nein, das stimmt ja gar nicht! Annie Gianfalas Zeit in Hollywood bezieht sich auf Paula in Hollywood, zwei Jahre zuvor; das war ein anderes kalifornisches Leben gewesen. Aber war es das wirklich? Wanderschaft, Armut, Ruhelosigkeit durchzogen in ähnlicher Weise Paula Fox' kalifornische Jahre 1940/41 wie jene von 1943 bis '45. Dann denke ich an die letzten Sätze des Buches und finde, ja, Linda hat recht, auch ohne das Buch zu kennen. In keinem anderen Buch ist das Herumirren, die rastlose Wanderschaft durch Jobs, Beziehungen, politische Haltungen in ähnlicher Weise thematisiert. «Kalifornische Jahre» mit seiner spezifischen Einsamkeit ist Paula Fox' dritter Roman und das erste ihrer Bücher, in dem sie fast unverstellt autobiografisch erzählt. Und, was diese Lebensphase betrifft, auch das einzige: «Es gibt keinen Text, der diese schreckliche Zeit in sich hat», sagte mir Paula Fox auf meine Nachfrage. Kalifornien 1943 bis '45 war eine sprachlose, eine unversprachlichte Zeit. San Francisco, die Stadt, habe für sie immer unter dem düsteren Stern des aufgegebenen und verlorenen Kindes gestanden. Des Kindes, das ja verloren blieb – bis sie selbst fast siebzig war.

Wie drückte es Annie Gianfala selbst aus, unten auf der letzten Seite des Buches? «‹Es hat mich nach Kalifornien verschlagen›, sagte sie. ‹Nach einer Weile bin ich entkommen.›» (KJ, S. 488)


## Was ist hinter den Sternen?


Entkommen – so heißt jetzt für eine Weile das Hauptmotiv im Leben der jungen Paula Fox. Entkommen, was gar nicht so leicht ist, aller neu gewonnenen Ungebundenheit, aller Erfahrung mit Aufbruch und Neuanfang zum Trotz.

»In diesem Job im Sozialzentrum mit den mexikanischen Kindern blieb ich ein Jahr, glaube ich. Nachdem ich im Sommer im Upstate New York in einer Feriensiedlung gearbeitet hatte, reiste ich dann im Frühherbst 1946 auf einem nur notdürftig umgebauten Truppenschiff nach Europa.« Lapidar, in nur zwei Sätzen, fasst Paula Fox in einer Mail an mich den Zeitraum von April 1944 bis zum Sommer 1946 zusammen. Zwei Jahre, über die es scheinbar nicht mehr zu sagen gibt als: Job, wieder Job, Abreise. Ich frage nach, etwas ungläubig, sie antwortet: Ach ja, ich lernte kochen in dieser Zeit.

Ich erinnere mich an meine Verwunderung, als ich 2006 das Buch «Der kälteste Winter» in Händen hielt, ihren zweiten Me-

152

moirenband, der von der Reise nach Europa erzählt. Das Buch setzt 1946 ein, bei der dreiundzwanzigjährigen Autorin. «In fremden Kleidern», das erste autobiografische Buch, hatte bei der Achtzehnjährigen in Hollywood geendet. Wo waren die fünf Jahre dazwischen geblieben? Jetzt wiederholt sich die Verwunderung in meinem eigenen Schreibprozess: Nachdem Paulas bewegte Jahre in New York, Kuba, Hollywood, New Orleans, nicht zuletzt mit den darauf Bezug nehmenden Romanen, mir unentwegt Material zugespült hatten, komme ich nun zum ersten Mal ins Stocken. Eine Leerstelle tut sich auf. Was ist mit den Jahren vor der Überfahrt? Da muss doch noch mehr gewesen sein!?

«Ich brauchte lange, um mich von der Geburt zu erholen und von den Ärzten», beantwortet sie schließlich mein Drängen. «Ein Psychiater fällt mir ein, der auf einem langen Spaziergang heftig auf mich einredete, ich solle die Idee aufgeben, Linda zurückzuholen. Dann der Job im Sozialzentrum mit den mexikanischen Kindern, vielleicht dauerte er doch länger als ein Jahr? Vielleicht ging ich auch noch mal zu ‹People's World› zurück, der Zeitschrift? Ich erinnere mich, über eine der ersten UN-Sitzungen berichtet zu haben, die in San Francisco stattfand … Und irgendwo sah ich Rita Hayworth telefonieren und dachte: Wie klein sie ist! In New York arbeitete ich nicht nur in den Catskills, sondern noch woanders, aber ich habe vergessen, wo. Alles, diese ganze Zeit ist neblig – foggy – in mir …»

Später erging es mir noch einmal so, dass Paula Fox zu einer Phase ihres Lebens so suchend, fast widerstrebend Auskunft gibt, als wollte sie jede Erinnerung daran vermeiden.

Fest steht, dass sie irgendwann 1946 – oder doch schon 1945? – nach New York zurückkehrte. Dass diese Rückkehr aber nur als Zwischenstopp gemeint war und sie mit einem Fuß schon auf dem Frachtschiff Richtung Europa stand. Dass sie in diesem Sommer 1946 in einem Ferienhotel in den Catskill Mountains, den Bergen nördlich von New York, auf dieses Ziel hinarbeitete. In «Der kälteste Winter» erzählt sie davon: *«Unter meiner Matratze bewahrte ich eine kleine Rolle Geldscheine auf, die ich von meinem Lohn und den Trinkgeldern im Hotel gespart hatte. Das reichte für meine Überfahrt nach England und, so schätzte ich, um einen Monat in London über die Runden zu kommen.»* *(KW, S. 21)*. Sie schleppt vollbeladene Tabletts eine Wendeltreppe hoch, die aus der unterirdischen Küche zu einem Speisesaal getragen werden müssen, dabei schmerzt ihr der linke Oberarm, angeschwollen von den Tetanus- und Typhusimpfungen vor der Reise.

Auch New York selbst erscheint schon wie aus großer Distanz. Zum ersten Mal erlebt sie sich nicht selbst als Teil des großen Strampelns, des Kampfes ums Überleben und um Anerkennung, sondern kann mit dem Abstand der Abreisenden auf ihre Stadt schauen. *«Inzwischen hatte ich New York gründlich kennengelernt, wie man eine Stadt eben kennt, wenn man Jobs annehmen muss, die meistens ziemlich furchtbar sind, einen aber einigermaßen ernähren und über Wasser halten. Egal, wie die Umstände waren, ich fand es immer schwierig, in der Stadt zu leben. Doch gab es lebhafte und vielversprechende, sogar glamouröse Augenblicke …»* *(KW, S. 13)*

Ein paar *«glimpses»*, ein paar Splitter aus jenem Nachkriegsjahr, als New York dabei war, in eine weitere glanzvolle Epoche einzutreten, gibt Paula Fox ihren Lesern noch im ersten Kapitel «New York, New York» mit auf den Leseweg. Glamouröse Augenblicke – das sind zum Beispiel ein Abend mit dem Sänger Paul Robeson oder ein Abend im Jazzclub, als Billie Holliday sang. «Schätzchen, wärst du so nett?», sagte später die schwarze Künstlerin zu der jungen weißen Frau, als ihr der Pelz vom Stuhl rutschte. Ganz passend zeigen die ersten beiden Fotografien im «kältesten Winter» Robeson, dann Billie Holliday (im Pelz); passend nicht nur, weil besonders die schwarzen Künstlerinnen und Künstler zentraler Teil des künstlerischen Post-War-New-York und Harlem sind. Passend auch, weil in diesem Rhythmus Paula Fox' «Kältester Winter» stattfindet – als Reise von Station zu Station, an denen meist einmalige Begegnungen stehen; Momente, glimpses, zumindest oberflächlich gesehen, von keinem Zusammenhang verbunden.

Eine kleine Fotogalerie durchläuft das Buch: Paula Fox selbst ist, außer auf dem Cover, nur auf einem einzigen Bild zu sehen. Auch dies spiegelt einen entscheidenden Aspekt des Buches: Ihr Persönliches tritt fast komplett zurück vor ihrer Begegnung mit der «Welt». Dass die«Welt» in dieser Lebensphase, zumindest was Amerika betrifft, von schwarzen Künstlern vertreten ist, mag zeigen, wie unverbunden, wie entfremdet sie sich der ihr selbst «verwandten» Umgebung fühlt. Der Abend mit Robeson, ein Lied von Billie Holliday – das sind die paar Splitter, die sie selbst mitnimmt, so kann man vermuten; auf ihren Weg weit weg von New York.

Auf diesem Weg, der ja – einmal mehr – antizyklisch verläuft. Während aus Europa, aus Asien jene der 900 000 New Yorker Soldaten heimkehren, die den Krieg überlebt haben – so viele hatten im Weltkrieg gekämpft –, reist sie in die umgekehrte Richtung.

*«Endlich konnte ich fliehen! ... Ich ließ ein Land hinter mir, das für mich vor allem Kummer bedeutete.» (KW, S. 13/22)* Im Blick der Abreisenden schrumpft die Stadt zu einem überschaubaren Ganzen, wird aus der Distanz der Beobachterin sichtbar. Wie begrenzt aber ist die Möglichkeit, tatsächlich der persönlichen Geschichte zu entkommen!

*– «... als das Schiff eines Morgens von New York City abfuhr, stellte sich heraus, dass meine Vergangenheit mir wie das Kielwasser folgte. Auf Deck traf ich die greifbaren Geister aller Menschen, die ich je gekannt hatte.» (KW, S. 22)*

\*

«Europa!» – Mit Paula Fox' erster europäischer Reise beginnt eine Liebesgeschichte mit der «Alten Welt». Viele Reisen werden in ihren nächsten fünfzig Jahren dieser ersten folgen.

Zunächst kommt die Dreiundzwanzigjährige im bombardierten London an: «Noch 1949 war London völlig kriegszerstört, die Häuser hässlich, nicht mehr verputzt und gestrichen, das Essen rationiert. Alles war kalt, lieblos, ungemütlich.» So beschrieb es drei Jahre später eine andere, ebenfalls von weit her einreisende Schriftstellerin, die 30-jährige Doris Lessing. Folgt man Paula Fox' Erleben im «kältesten Winter», scheint ihr dies alles wenig ausgemacht zu haben. Zu sehr stand London für sie im Zeichen von Anfang. Sie kam bei verschiedenen entfernten Bekannten des Vaters unter, fand Jobs, die gleich mit Lesen und Schreiben zu tun hatten: Sie konnte zunächst für «20th Century Fox», dann für den Verleger Victor Gollancz Manuskripte lesen.

In ausgerechnet diesen Jahren Europa kennenzulernen – ein bombardiertes London, ein glanzloses Paris, ein verwüstetes Warschau – bedeutete nicht zuletzt, zur Zeugin zu werden; durch Bilder wissend, durch Bilder initiiert. Und hier kommt nun Paula Fox' «painter's eye» zum Zug; ist gefragt wie nie zuvor. Sie lernt Lord Andrew kennen, ein Mitglied des britischen Oberhauses, der sie in seiner kleinen, politisch links orientierten Nachrichtenagentur anstellt, mit der er sich mutig dem erdrückenden Reuters entgegenstellt. Ihr erster Auftrag lautet auf Teilnahme an einer Friedenskonferenz in Paris.

«‹Dann reisen Sie weiter nach Warschau mit dem Zug, der gegen Mitternacht aus Prag abfährt›, skizziert der Lord ihre Reiseroute. ‹Zuerst haben die Nazis Warschau besetzt, dann die Russen. Jetzt halten die Polen ihre ersten Wahlen ab. Nun ja, Sie werden nicht direkt darüber berichten, aber schicken Sie mir ein paar Geschichten darum herum, verschiedene Aspekte des Lebens in den Trümmern. Ich glaube, in den Vereinigten Staaten* nennt man so was Human-Interest-Storys … ein Interview mit einem Architekten zum Beispiel, der die Stadt wiederaufbauen will, Sachen für Leute, die nicht so sehr die Nachrichten, sondern lieber Geschichten aus dem Leben lesen wollen … Du meine Güte!› rief er plötzlich aus, ohne jedoch den Tonfall zu ändern, ‹Warschau wurde vollständig zerstört. Es gibt überhaupt nur noch drei Hotels.›» (KW, S. 61f.)

In Warschau sind dann sowohl die Zerstörung als auch die Kälte jenseits alles Vorstellbaren. «*Die Kälte war so heftig, dass ich wie viele andere anfing, mehrere Schichten Zeitungspapier unter dem Mantel zu tragen. Es gab kaum öffentliche Verkehrsmittel, nur ein paar Straßenbahnen, an denen Menschen hingen wie Fliegen an einem Zuckerwürfel … Die meisten von uns gingen zu Fuß oder nahmen, wenn wir es uns leisten konnten, eine Droschke. In deren frostigen Tiefen, niedergedrückt von räudigen, übelriechenden Bärenfellen, verfiel man in eine Art Schneetrance, während die Droschke langsam die Straße entlang – oder über eine Brücke der Vistula holperte, gezogen von einem Pferd, dessen Kopf körperlos in einer Wolke seines eigenen Atems hing. Spätnachts war Warschau dunkel, abgesehen von seltenen Kerosinlampen, die aus den Trümmern glommen, wo ein Zimmer oder ein weniger abgeschlossener Raum intakt geblieben war.*» (KW, S. 76f.)

Im Hotel «Centralny» verbringt sie die nächsten Monate mit den «weniger solventen» unter den Journalisten, anderen Ausländern, «*Mitarbeiter von Hilfsorganisationen, Ökonomen, Architekten, Botschaftsangehörige und die verschiedenen Fachleute, die einer Katastrophe nachfolgen*». Viele Einsame außerdem, so scheint es; Leute, die ohne Anbindung an irgendetwas hierhergespült waren; alle in einer Schreckstarre vereint.

Wird diese Zeit für sie zur politischen Initiation? Paula Fox, die immer wieder mit politisch bewegten Leuten befreundet gewesen war, die in ihren kalifornischen Jahren in kommunistischen Zirkeln verkehrt hatte, ohne je Teil von ihnen zu werden, verliert in diesem Jahr *«jeglichen Rest von Glauben an die Herrschaft des Proletariats.»* (KW, S. 103) Diese Skepsis – die sich über den Kommunismus hinaus auf die Vereinfachungen und Verallgemeinerungen jeder politischen Ideologie zu beziehen scheint – hat mit den Erfahrungen dieses Jahres, aber auch mit Selbsterfahrung und Selbsterkenntnis zu tun. Wo die Ideologie vordergründig eine Zugehörigkeitssehnsucht beantworte, verrate sie in Wahrheit die komplexe menschliche Wirklichkeit. Es gibt gegen Ende des «Kältesten Winters» eine Passage, die diesen Schritt beschreibt:

*«Ich war siebzehn. Ich hatte keine Familie, gegen die ich rebellieren konnte. Ich bezweifelte, dass der Tag kommen würde, an dem die Menschen den Wohlstand der Welt gleich und gerecht verteilen. Die heroischen Tugenden der Arbeiterklasse, zu der ich damals selbst gehörte, waren mir entgangen. Ich suchte nach Geborgenheit und Gemeinschaft. Wenn es einen nachvollziehbaren Grund gab, warum ich mich zu den Kommunisten hingezogen fühlte, dann waren es die Gleichberechtigung der Rassen, die sie predigten, und ihre festen Überzeugungen, die mich trösteten, wie es vor Jahren die Sonntagsschule getan hatte. Im Himmel gibt es keine Fragen.»* (KW, S. 103)

Sätze, in deren fast wütender Schärfe sich ein entschiedenes eigenes Bekenntnis versteckt: zur nie abschließbaren, nie schnell beantwortbaren Komplexität menschlichen Lebens. Man kann dies erstaunlich finden – wäre doch leicht vorstellbar, dass das Übermaß an Ungesichertheit, dem Paula Fox bislang ausgesetzt gewesen war, sie dazu geführt hätte, sich in einfachen und endgültigen Antworten geborgen zu fühlen. Es sei denn, etwas steht auf dem Spiel, von dem man nicht mehr lassen möchte: frei denken – und fühlen zu können. Denn genau diesen Preis, findet Paula Fox, haben ihre kommunistischen Freunde gezahlt: *«Puritaner, die jedes Ereignis in ihrem Leben und selbst ihren Alltag nach einem unverrückbaren Gedankensystem interpretierten, das sie den Komplexitäten des Lebens gegenüber ebenso fühllos werden ließ wie die Kleinbürger, die Sinclair Lewis' Romane bevölkerten.» (KW, S. 103)*

Zwei Jahre später, 1949, kam eine andere Schriftstellerin und engagierte Kommunistin nach London: Doris Lessing, die 30-jährig die Kolonie Südrhodesien verließ und ins Mutterland England zog. Auch für sie hatte der (in Afrika erlebte) Rassismus die politische Hauptmotivation für den Kommunismus dargestellt. Anders als Fox war sie in den 1940er- und frühen 50er-Jahren politisch engagiert – ihr Bruch wenige Jahre später war konkreter politisch motiviert als bei der jüngeren Amerikanerin und doch letztlich ähnlich: Entsetzen über die dogmatischen Genossen, die sich weigerten, der Wahrheit der Gulags ins Auge zu sehen. Die Verrat übten an der Wahrheit der eigenen Wahrnehmung, des selbst Gesehenen, Gewussten.

Schriftstellerin zu sein, sagte mir Paula Fox einmal, hieße zur Anwältin von Widersprüchen zu werden; jener vielen Grautöne, die zwischen Schwarz und Weiß lägen. Schriftstellerin sein hieße zunächst einmal: fühlen wollen.

Schon in Amerika hatte sich Paula Fox' seit frühester Jugend empfundene Loyalität mit ethnisch oder politisch Diskriminierten nicht nur auf Schwarze bezogen; auch für Antisemitismus hatte sie ein waches Ohr gehabt. Nun stand sie inmitten der Trümmer der größten ethnisch begründeten Vernichtungsgeschichte der Neuzeit.

*«Niemand sprach über die Juden, jedenfalls nicht in der Öffentlichkeit. Doch im Stillen gab es zahlreiche Spekulationen darüber, wie viele wohl noch in Warschau leben mochten.» (KW, S. 80)*

Sie bemerkt die Tätowierung am Handgelenk der Frau, die sie ständig zum Bridgespielen zu gewinnen versucht. Sie berichtet von Jan in Prag, dessen Zwillingstöchter bei Mengeles Experimenten in Auschwitz ermordet worden waren. Jan hatte ihr auch von dem deutschen Professor erzählt, dessen ganze Familie von den Deutschen umgebracht worden war und der am Ende der Besatzung einen deutschen Soldaten zu fassen bekam und ihn an einem Fleischerhaken aufhing. Für Paula Fox selbst wird eine ältere Engländerin, Mrs. Grassner, zum bleibenden Bild. Von einer jüdischen Frauenorganisation nach Warschau geschickt, um herauszufinden, was für jene polnischen Juden getan würde, die nach Palästina ausreisen wollten, betrachtet die junge Paula Fox diese «Hausfrau» eine Weile mit einer gewissen Verachtung: Warum ist sie bei den meisten Terminen nicht dabei? Ist sie überhaupt nicht neugierig? Bis sie eines Tages mitbekommt, dass Mrs. Grassner unentwegt versucht, Kontakte zu knüpfen, damit die polnischen Juden nicht an der Ausreise nach Palästina gehindert werden. Sie erzählt Paula, dass aus ihrer Familie niemand im Holocaust umgekommen sei. «Wie kann das sein?», fragt sie, und Tränen laufen ihr übers Gesicht. Sie fühle sich wie ein Geist. Ein Tscheche, der vier Jahre im Lager war, weiß, was in ihr vorgeht: «‹Wenn die Menschen keine Toten haben, fühlen sie es irgendwie noch schlimmer.›» (KW, S. 89)

Dem eigenen schnellen Urteil aufgesessen zu sein und dann davon zu erzählen, wie sie den Horizont in eine ganz ungeahnte Richtung aufreißen sieht: auch dies ist typisch Paula Fox.

Ihre Geschichten für die Agentur existieren nicht mehr. Was aber ist abzulesen aus den Erinnerungen, die sie sechzig Jahre später schrieb? Wie viel kann rückgeschlossen werden auf die Unmittelbarkeit ihres Erlebens, ihrer Verarbeitung?

«Der kälteste Winter» spitzt zu, was ich aus dem mündlichen Gespräch mit Paula Fox, auch aus den kürzeren, essayistischen Texten als ihr besonderes Vermögen kenne: die minimalistische Momentaufnahme, scharf im Detail bis dahin, dass das Detail selbst die Geschichte in sich birgt. Ein Erzählen, mitunter fast «nackt», ohne Wertung, ohne Deutung, oft auch ohne Übergang. Als ob sie Konstruktion verweigere, stürzt man oft lesend in die Mitte von etwas, um dann gleich wieder draußen zu sein. Man kann diese Weise, unbekümmert um den Kontext zu erzählen, Gesetze von Anfang und Ende ignorierend, «befremdlich» empfinden; befremdlich im Wortsinn: Das Fremde wird fremd gelassen. Und so kommen zu uns Nachrichten aus einer fremden Welt, erzählt von einem unberechenbaren Nachrichtensprecher, dem es einfallen kann, Weltgeschichte aufzumischen mit einem Halbsatz aus der Innenwelt, der alles verändert.

Zusammen mit zwanzig anderen Journalisten fährt die junge Korrespondentin für zehn Tage durch Schlesien. Am ersten Abend in einem Dorf, nach dem Abendessen, fangen die jüngeren Männer der Gruppe, tschechische Journalisten, zu tanzen und zu singen an. *«Bevor die Nazis in die Tschechoslowakei einmarschierten, war Ottokar Kammersänger gewesen. Jetzt schrieb er als politischer Kolumnist für eine Prager Zeitschrift. Die Nazis hatten ihn in ein KZ in Breslau gesteckt, wo er drei seiner vier Jahre in Einzelhaft verbracht hatte. Auch die anderen Tschechen waren in Lagern gewesen, Karel vier Jahre lang und der jüngste, den wir Baby nannten, zwei Jahre. Die Jugoslawen waren Partisanen unter Titos Kommando gewesen. Diese sechs Männer wurden das Herz unserer Gruppe, das Zentrum fast jeglicher Aufmerksamkeit, als sei ihre Anwesenheit die Fortsetzung des Dramas von Widerstandsfähigkeit und Überlebenswillen, das nun vor der Kulisse der schneebedeckten Felder, der nackten neuen Fabriken und der uralten Dörfer gespielt wurde, durch die der kleine Bus uns fuhr.»* (KW, S. 84 f.)

Die Anekdoten, die Prominenten: Auch sie ziehen durch Paula Fox' europäisches Jahr. Von Paris aus macht sie einen Ausflug nach Saint-Malo, wo sie bei einem Nachrichtenempfang gebeten wird, jemandem, der im Garten warte, ein paar Fragen über ihr Land zu beantworten. «*Ein kleiner Mann, dessen eines Auge unstet wanderte, lehnte sich an ein Vogelbad. Er trug eine Brille. Im Vogelbad schwammen Bruchstücke schmutzigen Eises ... Während unserer kurzen Unterhaltung gewann ich den Eindruck, dass er immer schon so alt ausgesehen hatte wie jetzt.*» *(KW, S. 55)* Sie erfährt seinen Namen, Jean-Paul Sartre –«*und verfluchte meine Dummheit, als ich dachte, wie wissend ich über die Vereinigten Staaten gesprochen hatte*». *(ebd.)*

*

Glimpses. Ich höre ihr fasziniert zu, der über achtzigjährigen Schriftstellerin, die sich hier schreibend zurückbeugt zu der Dreiundzwanzigjährigen, die naiv und doch schon so gezeichnet war; ihren Schreibanfängen, ihrem wissenshungrigen Beobachten, ihrer unsentimentalen Zeugenschaft.

Ich war ihrem Leben an etliche Orte gefolgt, nach Cape Cod und ins Tal des Hudson, nach New Orleans, San Francisco, New York, und hatte an all diesen Orten, wie auch immer über die Jahrzehnte verändert, noch leise Anklänge an deren frühere Melodien gefunden. An die Orte dieses Jahres 1946/47 aber – Orte, zu denen ich als Europäerin ja einen viel kürzeren Weg hätte – kann ich ihr nicht folgen. Nicht ins Warschau des kältesten Winters.

«*In Mondnächten schien das Licht durch die Löcher der fensterlosen Ruinen, die das Herz der Stadt wie ein schwarzer Fries umstanden. Wer in Warschau spazieren ging, wie ich es oft am späten Abend tat, das Kinn tief im Mantel vergraben, rechts und links von Schnee und Trümmern überragt, der spürte die Kälte, die Verlassenheit, das Schweigen einer Stadt der Toten. Wenn es taute, so sagte man uns, würden die Leichen der Gefallenen des Warschauer Aufstandes zum Vorschein kommen.*» *(KW, S. 76 f.)*

Dann, im Frühjahr 1947, ist Paulas Job getan. Sie besitzt «*hundert Dollar, von denen ich etwa einen Monat in Spanien*» zu leben hoffte. In Barcelona wohnt Tio Antonio, der letzte

*Paula Fox bei ihrer europäischen Überfahrt*

überlebende Bruder ihrer Großmutter Candelaria. Was als rein persönlicher Abstecher gedacht ist – «*zu gern wollte ich einen Verwandten kennenlernen, der echter Europäer war*» –, wird erneut zu einer Begegnung mit dem Faschismus; nun demjenigen Francos. Onkel Antonio, früherer Arzt und Oberst der Armee, hatte mal in einem Brief an seine Schwester Candelaria die Hoffnung geäußert, so wie der Rest Europas möge auch Spanien bald vom Faschismus befreit werden. Eine junge Cousine hatte ihn verraten, woraufhin er abgeholt, geprügelt und in einer feuchtkalten Zelle festgehalten wurde. – «*Er war ein alter Mann, und sein Körper nahm schweren Schaden, doch geschlagen zu werden verletzt nicht nur den Leib.*» *(KW, S. 121)*

Während der langen Zeit, in der er sich davon erholte, rettete

Tio Antonio eine Hündin, die er später Perlita nannte. Er hatte sie regungslos auf den Schienen vor seinem Haus stehen sehen und gewusst, sie würde gleich überfahren werden. Er lockte sie zu sich und trug sie in seine Wohnung.

Vieles an Tio Antonio macht der Großnichte Paula Eindruck – die philosophischen und historischen Essays, die er ebenso schrieb wie sein Freund Ortega y Gasset, mit dem er sich regelmäßig in einem Café auf den Ramblas traf. «*Ich denke an das, was man ‹politisches Leben› nennt, ein so abstrakter Begriff, bis man den Knüppel im Rücken spürt. Ich denke an die Geisteshaltung, die einen kranken, alten Mann aus dem Haus treibt, um ein streunendes Tier von den Bahnschienen zu retten ... Doch was ich heute, sechs Jahrzehnte später, am lebendigsten sehe, ist die gerettete Perlita! Wenn ich sie vor meinem geistigen Auge betrachte, werde ich nicht an die Würde oder Erhabenheit des menschlichen Geistes gemahnt, sondern eher an seine spontane Fähigkeit zu umfassender Anteilnahme auch in schwieriger Lage, an seine rettende Demut.*» (KW, S. 126)*

Hunde und Katzen, Streuner von der Straße, begleiteten Paula Fox' ganzes Leben. Kaum dass sie selbst stabiler an einem Ort lebte, hatte sie Tiere. Spielte die Erinnerung an Perlita eine Rolle? An die Qualität von Verlorensein und Gerettetwerden?

Noch etwas, denke ich, könnte von ihrem Besuch beim spanischen Onkel auch in ein späteres Buch gewandert sein. Tio Antonios Dienstmädchen, das jeden Tag aufs Polizeirevier ging, um ihm Essen und Kleider zu bringen, hieß Luisa – so wie die Heldin in Paula Fox' fünftem Roman.

In Barcelona trifft sie sich mit Marjorie Kellogg, der Freundin aus Kalifornien, die ihr während der Schwangerschaft beigestanden hatte. Marjorie selbst war als Journalistin unterwegs. Zusammen bereisen sie Madrid und Mallorca, so lange, bis wir «von Sehenswürdigkeiten gesättigt» waren – «*überall, wo wir*

*waren, Sonnenschein und Wein. Das alles hatte uns beinahe ge-
schafft, und wir gaben uns der Illusion hin, dass ein anderes
Leben möglich wäre.» (KW, S. 142)*

Ein anderes Leben! «Der kälteste Winter», dieses Buch, das
fast schon provozierend unkonstruiert wirkt; so assoziativ, so
momenthaft – es entfaltet seinen Bogen schön und klar zwischen
zwei Ausblicken, die konkret und zugleich völlig symbolisch am
Anfang und Ende des Buches stehen; symbolisch für jene Erweiterung, die Paula Fox in diesem europäischen Jahr vollzogen hat.

Am Anfang war ihr Blick aufs kleiner werdende New York
gerichtet – die Stadt war zusammengeschrumpft auf ein Ganzes,
von dem man sich auch entfernen kann. Das Buch schließt mit
einer Szene (später im Leben), in der sie mit Jugendlichen zusammen durch ein Teleskop in den Weltraum blickt – tief ergriffen davon, *«etwas anderes zu sehen als sich selbst».*

Was ist hinter den Sternen?, hatte ein Junge gefragt. Dann
schauen sie alle ins Weltall – und sind vollkommen still. *«Auch
ich hatte diese Erfahrung … gemacht. Der Zweite Weltkrieg
hatte überall in Europa solche Zerstörung angerichtet, Millionen und Abermillionen Menschen waren dahingemetzelt worden, und doch hatte mein Jahr dort mir etwas jenseits meines
eigenen Lebens gezeigt, hatte mich von Ketten befreit, von deren
Fesseln ich gar nichts geahnt hatte, hatte mich etwas anderes
sehen lassen als mich selbst.» (KW, S. 154)*

Linda hatte mir erzählt, dass sie ihre Mutter gefragt habe:
Warum hast du dir das angetan – die Schrecken des Nachkriegs-
europa? «Paula hat mir geantwortet: Ich musste etwas sehen,
das schlimmer war als das, was ich erlebt hatte.»

## Ich dachte, ich könnte ihn öffnen

«Als ich die Küste Europas zurückweichen sah, als sie eine verschwommene Linie, dann nur noch Meer wurde, schluchzte ich auf. Ich stand achtern an der Reling und versuchte krampfhaft, ein Stück europäischer Welt festzuhalten. Was wollte ich? Mein früheres Leben in Amerika ungeschehen machen? Ich hatte Angst vor der Vergangenheit, Angst auch vor der Zukunft. Ich hätte bleiben können; man hatte mir in Frankreich, in England, in Warschau Arbeit angeboten. Warum hatte ich nicht eines der Angebote angenommen? Doch irgendetwas sträubte sich dagegen, ins Exil zu gehen. Vielleicht zog es mich, wie mein Vater einmal bemerkte, immer an die Orte zurück, an denen ich schon einmal gewesen war.» (KW, S. 144)

Zurück in New York findet Paula Fox ein kleines Apartment auf der West Side. Auch der erste Job, bei einer PR-Agentur, lässt nicht lange auf sich warten. «Aber ich konnte die Frage nicht vergessen, die der Taxifahrer gestellt hatte, als ich gerade von Bord des Frachters gegangen war ... mit misstrauischer, feindseliger Stimme ...: ‹Spricht sie Englisch?› – ‹Ganz bestimmt spreche ich Englisch›, sagte ich entrüstet. Zum ersten Mal in meinem Leben in den Vereinigten Staaten hatte ich so mutig meine Stimme erhoben.» (KW, S. 146)

Alte Orte, neue Zeiten. Es scheint, als ob sich in Europa, durch Europa, die Dinge für Paula leicht – und doch entscheidend verschoben hätten. Zunächst aber stürzt sie sich, Hals über Kopf, in eine nächste Geschichte. In der PR-Agentur J.M. Mathes lernt sie Richard Sigerson kennen. Er ist Chef der Agentur. Die beiden werden ein Paar. Nach einem halben Jahr – «oder waren es ein paar Monate?» – ziehen sie zusammen. Noch 1947 heiraten sie. Wer war dieser Richard «Dick» Sigerson? Was für ein Mensch? – «Am Anfang fand ich ihn anziehend, natürlich ... Aber er log so viel – sogar über absolute lächerliche Kleinigkeiten, bei denen eine Lüge sich wirklich nicht lohnt.»

Dick Sigerson, das weiß ich schon lange, ist ein schwieriges Thema. Ein offensichtlich zu schmerzbeladenes Kapitel des Lebens, als dass Paula Fox noch Bilder aus der guten Zeit mit ihm verfügbar hätte. Lange erhalte ich nur minimale Antworten auf meine Fragen. Die Mühelosigkeit, mit der sie sich sonst an verschiedene Phasen von Beziehungen, an widersprüchliche Seiten eines Menschen erinnert, der Humor, der oft gerade dann aufbricht, scheint für sie hier nicht in Reichweite. Dick Sigerson steht für eine Phase in ihrem Leben, mit der Paula Fox nicht fertig werden konnte – eine Geschichte, durch gemeinsame Kinder auf Dauer angelegt.

Am Anfang muss es Aufbruchsgeist, Abenteuerlust gegeben haben – davon gibt es zumindest ein schriftliches Zeugnis: Paula Fox' Geschichte «Frieda in Taos», in der sie von ihrer beider großen Reise nach New Mexico erzählt. Mehrere Monate wollen Dick, Anfang dreißig, und Paula, fünfundzwanzig, in Taos verbringen. Dick hatte in seiner Kindheit und Jugend in New Mexico gelebt und wollte immer dorthin zurück. Dieser Wunsch, so beschreibt es Paula in der Geschichte, passte gut mit ihrer eigenen tiefen Überzeugung zusammen, eine Art «wahres Leben» sei nur in der Natur zu finden, im Leben auf dem Land, weit entfernt von den großen Städten. Hatte ihr Leben, meist ein Kampf ums Überleben – bis auf die große glückliche Unterbrechung Balmville – bisher ja nahezu ausschließlich in Metropolen stattgefunden.

So packte das junge Paar nun Koffer und Katze und durchquerte den Kontinent, bis *«eine halbe Meile vor Taos in New Mexico. Wir hatten eine Unterkunft in der Sattelkammer eines unbenutzten Pferdestalls gefunden, der Mrs. Lois Holmes gehörte, einer Witwe, die Blockhütten vermietete. Wir waren mit unse-*

*rer Katze Edna von New York City nach Westen gefahren. Nach-*
*dem sie eine Woche im Auto und in Hotels eingesperrt gewesen*
*war, flitzte sie auf dem Holmesschen Anwesen im Freiheitsrausch*
*durch die Gegend und buddelte hier und da flache Löcher am*
*Fuß von Bäumen, deren Namen ich später lernte.» (DZ, S. 175)*

Die Vermieterin ließ ihnen Möbel in die riesigen Geräteräume
stellen, Spinnennetze hängen von der Decke. «*Ich war Anfang*
*zwanzig, jung genug, um dem Zauber neuer Orte zu erliegen.*
*Selbst die metallenen Gabeln, Messer und Löffel in der Hand zu*
*halten, war aufregend … An diesem ersten Abend saßen wir auf*
*unseren zwei Stühlen draußen vor der Tür, tranken aus ange-*
*schlagenen Tassen und beobachteten Edna dabei, wie sie mit*
*trockenem Gestrüpp spielte, das eine launische Brise hierhin*
*und dorthin wehte. Die Wüstendämmerung fiel wie ein Gaze-*
*schleier über uns, den Stall und die Hütten nahe der Straße. In*
*der tiefen Stille legte sich allmählich meine Erregung. Meine Ge-*
*danken trieben formlos dahin wie Wolken im Wind an einem*
*weiten Himmel, ein Gefühl, das ich seit Kindertagen nicht mehr*
*gehabt hatte.» (DZ, S. 177f.)* Eine tiefe Entspannung breitet sich
aus. Für beide, Paula und Dick, scheint Taos auf verschiedene
Art die Qualität eines «Kindheitsortes» anzunehmen.

Und – eines Ortes zum Schreiben. «Beide wollten wir schreiben.» Da steht er, der kleine Satz, der diesen Wunsch der Fünf-
undzwanzigjährigen klar bezeugt. Steht da mit jener unmissverständlichen Klarheit, die ihr in den Monaten des Reisens und
Schreibens zugewachsen ist, als sie sich am gewaltigen Stoff des
nachkriegszerstörten Europa abarbeitete.

Seltsam genug und auf jene fast märchenhaft unglaubliche
Weise, die Paula Fox immer wieder im Leben zustieß, erhält die
beginnende Schriftstellerin in Taos einen ersten Segen für ihr
Schreiben auf Deutsch, und zwar von einer berühmten Europäerin. Niemand Geringeres als D. H. Lawrences Frau Frieda steht

*Katzen und Hunde ziehen sich durch Paula Fox' Leben.*

eines Tages hinter ihr –. «... *I sat staring down at my typewriter, a voice asked, ‹Vot are you doing in dere?› – ‹Trying to write›, I answered. ‹Gut!›, she said strongly, nodding at me before she disappeared.» (Frieda in Taos, in: DZ, S. 182f.)*

Dass Frieda Lawrence in der Nähe lebte, ja, dass sie überhaupt noch am Leben war, hatte Paula nicht gewusst. Aber Taos ist unter Künstlern alles andere als ein unbeschriebenes Blatt: «Seit den 1920ern war der kleine Ort mit seiner karg-schönen erhabenen Natur und mit seiner exotischen Mischung von spanischen, amerikanischen und Pueblo-Traditionen zu einer fruchtbaren Künstlerkolonie geworden», hatte ich auf einer Ausstellung in San Francisco gelesen. In Taos hatten sich Georgia O'Keeffe und Ansel Adams kennengelernt; hatten diese beiden großen Künstler in ihren jeweils eigenen Medien Malerei und Fotografie die Landschaft nicht abzubilden, sondern zu «beantworten» versucht. Nun steht Paula für jenen englischen Maler, der in Taos ist, um Frieda Lawrence zu portraitieren, selbst Modell. Immer wieder fahren Paula und Dick in den kommenden Wochen, zusammen mit dem Maler, der sie mit der Schriftstellergattin bekannt gemacht hat, zu den beiden Ranchhäusern an der Straße, die «wie von einem Kind gemalt» aussehen und in denen Frieda Lawrence lebt. Paula fällt auf, dass Frieda sie jedes Mal in ihre Nähe holt: Sie erinnere sie an ihre Tochter Barbara. Die deutschstämmige Frieda Lawrence hatte Mann und drei Kinder verlassen, als sie D. H. Lawrence kennenlernte. *«Lawrence habe ihre ganze Zuwendung verbraucht, erzählte sie uns und lächelte an uns vorbei, als ob jemand hinter uns stände. Mich schauderte.»* (DZ, S. 186)

Überhaupt stehen in dieser Zeit Kindheitsgeschichten im Raum. Richard, in Oklahoma geboren und in New Mexico aufgewachsen, hatte seine Mutter verloren, als er drei war. Er sei als Kind, erzählte mir Paula Fox, zum Friedhof gelaufen und habe versucht, sie auszugraben. Sein Vater wurde zum Wanderarbeiter auf Ranches und nahm seine drei Söhne mit. Richard war der jüngste. «Er erinnerte sich – sofern er die Wahrheit sagte –, wie er häufig in die nächste größere Stadt ging, um seinen Vater, sturzbetrunken, verloren, vereinsamt, in einem Puff einzusammeln.» Paula und Dick besuchten in ihrer Zeit in New Mexico auch Dicks Vater, der in einer kleinen Hütte lebte und nach einem Schlaganfall von einer Krankenschwester gepflegt wurde. Es gibt eine preisgekrönte Geschichte von Paula Fox, «Die weiten Gefilde des Todes», in der genau so eine Situation erzählt wird: Ein junges Paar, Harry und Amelia, sucht den Vater des Mannes auf, den dieser dreiundzwanzig Jahre nicht gesehen hat und der irgendwo in der Wüste mit einer Betreuerin lebt. In der Geschichte gibt es eine Szene, in der die junge Frau ihren Mann anschaut: *«Sie sah ihn an. Er stand als Mensch so sehr für sich allein, dass er in ihrer Vorstellung selbstgezeugt war, ohne Eltern, ohne Vergangenheit. Trotz seiner vielen Geschichten brachte sie ihn nicht mit dem komplexen Erfahrungsschatz in Verbindung, den sie bei anderen Leuten wahrnahm.» (DZ, S. 148 f.)*

Irgendwann aber gibt Paula Fox den Widerstand beim Reden über diese Ehe auf. «Ja, im Gegensatz zu der Geschichte mit Harold war dies eine Liebesgeschichte. Aber es war eine Liebe, die nicht lange gut ging.» Sie erzählt von Dick Sigerson, mit dem sie durch New Mexico fuhr, auch um seine Brüder zu treffen, von denen er den einen heftig zu hassen und den anderen sehr zu lieben schien. Ich stelle mir die junge Paula Fox vor, die gerade in Europa eine erste Ahnung von Freiheit erlebt hat, die die Last der eigenen Vernachlässigungsgeschichte ein wenig beiseiterücken konnte und nun dabei ist, sich voller Elan in die ihres Geliebten zu begeben. «Dick war sehr verschlossen, ich dachte, ich könnte ihn öffnen … Er war jemand, der viel Geld verdienen wollte, dem es aber auch noch um etwas ganz anderes ging; er wollte auch gut sein in etwas, das nichts mit Geld zu tun hatte. Er hütete sein Innenleben, seine Geheimnisse so voller Angst, als würde er ständig verfolgt. Mir gegenüber hatte er sich eine Zeit lang verletzlich gezeigt, erreichbar.»

Diese verletzliche, gute Zeit scheint vor allem in Taos gewesen zu sein. «In Taos war ich voller Optimismus, ich verstand damals nicht, dass dies vor allem mit mir selbst und meinem Jahr in Europa zu tun hatte. Was Dick betraf, konnte ich den Wunsch nicht aufgeben, er solle seine gesellschaftliche Rolle, seine Abhängigkeit von Geld und öffentlicher Position aufgeben und zu seinem früheren Selbst zurückkehren.» In Taos erlebten sie eine kurze «Zeit jenseits der Zeit». Danach aber, abrupt, verschwand jener intime Frieden zwischen ihnen, als hätte es ihn nie gegeben.

Paula Fox erzählt eine Geschichte aus der Zeit nach ihrer Rückkehr nach New York. «Wir lebten kurzzeitig in einem

Apartment in Greenwich Village, saßen zusammen und spielten Karten. Das Telefon klingelte. Dick legte seine Karten hin und lief ins andere Zimmer. Dann kam er zurück, wir spielten weiter, und als ich ihn ein paar Minuten später fragte, wer angerufen hätte, sagte er: ‹Don› – das war sein älterer Bruder. Dies kam fast nie vor, also fragte ich weiter: ‹Was wollte er denn?› – ‹Er wollte mir sagen, dass unser Vater gestorben ist.›» Sie habe dies ziemlich schockierend gefunden, kommentiert Paula Fox. «Noch schockierender aber ist meine damalige Illusion, zu glauben, ich würde Dick ändern können. Aber wer weiß, vielleicht muss jeder auf irgendeine Art durch diese Desillusionierung durch.»

Zu dieser Zeit hatte Dicks Verschlossenheit Paula schon hart getroffen. In Taos hatte Dick sie in dem Glauben gelassen, er hätte bei der Agentur gekündigt. Nach etwa zwei Monaten aber traf ein Brief ein, den sie öffnete und in dem ebenjene Agentur ihm ankündigte, dass sie sich schon auf seine Rückkehr freuten, es gäbe viel Arbeit.

Selbstkritisch merkt Paula Fox an, dass sie viel Druck auf ihn ausgeübt habe – Druck, die Agentur zu verlassen. «Da war diese romantische Idee vom Leben fern der Städte; ein übermächtiges Bedürfnis in mir, mich von allem zu distanzieren, was mit Geldmachen zu tun hat.» Dies stand ganz offensichtlich im Gegensatz zu Dicks Bedürfnis. «Er wollte immer sein eigenes Unternehmen haben, das war sein Traum.» Was hatte er in Taos gesucht? Hatte er wirklich schreiben wollen? Von heute aus gesehen, scheint es, als seien ihrer beider Ziele und Sehnsüchte – bis auf eine kurze Phase – völlig entgegengesetzt gewesen. Sie fanden ein kleines Haus in Peekskill im Staat New York, «auf dem Land, mit einem Garten voller Pfirsiche»! Von dort aus pendelte Dick in die Agentur und gründete irgendwann tatsächlich sein eigenes Unternehmen; eine Agentur für medizinisch-pharmazeutische Produkte.

*Paula Fox sitzt in Taos dem englischen Maler Modell.*

Am 9. Dezember 1950 wurde Adam geboren; Paulas und Dicks erster Sohn. «Ich war so glücklich! Mein Kind im Arm zu halten. Nun in der Lage zu sein, es bei mir zu behalten.» Alles gut? Wahrscheinlich viel weniger, als man von außen denken könnte. Paula, die Ruhelose, war von ihrer Sehnsucht nach dem perfekten Ort nicht abzubringen. «Es war ein schwerer Fehler, Dick mit diesem Wunsch, aufs Cape zu ziehen, zu bearbeiten.» Das Cape! Der in den Ozean hineingekrümmte Arm, auf dessen äußerster Spitze die dreijährige Paula ihre Eltern besucht hatte. Das Cape, das der Vater geliebt hatte. «Von ihm hatte ich die Idee geerbt, dass man am Meer eine Art reines Leben führen könne ... Er malte mir ein Bild vom Leben am Ozean, eine Art Byron-Bild, voller Wellen und Geheimnis; das wollte ich mehr als alles andere. Es war seine Idee, und ich war besessen, regelrecht betrunken davon!»

Paula und Dick kauften tatsächlich ein Stück Land auf dem Cape, nahe dem Dorf Wellfleet und einen Steinwurf vom Ozean entfernt. Nur wenige Monate später beauftragten sie einen jungen Architekten, dort ein Haus zu bauen, und zogen im Frühjahr 1952 dorthin. «Mehr als ein Jahr pendelte Dick zwischen Wellfleet und New York. Ich bedrängte ihn weiter, die Agentur zu verlassen, er wollte das nicht. Mir war nicht bewusst, wie kontrollierend ich war ...»

Als ich in Provincetown gewesen war, hatte ich auf dem Rückweg nach dem Haus in Wellfleet gesucht. War, die lang gezogene Commercial Street hinter mir, die Route 6 nach Süden gefahren, durch die sich nach rechts und links weitende Landschaft des Cape, an Truro vorbei, schließlich nach Wellfleet. Zur Rechten lagen die stilleren Gewässer der großen Bucht, links Wälder, irgendwo dahinter der Ozean. Ich war abgebogen, Richtung Newcomb Hollow Beach, so hatte mich Paula Fox am Handy angewiesen, dann würde eine Straße links in den Wald führen, dann, nahe am Strand ...

Das hatte sich einfacher angehört, als es dann war. Tatsächlich ist hier noch heute Rückzugslandschaft, liegen Häuser so versteckt im Wald, dass ihre erdigen Farben übergehen in die Blätterlandschaft ringsum, und alles dehnt sich in amerikanischen Dimensionen unabsehbar weit. Immer mal wieder zweigen fast nicht erkennbare Zufahrten zu den Häusern ab, schlängeln sich ungeteerte Wege durch den Wald, die bestimmt zeitweilig nicht befahrbar sind. Hier muss man Isolation lieben!

Dann gibt es plötzlich nur noch Ozean. Hinter dem Wald angekommen, steht man auf einmal am Meer, unendlich das Blau, unendlich auch die Weite des Strandes rechts und links, kein Mensch!

«Ich mochte es, da zu sein, fühlte mich gar nicht isoliert ... ich hatte Adam, konnte ihn aber auch einen Teil des Tages abgeben, dann versuchte ich zu schreiben. Das Gefühl, vom Ozean umgeben zu sein, war wundervoll.» Es gab Nachbarn, mit denen sie sich gut verstand; ein befreundetes Ehepaar. Wenig wird sie mitbekommen haben von den Sommerfesten eine Meile weiter auf der Bay Side von Wellfleet, von denen Mary McCarthy im August 1954 ihrer Freundin Hannah Arendt erzählt: «*Es gibt gewaltige Gartenpartys für Hunderte von Menschen. Man hört den Lärm und riecht die Alkoholschwaden buchstäblich eine halbe Meile weit. Man beschließt nicht hinzugehen und findet sich dann irgendwie in letzter Minute doch dort ein, aus Furcht, etwas zu verpassen. Die Feste sind nicht einmal besonders ausschweifend; sie verströmen eine tödliche Langeweile.*»[32]

Paula Fox erzählt von anderem: wie sie ihrem Mann gegenüber misstrauisch wurde, der beruflich oft weit fort musste, nach New Mexico, nach Panama, dort auch länger blieb. Später stellte sich heraus, dass er die Frau, die er nach ihr heiraten würde, auf einer dieser Reisen kennengelernt hatte. Auch Paula hatte irgendwann in diesen Monaten einen Freund; einen «enabler», wie sie in einer Mail schreibt, «jemanden, der es einem ermöglicht, eine unglückliche Ehe zu verlassen.»

Am 30. Juni 1953 wurde Gabriel, der zweite Sohn, in New York City geboren; dann kehrte Paula mit ihm aufs Cape zurück. «Bei beiden Söhnen war es ein unglaubliches Glück, sie zu haben, zu halten. Dafür bin ich tief dankbar.»

Aber das glückliche Familienleben (sofern es existiert hatte) war vorbei. Wenn es noch gute Momente gab, erlebten die Kinder sie mit einem Elternteil. «Es gibt diese Süßwasserteiche auf dem Cape», erzählt mir Adam später einmal, «dahin ging ich mit meinem Vater fischen. Das waren schöne stille Augenblicke.» Zwischen Dick und Paula gab es viel Streit, Machtspiele, die keine Respektsgrenze mehr kannten.

«Als wäre die Luft ständig voller Wut und zerreißender Spannung», erinnert sich Paulas Sohn Adam, heute neunundfünfzig, an die Zeit, bevor Paula eine erste Flucht vom Cape versuchte. «Ich sehe ihre Fingerknöchel noch ums Steuerrad geklammert, nachdem sie uns ins Auto gepackt hatte und vom Cape wegfuhr. An die fürchterliche Atmosphäre dieser Autofahrt erinnere ich mich, als wäre es gestern.»

Einen Rettungsversuch gibt es noch; Paula erfüllt Dicks Wunsch, näher an New York City zu sein. Die Familie zieht für ein paar Monate in ein Mietshaus auf Long Island Sound, Connecticut. Von dort geht es kurz zurück auf Cape, bis Paula endgültig – Gabe ist knapp eineinhalb, Adam vier – einen Schlussstrich zieht.


## Die Dämonen sind niemals so schlimm, wie du glaubst

Mit Adam Sigerson bin ich an einer Bushaltestelle im Hudson Valley, nahe New Paltz, verabredet. Gerade aus dem Bus gestiegen, versuche ich mir die Bilder zu vergegenwärtigen, die ich an der Fotowand in Paulas Küche von ihm gesehen habe – hellblaue Augen fallen mir ein, rotblondes Haar, ein kräftiger Mann, der sich zu seinem kleinen Sohn hinunterbeugt.

Ein Jeep stoppt; das muss er sein. Adam Sigerson, groß, mit Cowboyhut, Sommersprossen und einem schnell bereiten Lachen, hat einen kräftigen Händedruck. Außerdem ein irres Redetempo, in dem Fragen, Geschichten, Witze, Flüche einander jagen; die vitale Ausstrahlung eines Mannes, der viel jünger wirkt als neunundfünfzig.

Wir fahren zusammen die kurze Strecke nach Balmville. Ich will Heidi Benson, der jungen Frau, die mir geholfen hatte, Paulas Buch bringen, außerdem einen Blick in Mr. Cornings Archiv werfen. Adam ist noch nie am Kindheitsort seiner Mutter gewesen. Diesmal finde ich die Straße gleich, die Balmville Road unter enorm hohem grünen Blätterdach, bis zum Balmville Tree, der Mitte dieses Ortes, der keiner ist. Ich zeige Adam, wo die Albany Post Road ansteigt: den Schulweg seiner Mutter. Unten an der Straße liegt ein kleines, dicht mit Grün bewachsenes altes Haus; sichtlich eines aus alter Zeit. Darin muss sich die Kranken- oder Pflegestation befunden haben, in der Mr. Corning starb.

*

Irgendwann in diesen Monaten des Jahres 1954, als die Trennung ständig in der Luft lag, war ein Brief in Wellfleet angekommen, an Paula adressiert. Dick gab ihn ihr nicht, drei Tage lang. «Er hatte es ‹vergessen›, angeblich», hatte Paula mir geschrieben. «Ich öffnete den Brief, er war von Mr. Cornings Cousine Blanche Frost. Sie schrieb mir, dass sie hoffte, dieser Brief erreiche mich noch rechtzeitig, denn Mr. Corning läge im Sterben.» Paula setzte sich, es war Nacht, sofort ins Auto, durchquerte Massachusetts, fuhr den Hudson herunter bis nach Balmville. Ein paar Stunden vor seinem Tod kam sie an. «Er hatte Magenkrebs. Bevor er zum Arzt gegangen war, hatte sich der Tumor schon regelrecht vorgewölbt, aber es war ihm unangenehm gewesen, ihn jemandem zu zeigen. Das Pflegeheim wurde von einer Tochter von Emma Board geleitet, jener Frau, die mich als Baby in ihrer Familie aufgenommen hatte, bis Mr. Corning mich zu sich nahm.»

Ein Kreis schloss sich. Paula war noch rechtzeitig vor Mr. Cornings Tod angekommen. Sie spricht nicht über diese Stunden, außer dass sie beide froh waren, sich zu sehen. Sie erinnert sich, wie er sie bat, ihm einen Morgenmantel zu reichen; nein, nicht irgendeinen – den guten. «Vanity!», sagt sie an dieser Stelle immer wieder, den Kopf schüttelnd, zärtlich. Bis mir aufgeht, dass sich auch mit diesem winzigen Detail – mit diesem scheinbar kleinen Ding – ein Kreis schließt: zurück zum Anfang ihrer

Autobiografie. Dort hatte es geheißen: «*Reverend Elwood Amos Corning, der Kongregationalpfarrer, der sich in meinen frühesten Jahren um mich kümmerte und den ich Onkel Elwood nannte, achtete stets darauf, dass ich nicht verwahrlost aussah.*» *(FK, S. 15)*

Paula muss nach ein paar Stunden wieder fort. Amos Corning stirbt wenig später, an diesem 10. Juni 1954. Zu seinem Begräbnis kommt sie nicht und weiß deshalb lange Zeit nicht, dass er auf dem Greenwood Cemetery in Brooklyn begraben wird – in Brooklyn, wohin sie selbst dreizehn Jahre später ziehen und von wo sie nicht mehr weggehen wird.

*

Adam hört zu, offen. Auch dies ist, neben Power und Witz eine Ähnlichkeit mit seiner Mutter. Er macht es mir nicht schwer, das Thema der harten Kinderjahre bald anzusprechen und nach diesen Monaten zwischen Cape, Connecticut und New York zu fragen; geprägt von Paulas und Dicks Versuchen, die zerrüttete Ehe zu retten. «Heute wird den Kindern alles erklärt ... bullshit, damals erklärte niemand irgendwas. Und doch weißt du als Kind Bescheid, egal wie klein du bist. Aber wenn niemand mit dir darüber redet, wird das alles unheimlich, beängstigend und sehr düster.»

Mittlerweile haben wir den Balmville Tree umrundet, der erfreuten Heidi Benson ein Exemplar von «Borrowed Finery» gebracht und sind die paar Kilometer nach Newburgh gefahren. Die Hauptstraße des kleinen Städtchens am Hudson ist unglaublich: verschnörkelte Holzhäuser mit Gärten drum herum, Blumen, dazwischen wunderbare Ausblicke auf den Hudson. Eine Straße wie aus einem alten Film – hier ist es ohne Mühe möglich, in diese Jahre zurückzuspringen, als das kleine Mädchen an der Hand des Pfarrers die Straße entlanglief, um zum Friseur zu gehen. Hier liegt heute, ganz passend, die «Newburgh

Historical Society». Zwei ältere Damen stellen uns sechs Aktenordner auf den Tisch – voll mit Predigten, Dokumenten, Briefen und Büchern von Amos Elwood Corning. Ein Band über die Blooming Grove Church, Bücher über die Amerikanische Revolution im Hudson Valley – und ein kleiner dunkelblauer Band mit Gedichten. Paula hatte es mir schon mal gezeigt, den Vierzeiler mit dem Titel «To a little girl» – und obwohl ich geschworen hätte, dass dieses Gedicht mit zeitlicher Distanz geschrieben sein müsse, hat sie mir erzählt, dass sie selbst, sechsjährig, es vor der gesamten Kongregation hatte vortragen dürfen! «The wonderful love of your childhood days,/Comes back to me often in sundry ways;/Would I could peer into your heart, as then – / Would I could live over those days again!»

Es muss dieselbe Zeit gewesen sein, in der die kleine Paula Uncle Elwood einmal vorgeschlagen hatte, er solle über einen Wasserfall predigen, und am Sonntag darauf jene «verdutzte Freude» erlebte, *als ich merkte, dass es in seiner Predigt tatsächlich um einen Wasserfall ging*». Ich hatte Adam davon erzählt, und während wir beide die alten Papiere, mit Schreibmaschine beschrieben oder mit verblichener Tinte bedeckt, durchgehen, ruft er plötzlich: «Ich hab sie!», und hält mir zwei Blätter entgegen: «February 10, 1929. Text: Isaiah 55, 1 ... There is something very soothing in the cadences of a waterfall», beginnt der Text, «in spite of its onrushing current and its huge volume of sound, it quiets, rather than excites the souls of those who are capable of interpreting its message ...» – Trotz seiner imposanten Größe, trotz des Lärms, der einen Wasserfall umgibt, beruhigt er die Seelen derer, die seine Botschaft verstehen, mehr, als dass er sie aufwühlt.

Wir sprechen über den Wasserfall, über die sechsjährige Paula im Kinderglück, über das sie in ihrer Autobiografie schreibt. «... *die Zeit war lang in jenen Tagen, ohne Maß. Ich wanderte*

*durch die Vormittage, als gäbe es nichts hinter mir und vor mir,
und alles, was ich mit mir trug, leichten Herzens, war die Gegenwart, ein Augenblick ohne Ende.» (FK, S. 31)* Das war kurz
bevor für sie das Kinderglück endete. Als Adam selbst sechs
Jahre alt war, hielt die harte Zeit schon eine ganze Weile an und
würde noch dauern. Seine Mutter Paula hatte weder Ruhe noch
Geld, als ihre Kinder klein waren. Die nächsten fünf Jahre sollten ein weiteres Mal im Zeichen des Überlebenskampfs stehen.

In diesem Sommer 1954 hatte sie zwei der wichtigsten Männer ihres bisherigen Lebens verloren. Dick Sigerson, der, von
heute aus betrachtet, kaum mehr existent scheint – wäre er
nicht der Vater ihrer Söhne. Und Mr. Corning, den Hüter ihrer
Kindheit, der bis heute auf irgendeine Weise immer in ihrer
Nähe ist.

*

Eine erste Bleibe suchte sich Paula damals mit den Kindern in
Greenwich, Connecticut: «Seltsamerweise fand ich am Rande
dieses extrem teuren Ortes ein billiges Haus.» Von dort aus be-
gann sie, als hätte sie schon in den Startlöchern gestanden, nach
New York zu pendeln und sich in verschiedenen Fächern an der
Columbia Universität einzuschreiben, Hauptfach: Geologie.
«Ja. Ich wollte Geologin werden! Die Erde interessierte mich,
Steine, Mineralien, die verborgenen Geheimnisse in ihnen.» Für
die Kinder begann eine lange Zeit mit Babysittern, in Kinder-
krippen.

«Sie war sehr oft weg», erinnert sich Adam Sigerson. Wir
fahren nun in Richtung seines eigenen Hauses nahe Kerhonkson im Upstate New York; kurvig geht es durch zauberhafte
Landschaft, am Horizont die hohen Berge der Adirondecks;
hinter Kerhonkson schließlich liegt in einem Wäldchen ein rei-
zendes kleines Häuschen. Hier lebt Adam mit seiner zweiten
Frau, der englischen Kunstkritikerin und -kuratorin Ann

Compton. Haben die Söhne eine ähnliche Liebe zur schönen, auch einsamen Landschaft wie ihre Mutter? Schon Gabe, der jüngere, hatte vom Cape geschwärmt, als sei es die schönste Meereslandschaft der Welt. Ja, natürlich, sagt Adam. Auf dem Cape war ich mit meinem Vater fischen, das war wunderbar.

Dann aber, als Paula mit den Kindern einige Monate später von Greenwich weg näher nach New York zog, in ein kleines Haus in Ploughman's Bush, Riverdale, nördlich von Manhattan, kam für alle drei eine harte Zeit. «Mom war ungeheuer angespannt und voller Schuldgefühle. Jetzt würde sie uns, ihren eigenen Kindern, dadurch, dass sie so viel fort war, etwas antun, was sie selbst erlebt hatte.» Hinzu kam für die Kinder der Trennungsschmerz – Dick Sigerson war trotz allem ihr Vater. «Das hat mich fertig gemacht», beschreibt Adam. «Manchmal fühlte ich mich wie auf der Schlachtbank. Dann war alle Lebensenergie weg.» Höhepunkt des Schreckens in diesen Jahren war, als der kleine Gabe, vier Jahre alt, an einer Art Krupp erkrankte, der aber nicht klar diagnostiziert werden konnte. Er war monatelang krank, hatte mir Paula erzählt, lag sieben Tage in einem Sauerstoffzelt und man wusste nicht, ob er überleben würde. Dick war damals geschäftlich in Chicago, hatte Paula bitter ergänzt, und er beteiligte sich nicht an der Krankenhausrechnung, sodass sie einen Kredit aufnehmen musste.

Man kann es fast nicht glauben: «Unser Vater beauftragte Anwälte, um Paula auch das Minimum an Geld vorenthalten zu können. An dieser Stelle war er wirklich perfide: Er war reich und ließ uns buchstäblich im Dreck hausen. Er bestrafte sie in jeder erdenklichen Weise dafür, dass sie ihn verlassen hatte.» In der Erinnerung an die Verhältnisse damals schüttelt Adam ungläubig den Kopf. Aber im Gegensatz zu seinem jüngeren Bruder Gabriel, der mit großer Bitterkeit und Groll an diesen Vater denkt, hat Adam von ihm ein durchaus gemischtes Bild. «Ich mochte ihn ja trotzdem! Als wir etwas älter wurden, besuchten wir ihn oft am Wochenende. Für uns machte er dann Party, zwei Tage lang, und dann kehrten wir zurück an diese schäbigen Orte.» Schließlich, Adam kam in der Schule, zog Paula nach Manhattan in die Upper West Side, nur einen Block von Columbia entfernt. War es dort, wo sie zu dritt in einem Zimmer schliefen und man nachts die Ratten herumlaufen hören konnte? Diese Schreckenserinnerung hatte mir Gabriel erzählt. Adam ergänzt: «Diese Straßen damals waren eine Art Westside Slum. Um uns herum gab es ständig Schlägereien, wir wurden selbst dauernd verprügelt. Leute mit Nadeln in den Armen hockten herum. An solchen Orten ließ uns unser Vater vergammeln. Zum Glück gab es trotzdem etwas wie eine vitale Seite. Ich hatte Freunde, die noch viel ärmlicher lebten. Wir zogen durch die Straßen und waren stark.»

Paula arbeitete in dieser Zeit in Sleepy Hollow, einer Einrichtung für schwer erziehbare Jugendliche in Dobbs Ferry am Hudson, aus der sie einige von ihnen eines Abends zum Teleskop auf dem Dach der Columbia Universität mitnahm. Ihnen allen, und wohl auch sich selbst, verschaffte sie einen kurzen Ausblick aus dem Elend heraus, in dem sie alle lebten; einen Blick heraus ins Universum.

Liest man vor dem Hintergrund ihrer eigenen Lebenssituation diese Szene mit der Gruppe Jugendlicher, die das Buch «Der kälteste Winter» beschließt, könnte man meinen, in der Figur des jungen Frank, der sich für kaum etwas außer den Weltraum interessiert, habe Paula Fox wie in einer Metapher auch das Leben, das sie selbst und ihre Söhne in diesen Jahren führen mussten, zusammengefasst.

*«Frank hatte den größten Teil seines Lebens in Pflegeheimen verbracht. Er hatte etwas Entwurzeltes, schien immer kurz vor dem Aufbruch zu stehen. Er hockte auf seiner Schreibtischkante und lauschte nachsichtig, während ich ihm zu erklären versuch-*

te, *was einen vollständigen Satz ausmacht, aber er dachte an etwas anderes. Jemand hatte mir mitgeteilt, dass Frank ein Soziopath sei, doch es fiel mir äußerst schwer, diesen Begriff mit dem Jungen in Verbindung zu bringen. Besonders liebte er das Gespräch am Ende meiner Abende in Sleepy Hollow, wenn die Übungen in Rechnen, Rechtschreibung oder Aufsatzschreiben erledigt waren: die Geschichten oder Witze, die wir machten, die Wellen gesprochener Erinnerung.» (KW, S.148)* Paula Fox erzählt, dass sie Frank nur einmal wütend sah: als die Kinder zu Essensmarken verpflichtet werden sollten, die sie in noch stärkerem Maße und für alle sichtbar in der Schulcafeteria zu Außenseitern stempeln würden. Einmal fragte er Paula, ob sie schon einmal an einem Ort wie Sleepy Hollow gearbeitet habe, und Paula erzählte ihm von den elternlosen, im KZ geborenen Kindern, die sie in Polen in einem Erholungsheim kennengelernt hatte. *«‹So etwas habe ich noch nie gehört›, sagte er. Dann fragte er mich, was mit den Kindern in den Bergen passiert sei. Ich sagte, ich wisse es nicht, doch ich nähme an, was mit uns allen passiert – sie würden ihr Leben leben; sie hätten alle den Schrecken der Lager ertragen und überlebt, und jetzt würden sie sicher aus ihrem Leben machen, was sie könnten. Er sah zum Himmel hinauf. ‹Was ist hinter den Sternen?›, fragte er. ‹Was ist außerhalb von allem, was wir sehen?›»(KW, S.148–150)*

Mittlerweile sitzen Adam, Ann und ich vor dem kleinen Haus in den Bergen des Upstate New York, von hohen Bäumen umstanden, um uns dehnt sich so ein unabsehbar großer Wald wie jener in Wellfleet; kein anderes Haus weit und breit. Ann hat wunderbares kaltes Essen gerichtet, die Hitze ist weggeweht von kleinen Winden. «Wenn ich da rüberschaue in die Berge, dann komme ich zur Ruhe», sagt Adam. «That's embracing joy!» Adam, Paulas älterer Sohn, ist temperamentvoll, redet mit tiefer Stimme ohne Punkt und Komma, voller Witz und Kraftausdrücke, dann wieder in jener Sprache der Empfindsamkeit, die ihn als Sohn von Paula Fox erkennbar macht. Nicht nur seine Vitalität, auch sein Beruf als geologischer Ingenieur verbindet ihn mit seiner Mutter: Geologie war ja das Fach, für das sich Paula in diesem Jahr an der Columbia einschrieb. Adam untersucht heute die Böden im Upstate New York auf ihre Beschaffenheit und auf Schadstoffe.

«Wir waren Slumkinder wie aus Kriegsfilmen», erzählt Adam weiter, «ich habe damals ständig die Schulen gewechselt. Zwei Jahre lang schaffte es Paula, uns auf die Trinity, eine sehr gute Schule zu geben. Dann weigerte sich mein Vater, die zweihundert Dollar im Jahr zu zahlen, und sie musste mich herunternehmen. Das Elend mit den Schulen ging von vorne los.» Dick hatte sich ein Theaterstück angesehen, in dem Adam Mädchenkleider trug. Seine Kinder würden hier zu Schwulen erzogen, habe er danach gefunden – dafür würde er sicher nicht zahlen.

Ann, Adams überaus sympathische Frau, zierlich, schön, klug und von stillerer Lebhaftigkeit, hört zu. Adam und sie haben sich im Oktober 2001 kennengelernt, als Ann aus London kam, um die Künstlerin Gillian Jagger zu interviewen, die hier am Ort wohnt und eine sehr alte Freundin von Paula und Martin, Adam und Gabe ist. «Ich kam in einer leeren Maschine, es war kurz nach dem 11. September», erzählt sie, «die ersten Bomber flogen nach Afghanistan. Adam und ich redeten eine Viertelstunde miteinander. Am nächsten Tag war mein Rückflug. Aber in dieser Viertelstunde war etwas zwischen uns passiert.» Zwei Jahre später zieht Ann nach Amerika. Sie und Adam heiraten im Januar 2004. Beide strahlen Glück aus. Auch zu ihrer Schwiegermutter hat Ann, so scheint es, ein gutes Verhältnis. «Paula hat mich dazu gebracht, über Sprache nachzudenken ... Auch ihre mündliche Sprache ist Dichtersprache. Sie hat das Vermögen, viel mehr zu sagen als das, was sie explizit sagt. Und sie hat die Fähigkeit, einen Raum um sich zu schaffen, in dem man sich hineingenommen und geliebt und genährt fühlt. Sie ist», sagt Ann, «einer dieser besonderen Menschen, von denen eine Art strahlender Energie ausgeht.»

Ann hat ausgedrückt, was ich auch empfinde, seit ich Paula Fox kenne. Woraus sich auch immer die Frage ergab: Wie kann sie so integrierend sein, obwohl sie doch selbst alles andere als seelisch gut genährt wurde? Auch in jenen so schwierigen Jahren als alleinerziehende Mutter hatte Paula zu den eigenen Eltern kaum Kontakt. Ab und zu besuchte sie ihren Vater, der mit Mary und mittlerweile vier Kindern in Swarthmore, Philadelphia, lebte. «Einmal kam mein Vater zu Besuch zu mir und den Jungen in Riverdale», erinnert sich Paula. «Ich war erschrocken, als er ankam, in einem pompösen Cabrio, er selbst so klein geworden, richtig geschrumpft ... Er blieb über Nacht und bezauberte Adam und Gabe mit seinem Charme, der für mich inzwischen längst schal geworden war. Er war ja nie als Mensch gereift; war wie ohne Übergang im Sportwagen vom hübschen jungen Kerl zum angetrunkenen vertrockneten alten Mann gerast.» Adam kann sich an den Großvater nicht erinnern, der bald nach diesem Besuch starb. Im November 1956 verlor Paula Fox auch ihren Vater, zweiundsechzigjährig. «Emphyseme? Alkohol? Ich war nie sicher, was die Ursache seines Todes war», hatte mir Paula geschrieben. «Mary, seine Frau, hatte mir ziemlich brüsk gesagt, er sei im Ambulanzwagen auf dem Weg zur Klinik gestorben.» Und Paula, für die Ereignisse oft in Details gespeichert sind, erzählt, wie ihm das Dienstmädchen, bevor die Ambulanz kam, seinen künstlichen Gaumen herausgenommen hatte, den er seit den Krebsoperationen dreißig Jahre zuvor hatte.

Irgendwann vor seinem Tod hatte Paul Fox seiner Tochter geschrieben und ihr davon berichtet, wie er seinen jüngeren Kindern von ihr erzählt habe und plötzlich erfasst worden sei von einem Schrecken darüber, was er ihr alles angetan habe. «Dear'st Rabbit» beginnt der Brief, von dem nur noch ein Pa-

*185*

pierfetzen erhalten ist; groß genug, dass man in seinem letzten Teil noch eine starke Ermutigung und Lob für eine Geschichte lesen kann, die sie ihm geschickt hatte. «You have your own note.» Dieses Urteil des Vaters bedeutete ihr etwas, sagt Paula Fox – mehr als die Entschuldigung, von der sie nie sicher war, wie ernst er sie meinte. Und wieso hätte er es auf einmal ernst meinen sollen? «Ich lernte meine Halbschwester Paula erst wirklich kennen, als unser Vater tot war», hatte mir James Fox geschrieben, der 1941 geborene Älteste der vier Kinder von Paul und Mary Fox. «Mein Vater verhinderte unseren Kontakt zu Paula immer mehr, als dass er ihn gefördert hätte. Immer wieder äußerte er sich kritisch und ablehnend über Paulas kurzen Flirt mit dem Kommunismus – er selbst war ein dogmatischer Konservativer, mochte McCarthy. Zugleich war er aber ein autodidaktischer Intellektueller mit bohèmehaften Zügen. Das passte nicht richtig zusammen. Aber als solcher war er auch stolz auf Paulas Klugheit und Witz. Immer wieder fällt mir die Geschichte ein, in der er von einer Fahrt über Land zusammen mit seiner jungen Tochter erzählte. Paula musste auf Toilette und bat ihn, an einem Haus zu halten und für sie zu fragen. Was soll ich denn sagen?, fragte er sie. Sei einfach charmant, habe Paula geantwortet. Aber bitte nicht *zu* charmant! Diese Geschichte», meint James Fox, «sagt genauso viel über meinen Vater, den Frauenheld, wie über Paula.»

War dies eine harte Zeit?, hatte ich Paula gefragt. Diese Jahre, in denen sie gleich mehrere wichtige Menschen verlor, vor dem leiblichen Vater den «seelischen» Vater Mr. Corning. «Ja, der wirkliche Tod kommt immer als Schock ... vor allem, wenn man jemanden liebt, wie ich Mr. Corning liebte. Andererseits waren die tatsächlichen Trennungen ja schon passiert; der Tod ist in gewissem Sinn vorweggenommen gewesen.» Und dass Familie weniger Verbundenheit bedeutet als seelische Trennung, war eine frühe Lektion in Paula Fox' Leben gewesen. Eine, die mindestens von Mutterseite mit solch erbarmungsloser Eindeutigkeit vermittelt wurde, dass Paula von früh an ein eigenes «Gegengift» aufbaute: die Fähigkeit zu tiefer Freundschaft. «Diese Fähigkeit habe ich immer gehabt! Auf irgendeine Weise wusste ich früh, was ich von meiner Mutter zu halten hatte. Und dass auf beide kein Verlass war. Und so suchte und fand ich immer, zu allen Zeiten meines Lebens, Freunde.»

Darüber sollte ich gleich sehr viel mehr erfahren. Schon am Telefon hatten Adam und Ann immer wieder den Namen Gillian Jagger erwähnt, und auch als ich abzuwimmeln versuchte – nein, ich treffe schon so viele Leute –, hatten sie nicht nachgelassen. Gillian, hatte Adam gesagt, war über viele Jahre eine von Paulas engsten Freundinnen. Seit den späten 1950er-Jahren sei sie immer wieder bei ihnen zu Hause gewesen; eine Nähe, die sich eigentlich erst lockerte, als Gillian aus New York hinaus aufs Land zog. Tatsächlich wohnt sie jetzt ein paar Kilometer von ihnen entfernt; Adam hatte sie gefragt, und Gillian war sofort bereit gewesen, mit mir zu sprechen.

Wer ist Gillian Jagger? Adam fährt mich herüber, durch die abendliche Berglandschaft, wir kommen an ein großes verschachteltes Gebäude, eine Farm? Eine Treppe führt in einen hallenartigen Raum, den riesigen Dachboden einer Scheune. Was hier zu sehen ist, macht mich zunächst sprachlos. Hier stehen Baumstämme; künstlich neu zusammengesetzte Bäume, manche an Ketten von der Decke hängend, in den Ästen Tierschädel, ganze Tiere. In einem Stacheldrahtgeflecht hat sich eine Katze verfangen, die Schnauze zum Schrei aufgerissen. In einer anderen hängenden Konstruktion aus Ketten und Holz ist ein wild sich aufbäumendes Reh festgebunden, den Kopf emporgereckt, die Augen aufgerissen.

Tiere im Moment des Todes – ein schrecklicher Augenblick höchster Vitalität. «Sehen Sie die Leidenschaft fürs Leben?», fragt Gillian, die mich in aller Ruhe hat herumgehen lassen. Adam ist zurückgefahren; er lässt mich für ein paar Stunden bei ihr. Gillian Jagger, neunundsiebzig, in Arbeitskleidung, hat kurzes graues Haar und ein zerfurchtes Gesicht, das selbst wie eine Skulptur aussieht. Geboren und aufgewachsen in England, machte sie sich ihren Namen als Künstlerin in Amerika. Immer erfolgreich, doch immer eine Solitärin, ist sie ihrer Freundin Paula Fox vergleichbar in dem Sinne, dass sie nie Künstlergruppen oder -zirkeln angehörte; nie einen Kunstjargon, wie sie sagt, sprechen wollte. Eine Unzugehörigkeit vielleicht, die bei beiden auf die eigene Geschichte früher Verluste zurückgeht. Auch Gillian Jagger spricht wie Paula offen über frühe Traumata. Bei ihr war es die Begegnung mit dem Tod: Schwester und Vater starben, als sie jung war, und die Mutter war am «übrig» gebliebenen Kind nicht sonderlich interessiert. Tod und Verlust wurden zum Zentrum ihres Künstlerinnenlebens.

«Mein Leben wäre anders verlaufen, wenn ich Paula nicht kennengelernt hätte», beginnt Gillian Jagger und spricht über Paula, als läse sie, die Augen ins Weite gerichtet, von einem inneren Manuskript ab.

«Paula und ich sind uns in etwas sehr ähnlich: in einer Art tiefem Glauben an Beobachtung. In dem Impuls, die Dinge nicht ändern zu wollen, sie sich nicht ähnlich zu machen, sondern sie genauer zu verstehen. Ich erinnere mich an eine Party, die Martin und sie in ihrer Wohnung am Central Park West gaben, während des Vietnamkrieges. Ich sehe sie noch vor mir: Vietnam, Politik, sie konnte wütend werden, sich ereifern, ich sehe dieses grimmige Gesicht und diesen Humor, der immer wieder durchbrach! Sie ist so klug, so humorvoll, so weiblich. Ja, weiblich war sie immer, aber eben nicht auf diese verführerische Weibchenart. Mir hat ein Psychologe gesagt, wenn du nie von einer Frau geliebt worden bist, wirst du nicht als Frau lieben können.

*Adam Sigerson mit Gillian Jagger in ihrem Atelier*

Das hat Paula für mich getan. Sie liebte mich, sie machte Platz für mich. Mir ging es lange schlecht; ich fühlte mich, als wäre ich fertig mit der Welt. Sie sagte damals zu mir: ‹Die Dämonen sind niemals so schlimm, wie du glaubst, dass sie sind. Lass sie rauskommen, hoch, an die Oberfläche!› Das war das eine Mal, dass sie mich rettete. Das andere Mal lebte ich auf einer Farm, allein, wir hatten eine Weile keinen Kontakt gehabt, sie rief zufällig an in einem Moment, als ich gerade einen Unfall hinter mir hatte. Das Auto hatte über einem Abgrund gehangen, ich hatte mich am Bein verletzt und war in einem Zustand, dass ich zu Hause zu dicht mit dem Kopf ans Feuer kam und mir die Augenbrauen verbrannte. ‹Du klingst so komisch›, sagte sie, und ich sagte, ‹nein, es ist nichts, ein kleiner Unfall›. ‹Kaltes Wasser›, sagte sie und: ‹Ich komme.› ‹Nein, komm auf keinen Fall›, sagte ich zu ihr, ‹ich lebe hier im totalen Chaos, bleib bitte weg.› Aber

*189*

wir waren wie Katzen, die sich über die Entfernung hinweg spüren. Zwei Stunden später war sie da, hatte sich einfach ins Auto gesetzt und war losgefahren. So ist Paula, ein Mensch in einer seltenen Balance. Sie ist eine Denkerin, aber in bestimmten Momenten denkt sie nicht, redet nicht, sondern handelt einfach.

Ich bin ganz anders als sie, aber durch sie habe ich mich damit identifizieren können, eine Frau zu sein.

Schauen Sie sich die Tiere an – ein Reh, eine Katze. Noch im Moment des Todes kämpfen sie mit rasender Kraft ums Leben. Paulas Leben hängt vom Kampf um Wahrheit ab. Davon, etwas in seiner Tiefe zu erfassen. So war sie nicht nur als Autorin, sondern auch mit Leuten. Sie kämpfte in allen ihren Beziehungen immer um die Wahrheit. Die Leute verfielen ihr, das habe ich oft beobachten können, Männer wie Frauen – aber hatte einer eine Ahnung, was sie das gekostet hat? Sie lässt ja alles rein, alles zu. Sie sieht die Welle kommen, sie lässt sie kommen. Und sie musste klären, wer sie selbst war – das hat sie mit ihren Büchern getan. Sie läuft um einen Charakter herum, mit dieser tiefen Wahrnehmung, diesem tiefen Wissen. Niemand schafft das absolut, aber so nah, wie man vielleicht kommen kann, ist Paula gekommen. Ich habe dies Abgrunds-Wissen mit ihr gemeinsam, das man vielleicht hat, wenn man weiß, die eigene Mutter hat einen nicht geliebt. Diese ganze Intensität. Und weil sie das in eine Sprache bringen konnte, konnte ich es dann auch.»

Es ist spät geworden. Adam holt mich ab. Was für eine Freundschaft, denke ich. Was für eine Frau. Wie viel Leid Familie bedeuten und wie weit dies Leid reichen kann. Wie viel Kompetenz im besten Fall aus diesem Leid dann entsteht. Wieder einmal fällt mir der Satz aus «Lauras Schweigen» ein: «*Die wirklichen Zusammenhänge waren anderswo.*» Anderswo – als in der Familie.

*Sie hatte so einen Glanz um sich*

Am nächsten Morgen bringt mich Adam zum Bus nach New York. Ich möchte mich umschauen in der Upper West Side, wo Paula und ihre Jungs in den zehn Jahren von 1957 bis 1967 in verschiedenen Wohnungen lebten. Warum überhaupt die Upper West Side? Hier liegen die großen Museen, die New York Historical Society, vor allem aber liegt weiter oben die Columbia Universität, die in diesen Jahren im Zentrum von Paulas Sehnsucht stand. «Ich ging voller Glücksgefühle in diesen Unterricht ... Endlich die Ausbildung erhalten zu können, die ich so entbehrt hatte, beflügelte mich.» Begonnen hatte sie mit Geologie, konnte dies aber wegen mangelnder Highschool-Vorbildung nur ein Jahr praktizieren, ebenso wie Astrophysik. Danach besucht sie Kurse in Geschichte, Anthropologie, viktorianischer Literatur, kreativem Schreiben.

Den Schritt an die Universität hatte sie umgehend nach der Trennung von Dick mit großer Entschiedenheit eingeleitet. «Während dieser Zeit an der Columbia wurde mir meine eigene Gefühlswelt bewusster ... Endlich fing ich an, mein Leben selbst in die Hand zu nehmen, nicht mehr nur dahinzutreiben in Unglück, Schauspielerei und Selbsterniedrigung. Mir ging auf, wie unendlich viel es zu wissen gab! Irgendwie hatte ich das ja auch vorher schon gewusst. Aber jetzt konnte ich mir tatsächlich ein bisschen was davon aneignen; ich konnte Teil einer Gemeinschaft werden, die durch Lernen, Neugier, Interesse verbunden war.» Beiläufig hatte sie auch erwähnt, dass sie in den Jahren mit Dick regelmäßig psychotherapeutische Hilfe in Anspruch genommen hatte; etwas, worüber sie froh war.

Die Upper West Side imponiert mit jenen monumentalen Gebäudeblöcken, die nach 1880 als luxuriöse Apartmenthäuser gebaut worden waren und mit ihren eleganten Balkonen, Erkern und Verzierungen selbst in dieser wuchtigen Größe elegant erscheinen. Heute eine extrem teure Wohnlage, war die Upper West Side in den Jahren, als Paula und ihre Söhne hier lebten, über weite Strecken verslumt; vor allem dort, wo sie im Norden nach Harlem übergeht. Straßenkämpfe zwischen Schwarzen, Weißen und Puertoricanern, von denen viele hier lebten, gehörten zum Alltag – Vorlage für das berühmte Musical «West Side Story». In den Straßen der Slums herrschte hohe Kriminalität, verstopfte Müll die Gehwege.

An der Ecke Central Park West/63rd Street bin ich mit einer weiteren langjährigen Freundin von Paula verabredet: Flora Sanders, Lehrerin, und von den späten 50er-Jahren an Paulas Kollegin.

Kollegin? Paula, die von Riverdale aus auf Arbeitssuche war, erfuhr bei der Vermittlungsagentur, dass an der «Ethical Culture Fieldston School» in der Bronx, nahe Riverdale, jemand für das «*D-department*» der Schule gesucht werde: «D» stand für «distressed». «Es handelte sich um Kinder, meist aus wohlhabenden Familien, die auf irgendeine Weise versagten.» Die «Ethical Culture» ist eine renommierte und teure Privatschule mit hohem moralischem Anspruch. Paula wurde zunächst in der Zweigstelle in Riverdale eingestellt. «Ich hatte Klassen von zehn bis zwölf Schülern. Sie selbst nannten sich die Verdammten – ‹D› für ‹Damned›. Meine Kollegin und ich änderten den Buchstaben in ‹G›, dazu fiel ihnen ‹Goddamned› ein. Also ließen wir es! Aber sie waren ganz schön interessant, diese sogenannten Versager …» Paula, die weder ein Diplom noch eine abgeschlossene Highschool-Ausbildung hatte, wurde bald geschätzt und fest angestellt. «Die Direktorin hatte von Anfang an völliges Vertrauen in mich. Als dann einmal die Schülerzeitung Interviews mit den Lehrern über ihren Werdegang machen wollte, wusste sie es zu verhindern, dass ich mich mit meiner mangelnden Ausbildung offenbaren musste.» Und so pendelte sie ein paar Jahre aus der Upper West Side nach Riverdale an diesen Arbeitsplatz, an dem sie länger blieb, – so, wie sie vorher von Riverdale in die Upper West Side zum Studieren gefahren war.

An der Ecke 63rd Street, vor der «Ethical Culture School», warte ich nun auf Flora Sanders, die hier noch bis vor einigen Jahren unterrichtet hat. Eine ältere Frau, sorgfältig gekleidet und mit einem freundlichen Lächeln, kommt auf mich zu. «Genau solche Schuhe hatte Paula auch immer an!», ruft sie mir übermütig zu. Paulas langjährige Freundin und ehemalige Kollegin ist eine zierliche Frau mit dunklem Haar und energischem Blick. Ich schaue auf meine Füße – hochhackige Sandalen, die jüngste Erwerbung aus San Francisco, mit denen ich in San Francisco aber keine Straße hätte herunter- oder herauflaufen können. «Als ich Paula kennenlernte, Ende der 50er-Jahre, hatte sie ja kaum Geld. Wenn man sie sah, hätte man das vergessen können, sie war so schön, so groß und schlank. Sie hatte nicht nur Stil, sondern etwas Glamouröses, einen Glanz um sich – viele Leute verfielen ihr sofort!»

Die «Ethical Culture» ist ein nobles Gebäude, riesig, auch innen, wo uns eine Dame aus der Verwaltung durch die Räume führt, eine der wenigen, die Flora noch kennt. Die Dame ist leicht gehetzt, immer wieder mit dem Blick auf die Uhr. Für nostalgische Anliegen hat die Schule vermutlich keine Zeit. Sechzehnhundertfünfzig Schüler sind hier eingeschrieben, zweihundertfünfzig Lehrer unterrichten in den großen hohen Klassenzimmern, wo sich Flora Sanders gerade zu erinnern versucht, wo ihre, wo Paulas Klassen gewesen sind.

In der Aula hängt das Bild des Gründervaters Felix Adler, eines deutschen Rabbi, der 1928, knapp vor der großen Wirtschaftskrise, mit einem hohen ethischen Ideal angetreten war. «Die Idee zieht immer noch viele an», erklärt unsere Begleiterin, «als unabhängige Privatschule haben wir viel mehr Bewerbungen als Plätze, ein großes Stipendienprogramm unterstützt diejenigen, die das Schulgeld nicht bezahlen können.»

Anfang der 1960er-Jahre schaffte es auch Paula, mithilfe von Stipendien ihre Kinder in die «Ethical Culture» zu bringen. Flora Sanders wurde Gabriels Lehrerin. «Ich machte den Fehler, auch ihn nach den Ferien zu fragen, na, wo seid ihr im Sommer gewesen? Gabriel antwortete: ‹In Europa! Wir sind mit dem Bus dahin gefahren.› Die Klasse brüllte vor Lachen, und mir tat es so leid, ihn in diese Verlegenheit gebracht zu haben ...»

Flora und Paula lernten sich kennen, wurden später Kolleginnen im Gebäude der «Ethical Culture» in Manhattan, an die sich Paula irgendwann von Riverdale versetzen lassen konnte. «Einmal sollte ich älteren Schülern Faulkner vermitteln», erzählt Flora, «ich war ratlos, weil ich das noch nie gemacht hatte – wen fragte ich um Rat? Paula, obwohl sie ja gar nicht viel Erfahrung als Lehrerin hatte! Dass sie das so gut konnte, hat wohl mit ihrer Menschenkenntnis zu tun. Sie erfasste Leute sofort in einer Weise, die mir manchmal fast unheimlich war.»

«Paula Fox, waren Sie gern Lehrerin?», hatte ich sie mal gefragt. «Nun ja, ich unterrichtete, weil ich dafür bezahlt wurde. Manche der Schüler mochte ich sehr; mit denen, die ich gernhatte, war ich geduldig, und ganz besonders geduldig war ich mit denen, die ich nicht leiden konnte! Manche waren arrogant: Einer ließ mal ein Papier fallen, ich sagte: Heb es bitte auf, und er antwortete: Kann doch der Hausmeister machen. HEB ES AUF!, sagte ich, das war einer der seltenen Momente, in denen ich richtig wütend wurde.» Ja, die Kinder seien ihr wichtig gewesen. Einmal habe eine ihrer Freundinnen zu ihr gesagt: Lehrerin sein, das ist ein richtig erwachsener Job! «Sie hatte recht: unmerklich, Träne um Träne, durchwanderte ich noch mal meine eigene Geschichte von Elend und Abgelehntsein – unterwanderte sie.»

In diese Jahre fiel auch die Scheidung von Dick Sigerson. «Ich

*Um 1960 herum: Paula Fox mit ihren Söhnen Gabriel (li.) und Adam*

erinnere mich, wie er mich plötzlich anrief und mit ganz neutraler Stimme fragte, ob alles glattgegangen sei. Er war ein Mensch voller Masken ... Vielleicht hatte er damals in Taos tatsächlich diese Sehnsucht zu schreiben gehabt? Ab und zu brachen diese Impulse von Wahrhaftigkeit bei ihm durch. Einmal, viel später, als er mit seiner Frau in England lebte, rief er mich an und sagte unvermittelt den erstaunlichen Satz: Du hast nie irgendetwas bekommen, womit er seine Versuche meinte, mir jeglichen Unterhalt für die Kinder zu entziehen.» Aktiv pflegte Paula in diesen Jahren den Kontakt zu ihren Halbgeschwistern. James Fox hatte mir geschrieben, dass Paula ihn und seine Geschwister damals jeweils einzeln einlud, Wochenenden bei ihr und ihren Söhnen zu verbringen. «Sie war sehr herzlich zu uns – und dennoch fürchtete ich mich anfangs ein bisschen vor ihr; sie war so ein glamouröser Mensch, voller Klugheit, Stil und aufregender

Geschichten über ihr Leben, so ganz anders als die Erwachsenen, die ich aus den Vorstädten von Philadelphia kannte! Aber man konnte ihr nicht lange widerstehen. Noch heute bin ich ihr dankbar für die Mühe, die sie sich damals mit uns gemacht hat!» Ihr guter Kontakt, das hatte mir James Fox gleich versichert, reiche bis heute und gehe auf diese Grundlage zurück, die Paula damals geschaffen habe.

In ihrer neuen beruflichen Umgebung, der Schule, erlebte Paula Fox nun auch eine große Akzeptanz, nicht nur vonseiten der Schüler. «Von der Direktorin wurde sie regelrecht geliebt», beschreibt Flora, «und sie hatte bald Freundinnen unter den Lehrerinnen.» Flora und ich verabschieden uns von unserer Begleiterin und trennen uns an der Subway. Flora bleibt stehen, als suche sie noch nach Abschlussworten über die Freundin: «Am anziehendsten ist vielleicht ihr Humor – aber da ist auch etwas ganz anderes, ihre Fähigkeit, große Härten auszuhalten. Das war für manche Schüler sehr wichtig. Viel später traf ich mal eine Schülerin, und sie sagte mir, dass Paula bei Weitem ihre Lieblingslehrerin gewesen war – von ihr fühlte sie sich verstanden.»

Zugleich absolviert Paula in diesen Jahren ein vierjähriges College-Programm an der Columbia. «Ich liebte Literatur, Astronomie … Ich fühlte mich eingelassen in eine neue Welt. Kleine Jobs an der Uni besserten mein Gehalt auf. Ich hatte die Welt des Geistes betreten – und dann tauchte Martin auf!»

Halt, Stopp, wie war das? Martin? Hier? «Ich hatte einen Creative-Writing-Kurs bei Louis Simpson belegt, einem Schriftsteller. Anfangs trug ich mich lustlos ein, dann aber –» Simpson wird im Unterricht eine Geschichte von ihr vor der Klasse vorlesen und ihr vorschlagen, sie an eine Zeitung zu schicken: «Commentary», eines der führenden jüdischen Magazine, zu der Zeit noch politisch liberal, kulturell ein weites Spektrum vertretend, war

eine mögliche Adresse für literarische Texte. «Commentary» –
das heißt Redakteur Martin Greenberg – lehnte die Geschichte
ab. Sie passe nicht ins jüdische Profil.

Schreiben, eigenes Schreiben. Hatte sie dies doch seit Europa,
seit Taos, nie mehr ganz losgelassen. Auch in der Einsamkeit des
Ozeans von Wellfleet war sie drangeblieben. Und das war Einsamkeit in jeder Hinsicht gewesen. Zwar lebte fünf Autominu-
ten weiter jemand, der nicht nur leidenschaftlich schrieb, sondern sich damit auch schon einen Namen gemacht hatte – aber
hatte das Leben der elf Jahre älteren, erfolgreichen Kritikerin
und Autorin Mary McCarthy irgendetwas mit ihr zu tun?

Genau in jenen Monaten 1954, als Paula und Dick in Wellfleet ihre letzten Eherettungsversuche durchlebten, hatte Mary
McCarthy in einem Brief an Hannah Arendt die gepflegte Well-
fleeter Partylangeweile beschrieben: «Zurzeit bin ich wie er-
schlagen vom gesellschaftlichen Geschwätz des Hochsommers
am Cape und ringe nach Luft...» Wofür aber hätte sich Paula
Fox dabei interessieren sollen? Dafür, dass die Briefschreiberin
Jahre zuvor eine Affäre mit einem gewissen Clement Greenberg
gehabt hatte? Dass die Adressatin Hannah Arendt eine Weile
die Kollegin von Greenbergs Bruder Martin gewesen war?

Hätte sie eine Ahnung gehabt, dass hier, am anderen Ende
von Wellfleet, ihre eigene Zukunftsmusik spielte – dass wenige
Jahre später genau dieser Martin ihre eingeschickte Geschichte
ablehnen und noch ein paar Jahre darauf ihr Mann werden
würde ... dass die Kreise der jüdischen Intellektuellen auch ihre
Kreise werden würden – dann wäre sie vermutlich geplatzt vor
Neugier. Sofern sie damals, an diesem Tiefpunkt ihres Leben,
diesen Verlauf des Schicksal überhaupt hätte glauben können.

## These glorious days

Es ist einer dieser heißen Augusttage, an denen man gegen fünf Uhr nachmittags aufatmet, gelassener durch die Straßen läuft, auf die Klingel drückt, drinnen die Klimaanlage brummen hört, noch einmal aufatmet, denn es ist 5 p.m., die Stunde der Drinks. Wir gehen mit den Gläsern aus der Küche heraus in den Garten, den die Greenbergs seit vierzig Jahren mit ihren Freunden teilen. «Oliver!!!», ruft die Nachbarin, deren Katze leicht abhandenkommt. «Schauen Sie sich den Birnbaum an», sagt Paula, «die Früchte sehen dieses Jahr aus wie lauter schwangere Mädchen.» Den Garten umläuft eine Mauer, direkt dahinter beginnt der Schulhof der Public School, von dem ich schon manchmal Kinderlärm herüberdringen hörte.

Martin kommt herunter, Paula stell Cracker, Hummus, Käse auf den kleinen Gartentisch, Martin öffnet eine Weinflasche – ein Ritual, das sie seit ihren langen Sommern am Mittelmeer pflegen. «Nicht gleich zum Essen stürzen», finden beide, lieber mit ein paar Oliven, einem Glas Wein, hinübergleiten in diesen Teil des Tages. Ein kleiner Hauch Italien, wie er zu dieser *«neighbourhood»* ja sowieso gehört, die vor dreißig Jahren fest in süditalienischen Händen war.

«Er hat meine Geschichte tatsächlich abgelehnt!» Gespielt empört – oder vielleicht doch nicht nur gespielt? – erzählt Paula die Geschichte von ihrer beider Anfang noch einmal, die ich als eine Art Lieblingsanekdote schon oft gehört habe. Zwar von Paulas herzhaftem Lachen begleitet, könnte es doch sein, dass immer noch ein kleiner Stachel in ihr sitzt. Martin reagiert sofort. «Also, ich habe dir diesen Entschuldigungsbrief geschrieben und auf das ‹American Jewish Committee› verwiesen, die gesagt hatten, die Geschichte sei nicht jüdisch genug.» – «Ja, und dann ludst du mich in diesem Brief zum Essen ein, irgendwo in Midtown, und kamst ...» Aber Martin kommt ihr zuvor: «Oje, dann kam ich zehn Minuten zu spät ...» – «Nein, das war mindestens eine halbe Stunde!» Paula lacht in sich hinein. «Und dann sah ich sie, schlank wie eine Tanne, groß und bildschön! Ich war verloren!» Das war im Februar 1958. Paula springt auf, in den Beinen hat sie noch heute eine jugendliche Biegsamkeit, und läuft an den Herd. «Hatte ich das schon gesagt? Es gibt Paella heute!» Ein Duft nach Garnelen und Gewürzen liegt über der Wohnung, Paula ist neben allem anderen eine hervorragende Köchin.

«Juli 1958, glaube ich ... Lange dauerte es nicht, dass ich wegzog von Long Island, wo ich mit meiner damaligen Frau und unserem Sohn David lebte. Ich nahm mir eine kleine Wohnung in der 75sten Straße, und das wurde dann mein schönster Weg – von der 75sten in die 101ste Straße, wo Paula mit ihren Söhnen wohnte.» Was bedeutete es für die beiden, in die Welt des anderen einzutreten? «Als ich Paula kennenlernte», sagte Martin, «lebte ich in so einer konventionellen jüdischen Welt ... und dann kamen plötzlich all diese verrückten Menschen in mein Leben! Paulas Mutter und Stiefvater, du liebe Güte. Ihre Onkel! Und dann die Freunde, Freundinnen. Marjorie! Eine wunderbare Frau! Sie hätte ich auch heiraten können.» Paula dreht sich vom Herd aus um – «Ja, Paula, lach nur! Mein Leben war so schön ruhig gewesen! Von jetzt an, mit dir, war es immer Abenteuer!» –

War denn jetzt alles gut? Alles leicht? «O nein, gar nicht!», reagiert Paula sofort. «Martin war in so viele Beziehungen verwickelt ... Ich sage nur: Susan Sontag!» Wie war das? Den Namen habe ich in dieser Küche ja noch nie gehört. Martin nickt vor sich hin, beide lächeln in sich hinein, diese alten Streits! «Du warst eifersüchtig, stimmts? Paula dachte, Susan stünde mir näher, als sie es je tat. Sie schrieb für ‹Commentary›, kannte am

Anfang nicht viele Leute. Ich mochte sie, fand sie interessant. Sie war so eine unglaublich ehrgeizige Intellektuelle, wollte um jeden Preis im ‹Partisan Review› veröffentlichen und wusste, wie sie sich in Szene setzen musste. Und dann lief sie mal am Strand von Fire Island direkt auf mich zu, weil ich der Einzige war, den sie kannte. Das war ziemlich peinlich!» Damit ist dieses Thema erledigt. «Aber deine Brüder», legt Paula nach, «du warst daran gewöhnt, abends mit ihnen am Familientisch zu sitzen und zu streiten. Und dann kamst du zu uns und wolltest gleich weitermachen, hinsetzen und streiten!» Doch, sie hätten viel gekämpft, viel an Unterschiedlichkeit auszufechten gehabt in diesen ersten Jahren. «Ich habe es weniger schwierig als Paula in Erinnerung», sagt Martin nach kurzem Nachdenken. «Schwierig war alles, was mit meiner ersten Familie zu tun hatte. David war dreizehn, ihn zu verlassen war das Härteste. Meine Frau blieb unversöhnlich – und verbot ihm, mich und Paula zu besuchen, bevor wir verheiratet wären.» Dass Martins erste Frau selbst Paula hieß, machte die Sache nicht einfacher.

Mit dem Heiraten aber ließen sie sich noch ein paar Jahre Zeit. «Jahre, in denen ich die Welt der jüdischen Intellektuellen betrat!», sagt Paula. Ob ich inzwischen ihre Geschichte «Clem» gelesen hätte? Sie hatte mir das Manuskript vor ein paar Tagen in die Hand gedrückt. In der Geschichte erzählt sie von jener Party, auf der sie Martins ältere Brüder Clem und Sol kennengelernt hatte. Wie sie sich an jenem Abend verlegen und unwohl in einem Pullover wand, den sie plötzlich als viel zu tief ausgeschnitten empfunden hatte. Sol, der mittlere der Brüder, schien dies zu bemerken und machte ihr ein Kompliment für das Kleidungsstück. *Ich spürte sofort, dass der Schein trog; ich hatte den Verdacht, dass er eher spöttisch war als tolerant. Er legte eine leicht aufgesetzte Geringschätzung an den Tag (so glaubte ich jedenfalls später). Vielleicht dafür, was sein kleiner Bruder wohl als nächstes anstellen würde, nachem er hier mit einer halbnackten Frau aufgekreuzt war, mit der er nicht verheiratet war. (DZ, S. 210 f.)* Die Geschichte erzählt von der leichten Panik der jungen Frau – die sich eingestellt hatte, nachdem ihr beim Betreten der Wohnung der Ruf ans Ohr gedrungen war: «Ah, da haben wir ja jetzt alle drei Greenberg-Brüder zusammen!» Die Wucht der Familie löste instinktive Abwehr aus: «… it made me uneasy». Paula Fox' Geschichte «Clem» enthält auch das Eingeständnis, dass ihr Eintritt in Martins Welt der jüdischen Intellektuellen nicht nur Gewinn bedeutete – sondern auch Last war; eine familiäre Last nach sich zog.

Clement, Martins älterer Bruder, stand seit seinem Essay «Avantgarde und Kitsch», den er 1939 im «Partisan Review» veröffentlicht hatte, als Kunstkritiker im Zentrum der «New York Intellectuals», deren Forum genau diese Zeitschrift war. Auf ihn traf viel stärker als auf Martin zu, was Irving Howe später als typisch für diese «einzige Intelligentsia», die es in Amerika je gegeben habe, bezeichnete: Sie hätten den starken Drang, ihre Herkunft aus dem osteuropäischen Immigrantenmilieu hinter sich zu lassen, aus dem «Ghetto», in dem sie aufgewachsen waren, zu fliehen – und dann, in dieser jüdischen «Intelligentsia», eine neue geistige Familie zu bilden. Eine «fractious family», wie Howe schreibt; eine störrische, zänkische, reizbare Familie.

«Clem wurde 1909 geboren. Meine Eltern waren wenige Jahre zuvor aus Osteuropa eingewandert. Sie lernten sich in Amerika kennen, und als Clem dann kam, sprachen sie mit ihm Jiddisch.» Joseph Greenberg war aus dem russischen Teil Polens eingewandert und lebte mit der Familie zunächst in Norfolk, Virginia. Martin, der jüngste, wurde am 3. Februar 1918 in eine weitgehend amerikanisierte Familie hineingeboren. 1925 starb seine Mutter an einer Infektionskrankheit. «Clem hat sich immer heftig abgegrenzt, den Konflikt mit unserem Vater nie beendet. Und nie erfuhr ich etwas von ihm über unsere Mutter.»

Martin seinerseits schuf zunächst Abstand zum älteren Bruder, indem er woanders, nämlich an der Michigan University studierte und seinen Abschluss machte; schließlich auch, indem er in die Armee ging und in den Krieg, als sein mit «Avantgarde und Kitsch» berühmt gewordener Bruder einen Nervenzusammenbruch erlitt und für kriegsuntauglich erklärt wurde. Bei Kriegsende war Martin schon verheiratet und hatte einen kleinen Sohn. Später, bei einem zweiten Zusammenbruch, nahmen Martin und seine erste Frau Clem für eine Weile zu sich.

In ihrer Geschichte «Clem» bildet Paula Fox die Phasen ihres langsamen Eintritts in die komplizierten Verhältnisse der Greenbergs ab: Sie erzählt, wie nach der anfänglichen Verlegenheit langsam ihr Sinn für die Komik des Ganzen die Oberhand gewinnt; *«wie Neugier an die Stelle meiner Unsicherheit tritt».* Und in ihrer Neugier, im Verstehen- und Erkennenwollen, ist sie schon wieder bei sich selbst; die hellwache Außenseiterin, die sich orientiert. *«Was something going on? Or nothing?»* Fragen, die sich einstellen, während Paula diese neue Familie kennenlernt, die kompliziert mit einer anders gearteten, intellektuellen «Familie» verzahnt ist.

Wer waren denn überhaupt diese «New Yorker Intellektuellen», denen erst 1968 einer von ihnen, Irving Howe, diesen Namen gab, die sich aber in den 1930er-Jahren als lockere geistige Gemeinschaft zu formieren begannen? Junge jüdische Intellektuelle, die meisten von ihnen aus osteuropäischen Immigrantenfamilien, die in den 1930er-Jahren vom politischen Geschehen in Europa umgetrieben wurden und – neben den jeweils eigenen künstlerischen oder literarischen Themen – die Debatte um den Kommunismus führten. Gegen Stalin – dies blieb das Credo, auf das sich die meisten von ihnen auch in jenen Jahren noch einigen konnten, als die politischen Haltungen immer weiter auseinandergingen. Clement Greenberg gehörte zum Kern der

Gruppe; publizierte regelmäßig im «Partisan Review», das auf Jahre hinaus das entscheidende Magazin für die Debatten der Intellektuellen bleiben würde. Greenberg, wie auch ihr anderer markantester Vertreter Lionel Trilling, brachte einen literarischen «criticism» zur Meisterschaft, für den sie bis heute bekannt sind. War es Clem Greenberg, der Künstler wie Jackson Pollock, Willem de Kooning oder Hans Hofmann entscheidend förderte und kommentierte, so gehörten Arthur Miller, Saul Bellow, I.B. Singer, Bernard Malamud und Norman Mailer zu jenen, deren Werke von den großen Kritikern Irving Howe, Lionel Trilling und Alfred Kazin mit Aufmerksamkeit verfolgt und besprochen wurden.

«Ich war immer eher am Rande dieser Gruppe», erklärt Martin Greenberg. «Neben dem ‹Partisan Review› wurde dann auch ‹Commentary› eine wichtige Zeitschrift. Mitte der 50er-Jahre fing ich an, dort als Redakteur zu arbeiten.» In «Commentary» fand er sich erneut neben seinem Bruder Clem, der dort mittlerweile Chefredakteur geworden war. In einer wenig freundlichen Bemerkung fasste Hannah Arendt die beiden – in ihrem Briefwechsel mit Mary McCarthy – einmal als die «das Evangelium predigenden Gebrüder Greenberg» zusammen.

«Ich hatte ja mit Hannah ein paar Jahre eng zusammengearbeitet», erinnert sich Martin nun an seine Zeit unmittelbar nach seiner Rückkehr aus dem Krieg, als er Lektor bei «Schocken Books» wurde. Arendt war damals in die Leitung des aus Berlin nach New York emigrierten Verlags «Schocken Books» berufen worden. «Sie hatte diesen rauen Charme, das war sympathisch … aber sie war nicht gut in dieser Position; kannte sich nicht in amerikanischer Literatur aus, ermutigte nicht die richtigen Leute.» Ein echtes Problem entstand, erinnert sich Martin, als sie, selbst höchst unvollkommen in Englisch, Übersetzer für Kafkas Tagebücher ins Englische suchte. «Da trafen dann zwei Versionen ein, die beide völlig untauglich waren», «und die neu übersetzt werden mussten.» «Schocken» schloss bald seine Tore, um später unter neuer Leitung wieder zu eröffnen. «Danach arbeitete ich als freiberuflicher Journalist, trieb so ein bisschen ziellos herum ... und genoss mein Elend.» Er lacht in dieser uneitlen Art, die ihm eigen ist. Seit 1945 war sein Sohn David auf der Welt; weder beruflich noch in der Familie hatte der knapp Dreißigjährige das Gefühl, am «richtigen» Platz angekommen zu sein.

Einmal begegnet Martin in den frühen Jahren ihrer Beziehung Paulas Mutter. «Ich lud sie und ihren Mann Harmon in unsere Wohnung am Riverside Drive ein», erinnert sich Paula. «Harmon trank viel ... das Verhältnis zwischen mir und meiner Mutter war einerseits formal, andererseits völlig kaputt wie eine zerbrochene Vase. Sie blieben kaum eine Stunde. Danach hörte ich ewig nichts mehr von ihr. Ich war so gewöhnt daran, dass sie nicht zu meinem Leben gehörte, dass ich das hinnahm und irgendwann einfach feststellte, wie das dünne Netz zwischen uns nun ganz zerrissen war.» Achtunddreißig Jahre werden vergehen, ohne dass Mutter und Tochter einander wiedersehen.

Außen vor bleibt die junge Paula Fox auch in Martins Familie; daran ändert ihre Hochzeit im Juni 1962 nichts. Einmal nimmt Clem sie beiseite und berichtet ihr eindringlich von seiner Dankbarkeit gegenüber Martins «erster Paula»: *«Seine Worte hatten eine solche mahnende Schärfe, dass ich erschrocken einen Schritt zurückwich. Warum sollte ich so vermessen sein, sein Gefühl der Dankbarkeit gegenüber einer Person infrage zu stellen, die ihn bei sich aufgenommen hatte? Es war sein Gefühl, es war entstanden, lange bevor wir uns kennengelernt hatten (DZ S. 214)* Clement Greenberg hatte für seine Schwägerin Paula Fox das Gesicht des *«brilliant brute»*, des brillanten Rohlings, als den ihn sein Bruder Martin beschrieben hatte.

Ja, und die Hochzeit? Inzwischen hat sich Gabriel, Paula Fox' jüngerer Sohn, zu uns gesellt. Der 56-jährige, der selbst ein paar Straßen weiter wohnt, schaut oft mal kurz bei Mutter und Stiefvater herein. Mit dem schmalen, straffen Gesicht, dem kurzen rotblonden Haar und dem kraftvollen Körper ist er schnell als Paulas Sohn erkennbar. «Wir heirateten drüben in New Jersey bei einem unsäglich gelangweilten Richter», erinnert sich Paula. Alle lachen. «Es war Juni, und dort herrschte eine so heftige Heuschreckenplage, dass man während der ganzen Zeremonie die Heuschrecken knacken hörte. Man konnte keinen Schritt tun, ohne auf welche zu treten …» – «Und weißt du noch, wie du mich fragtest, ob Martin durch die Hochzeit dein Großvater werden würde?», wendet sich Paula an ihren jüngsten Sohn, der damals neun war. Selten habe ich so eine unsentimentale, lediglich von ein paar komischen Schnappschüssen beleuchtete Hochzeitserinnerung gehört. Die junge Patchworkfamilie bezog nun zusammen eine größere Wohnung im selben Apartmenthaus in der 104th Street, in der Paula mit den Jungen schon vorher gewohnt hatte: 444, Central Park West.

«Bei ‹Commentary› hatte ich eine lebhafte Zeit», sagt Martin. «Aber ich war auch froh, als sie endete.» Sie endete 1960. Unter neuer Leitung des inzwischen zum «Neocon» gewordenen Kollegen Nathan Podhoretz machte «Commentary» einen heftigen Rechtsruck. «Es gab einen riesigen Konflikt, in dessen Zentrum Clem stand. Er wurde gefeuert – wenig später ging ich dann auch.» Als Kollegen seien sie gut miteinander ausgekommen. «Clem war ein fantastischer Redakteur.» Warum aber war er froh über das Ende einer lebhaften Zeit? Martin Greenberg denkt nach, schaukelt vor und zurück auf seinem Stuhl, den Blick nach innen gerichtet. «In gewisser Weise machte ich den Job zu leidenschaftlich», sagt er dann. «Das hätte besser in ein literarisches Magazin gepasst als in das doch immer politisch und vor allem jüdisch ausgerichtete ‹Commentary›.»

«Clem war ziemlich anstrengend für Martin», sagt Paula,

während sie uns allen die duftende Paella auf Teller schöpft. Anstrengend war vermutlich die ganze radikale Umstellung seines Lebens. Nun plötzlich mit zwei halbwüchsigen Jungen, zwölf und neunjährig, zusammenzuwohnen, die nicht seine eigenen Kinder waren; vom eigenen Kind getrennt, und stattdessen in einer Vaterrolle für andere Kinder? «Nur die Trennung von David war schwer», sagt Martin. «Nein», wendet Paula ein – «Vieles war schwer. Ich erinnere mich noch gut, als ich dich mal bat, mir beim Transport eines Möbels zu helfen, und du sagtest: Ich habe wirklich nicht jeden Samstag Zeit für Umzüge! Dabei war es das erste Mal gewesen. Du hast dich ziemlich geändert über die Jahre!»

Und wie kamen die Jungen mit dem fragilen «Patchwork» klar? «Na ja, irgendwie ist ja jede Familie Patchwork, oder?», hatte Adam lapidar geantwortet. «Und fragil fühlte es sich damals gar nicht an. Martin war jetzt halt da, Kinder nehmen das so hin, wie es ist. Die Worte scheinen mir zu emotional dafür, wie ich es empfand …»

«Wir hatten ja jeder eine eigene Welt», sagt nun Gabriel, der wie so oft, wenn er zu Besuch ist, hinten in der Küche auf einem Stuhl sitzt und zuhört, einen Beobachterposten einnimmt. «Ich durfte sogar eine Schlange in meinem Zimmer halten.» Gabe war verrückt nach Tieren, schon zu dieser Zeit, was seine Mutter gut verstand.

Unter den komplex miteinander verbundenen Welten, die Paula nun betrat, scheint die Geisteswelt der jüdischen Intellektuellen die am leichtesten zu erobernde, vielleicht auch die bereicherndste für sie gewesen zu sein. «Irving Howe gehörte dazu und Lionel Trilling und Lillian Hellman, und wir verbrachten viele Sommer in Martha's Vineyard, wo sich die Intellektuellen trafen und weiter ihre fruchtbare Erde beackerten.» Paula strahlt bei der Erinnerung, Martin fällt ein: *These were glorious days* – wie schön war das!»

«Trilling war wunderbar, ich hatte endlose spannende Gespräche mit ihm ...» Ihre Stimme wird tief, und Schalk sitzt in den Augen: «Was hatte er für ein schönes Gesicht – und was für eine schreckliche Frau! Ich erinnere mich an lange Gespräche in Räumen voller Menschen, auf diesen Partys, die Martin und ich damals oft besuchten. Mir war, als dringe ich vor in ein altes Haus mit unzähligen Räumen; als erschlösse sich mir mühelos eine völlig neue Welt.»

«Ja», ergänzt Martin, «Trilling war auch derjenige, dem ich mich politisch am nächsten fühlte.» Was heißt das? «Er war ein konservativer Liberaler, distanziert vom Marxismus, an dem Howe festhielt – aber in einer völlig anderen Welt als die Neocons. Vor allem aber ging es um Bücher, um Inhalte! Trilling hatte ja schon seit den 30ern seinen literarischen Zirkel an der Columbia Universität, ihm ging es um einen weiteren Blick, um einen internationalen Horizont, den Anschluss an eine humanistische Tradition. Auch um ein Interesse an literarischer Komplexität! Dann kamen die turbulenten 60er, einerseits so hoffnungsvoll, mit der Bürgerrechtsbewegung, aber eben auch mit viel Gewalt. Kennedys Tod, die Eskalationen des Rassismus, Vietnam.»

«Wir hatten viel Besuch, damals in 444», erinnert sich Paula, «einmal besuchte uns Philip Roth und sagte zu mir: Komm mal mit ans Fenster, siehst du den Typ da draußen? Das ist der Privatdetektiv, den meine Exfrau beauftragt hat, mich zu beschatten.»

Aus dem Leben in diesen Jahren, aus ihren Erfahrungen in den neuen Lebenszusammenhängen, erwachsen Paula Fox' erste beide Romane. Wachsen, bevor sie tatsächlich geschrieben werden. Denn noch war an längere Schreibzeiten nicht zu denken. «Ich hatte ja immer noch keine Zeit ...» Zwar waren die Kinder jetzt größer, aber sie selbst weiterhin voll als Lehrerin tätig. Nebenbei entstanden Geschichten. War Martin damals schon der große Fan und Unterstützer ihrer Arbeit, der er heute ist? «Nein, gar nicht», findet Paula, «ich erinnere mich, wie er einmal vergaß, Geschichten auf die Post zu geben, die ich ihn gebeten hatte, wegzuschicken!»

«Habe ich Ihnen schon erzählt, wo meine ersten Geschichten erschienen sind?» Wir sind mittlerweile mit dem Essen fertig. Mit schnellem Schritt läuft Paula Fox die Wendeltreppe hoch bis nach ganz oben in ihr Arbeitszimmer, kommt mit ein paar losen Blättern zurück. «Hier, das war im ‹Negro Digest›!» Sie hält mir ein kleinformatiges Magazin hin, wenige mürbe Blätter, unendlich altmodisch. «‹Lord Randal› heißt die Geschichte, die im Juli 1965 dort erschien!» War es Zufall, dass sie nach «Commentary» ihre Geschichten erneut dem Magazin einer ethnischen Gruppe schickte, der sie selbst nicht angehörte? Warum bot Paula ihre Geschichte dem «Negro Digest» an? War dies ein politisches Credo, trotzig vielleicht, wie damals, als sie als 19-Jährige in New Orleans in jenem Kaufhaus, in dem sie arbeitete, aus dem Trinkbrunnen für Schwarze getrunken hatte? «Ich hatte Geschichten an ‹Esquire› geschickt, sie wurden nicht genommen. Und dann hatte es auch zu tun mit unserer Wohnung in 444. War lebten dort am unteren Rande von Harlem in einer von Schwarzen und Puertoricanern dominierten Nachbarschaft. Dort aus dem Fenster zu schauen und die Familien zu beobachten, ihre Streits, Schlägereien, die emotionalen Dramen, den Dreck, das brachte mich auf den Gedanken, von diesem Standort aus zu erzählen, was ich sah.»

«Lord Randal», die im Juli 1965 erschienene kurze Story, bildet den Bewusstseinsstrom einer Frau ab, die in einer Art Erzähl-Zeitlupe Stufe um Stufe aus dem Haus tritt, weil man ihr gesagt hat, unten läge ihr Sohn, im Straßenmüll. Ein Selbstgespräch von vier Seiten, in dem Mutterliebe und Angst und ein Leben im Müll der Straße in wenige hochintensive Sekunden gebannt sind.

«Und dann kam jemand von der Zeitung in die Schule, um zu sehen, wer ich bin – und natürlich suchten sie nach einer schwarzen Autorin! Warum hätte ich sonst im ‹Negro Digest› publizieren sollen?» Paula Fox lacht in Erinnerung an diese Verwirrung.

Aber nicht nur Paula bewegte sich – Schritt um Schritt – auf ihren eigentlichen Beruf zu. Wie andere aus dem Kreis der New Yorker Intellektuellen, Irving Howe oder der langjährige Redakteur und Mitbegründer des «Partisan Review», Philip Rahv, ging auch Martin in jenen frühen 6oer-Jahren als Hochschullehrer an ein College. Für einige Jahrzehnte, bis zu seiner Pensionierung, war Martin nun Dozent für Literatur am C. W.-Post-College auf Long Island.

An diesem College unterrichtete auch Gillian Jagger. Sie war Martins Kollegin und wurde zu einer Freundin von ihnen beiden. In Erinnerung an diese Jahre hatte sie gesagt: «Martin war keine Gefahr für Paula, endlich! So viele waren ihr schon gefährlich geworden. Erst jetzt begann ihr sicheres Leben. Sie gab niemandem mehr die Macht, sie zu zerstören. Jetzt war die Zeit, sich hinzusetzen und zu schreiben, gekommen. Beide hatten Räume für sich, um zu arbeiten. Sie konkurrierten nicht. Sie waren gut zueinander.» Schwieriger, hatte Gillian gefunden, sei es für die Söhne gewesen. «Die Söhne einer Künstlerin, welchen Platz nehmen sie ein, wenn diese äußerst schöpferische Position von ihr besetzt ist? Aber Paula wusste das: ‹Sie müssen einen Ort haben, an dem sie rebellieren können, wo ich nicht bin, wohin ich ihnen nicht folgen kann›, sagte sie einmal zu mir. Sie tat alles Mögliche, um sie zu unterstützen, glaube ich … Ich erinnere mich noch, wie wir einmal am Strand waren, sie liefen ins Wasser, und Paula sagte: Schau sie dir an, meine Jungs! Sie hatte diese Fähigkeit – wertzuschätzen, was nicht sie selbst war, ganz unabhängig von sich.»

Wie gut ging das wirklich, damals, das Familienleben für die heranwachsenden Söhne? Öfter schon habe ich Gabe, der immer noch still von hinten im Raum zuhört, danach gefragt; oft schon keine Antwort bekommen oder nur kurze Andeutungen. Ihm scheint die Gewalttätigkeit auf der Straße mehr angetan zu haben als Adam. Auch hatte Paula erzählt, dass Dick Sigerson, der Vater, Gabe immer schlechter behandelt hätte als den älteren Bruder. Einmal aber, einmal zumindest, haben sie alle zusammen und jeder für sich eine Zeit als «paradiesisch» erlebt.

«Ja, genau», sagt Gabe. «Vergessen wir nicht die Zeit in Thasos.»


## So viele Sachen!


«Es fing damit an, dass ich ein Guggenheim-Stipendium erhielt für ein Buchprojekt, das über Kafka gehen sollte», erklärt Martin. «Man musste die verschiedensten Referenzen einreichen – ich hatte welche von Lionel Trilling bekommen, von Saul Bellow –, und trotzdem waren alle erstaunt, als es mir tatsächlich bewilligt wurde!» Trilling selbst sei abgelehnt worden, erzählt Martin. Diesmal war das Glück mit ihm. Und ein Plan wurde Wirklichkeit: Es sollte eine gemeinsame Zeit geben – nicht in Amerika.

«Europa!» Nicht von ungefähr steht dieser Ausruf als Motto auf der ersten Seite von Paula Fox' «kältestem Winter»: Europa hatte ihre Zuflucht geheißen, als sie als junge Frau 1946 vor einem Land geflüchtet war, das «vor allem Kummer bedeutete». Nach Europa hatte, seit Mr. Cornings Tagen, eine von ihr hochverehrte Literatur gewiesen. In Europa hatte sie, die die Weite ihres eigenen Landes in alle Richtungen ausgemessen hatte, et-

210

was gefunden, was sie in Amerika immer vermissen sollte. Für sie hatte in den markanten Bildern des zerstörten Europa die eigene Schreibinitiation verborgen gelegen.

«Europa!», hatte der sechsundzwanzigjährige Martin Greenberg im Frühsommer 1944 ausgerufen, als er in England landete, von wo aus er wenig später nach Omaha Beach ausschiffte. «Ringsherum schlugen die Bomben ein, und ich dachte nur: Ich bin in Europa!» Immer wieder, staunend, kopfschüttelnd und öfter als er selbst hatte mir Paula Fox diese Geschichte von Martins Landung als Soldat in der Alten Welt erzählt – so als sei diese erstaunliche Parallele des Glückserlebens – sie beide Mitte zwanzigjährig, in einem kriegsgeschüttelten Europa – ein schönes starkes Band, über das man sich immer wieder freuen könne.

Nun ist das Jahr 1963, sie sind seit fünf Jahren ein Paar. Adam ist dreizehn, Gabe zehn. «Beide Jungs waren in der ‹Ethical Culture›, und die dortige Schulpsychologin – eine echte Langweilerin – warnte uns, wir sollten Adam keinesfalls von der Schule nehmen. Wir taten es trotzdem. Sie verpassten sechs Wochen Schule, alles in allem. Das haben sie wirklich niemals bedauert!»

Paula buchte einen Flug nach Griechenland. Warum Griechenland? «Meine Sehnsucht, den Anfang allen Lebens im Abendland zu sehen – zumindest dachte ich damals, das wäre er –, war groß; größer auch als Martins. Als wir in Athen angekommen waren, liefen wir zwölf Meilen durch die ganze Stadt, von einem Tempel zum anderen, die Hügel rauf und runter, einen ganzen Tag lang! Und begaben uns dann zu einem kleinen Reisebüro, um nach einer Insel mit möglichst viel Wald zu suchen.« Ihnen wurde Thasos empfohlen, eine Insel mit Wald und Schatten, nicht ganz so der Sonne ausgesetzt. «Es gab noch einen anderen Bezug zu Thasos! Ich glaube, ganz am Ende von Shakespeares ‹Julius Caesar›, nachdem Cassius tot ist, sagt jemand: ‹Bringt seine Leiche nach Thasos.›»

Vier Monate Thasos: «Just Paradise» sagt Gabe, der sich inzwischen zu uns gesetzt hat, und lächelt in sich hinein. Für ihn scheint Thasos eine der wenigen Zeiten puren Kindheitsglücks zu markieren. Selten höre ich ihn von guten Zeiten sprechen. Viel von dem Ernst, den er ausstrahlt, könnte aber auch mit seiner schweren gegenwärtigen Situation zu tun haben: Nach einem Unfall vor etwa zehn Jahren und einer darauf folgenden missglückten Operation leidet er unter schweren chronischen Schmerzen und der ebenfalls schweren Medikation. Auch seine zweite Ehe ist geschieden und kinderlos geblieben. Jetzt aber werfen sich diese drei am Tisch die Stichworte nur so zu. Das Stichwort Griechenland bezeichnet eine der offensichtlich glücklichsten Zeiten für sie alle.

»Ich fing mit dem Kafka-Buch an –» – «Wir halfen uns gegenseitig bei unserer Arbeit», greift Paula den Faden auf, «und das hörte dann auch nie mehr auf. Auch ich fing ja auf Thasos wirklich mit dem Schreiben an. Zum ersten Mal in meinem erwachsenen Leben hatte ich Zeit! Zeit, die nicht damit verbracht werden musste, den Lebensunterhalt zu beschaffen.»

«Ich hatte lauter Jobs», erinnert sich Gabe, «als Schuhputzer, als Ouzo-Verkäufer …» – «Ja, die Jungs haben wir kaum mehr gesehen», bestätigt Paula, «… und wenn sie mal nichts zu tun hatten, was fast nie vorkam, lasen sie Kafka!» – «Ich erinnere mich an Hühner, die sich im Poseidontempel jagten … Wir hatten nie zuvor Aprikosen- oder Kirschbäume gesehen! Und jetzt konnten wir in einem Baum sitzen und die Sonne rauskommen sehen. Aus solchen Momenten setzte sich unser Griechenland damals zusammen.»

Auch Adam – der in Griechenland zum Schäfer geworden war – hatte ich zu dieser Zeit befragt, und er hatte geschrieben: «Die Welt war plötzlich weit und verfügbar geworden … Es war ein kleines Wunder, das Paula und Martin da arrangiert hatten; eine Tür, die sie geöffnet hatten – und wir liefen einfach hindurch. Das veränderte alles. Wer läuft denn schon im Alltag los und landet in der Weltgeschichte? Genau das aber passierte uns. Es hatte auch etwas von einem gefährlichen Unfall – niemand wusste, konnte wissen, wie mächtig dieses Erleben sein würde. Wenn ich zurückdenke, wird mir klar, dass es die einzige Zeit war, in der wir wirklich eine ‹Familie› waren; wo es eine Einheit gab, die wir in dieser Weise zu Hause nie erreichten. Irgendwie war einem das damals nicht bewusst, jedenfalls mir nicht, obwohl es sich ja in der herrlichen Umgebung spiegelte – wir schmolzen alle ein bisschen in der griechischen Sonne und schwammen in Luft und Düften, auf der Erde und natürlich dem Meer – wir, gemeinsam, und jeder für sich allein.»

»Ich wurde in dieser Zeit zur Schriftstellerin», sagt Paula. «Ja, sie konnte das immer: sich hinsetzen und losschreiben», fügt Martin kopfschüttelnd hinzu und erinnert sich, wie Paula ihm einmal über eine Schreibblockade hinweghalf, als ihm die Einführung für einen Band von Kleist-Erzählungen partout nicht gelingen wollte. «Sie nahm ein Stück Papier und schrieb einfach los – sie hatte den Anfang gemacht, und dann machte ich weiter.» Paula Fox' Schreiben war immer eines, das von Momenten und Bildern in Gang gesetzt wurde, die wie Fotografien in ihrem Gedächtnis haften geblieben waren. «Einmal fuhren wir mit einem Fischer aufs Meer, und er sagte auf Griechisch: ‹Ameriki – so viele Dinge!› In Amerika hätten die Kinder so viele Sachen! Aus dieser Fahrt mit Odysseus auf dem Meer erwuchs mein erstes Kinderbuch.»

*

«Maurice's Room» erzählt vom Zimmer des achtjährigen Maurice, das für ihn selbst und seinen Freund Jakob die wundervollste aller Schatzkammern – für erwachsene Besucher aber eine bedrohliche Gerümpelhalde ist. Wenn es nur die Schlangenhaut wäre, die ein Geheimnis in sein Zimmer trägt! Da sind aber noch der Hamster, ein einäugiges Rotkehlchen, Salamander, ein Tintenfisch, unzählige Instrumente ... Maurice richtet sich aus Fragmenten eine Welt in seinem Zimmer ein, während seine Eltern auf Abstand bedacht sind und sich darauf beschränken, bei drohendem Besuch das Kommando «Den Boden freiräumen!» zu platzieren. Dies führt dann nur zu komplizierten Aufhängungen überall im Zimmer («Eigentlich gibt es ja noch fünf andere Böden», hatte Maurice zu seinem Freund Jakob mit Blick auf Decke und Wände gesagt) und einem neuen Besucher in Maurice's Raum, einem ausgestopften Bären auf Rollschuhen, den er fortan immer rückwärts aus dem Fenster rollen lässt, wenn seine Eltern mal reinschauen.

Ich halte das broschierte Büchlein, das gerade wieder neu aufgelegt wird, in der Hand. «For Gabe» steht auf der dritten Seite des knapp sechzig Seiten starken Heftchens mit einem grellbunten, heute würde man wohl sagen: kitschigen Bild von zwei kleinen über ein Einmachglas gebeugten Jungen auf dem Cover. Ihr erstes Kinderbuch hat Paula dem jüngeren Sohn gewidmet, dessen Leidenschaft, sich mit Tieren zu umgeben, seine tierliebende Mutter nur zu gut verstehen konnte.

«Maurice's Room» feiert die Liebe zum eigenwilligen Kind – wie Mr. Cornings Liebe zu ihr, in deren Schutz sich ein eigenwilliges, leidenschaftlich lesendes, erfindendes, schauspielerndes Mädchen entwickeln konnte. Und es führt eine überraschende, für alle unerwartete Wendung des Geschehens vor, wie sie die meisten Bücher von Paula Fox' auszeichnet. Kaum meint man, verstanden zu haben, wie die Geschichte läuft, wird das Bild, das man sich gemacht hatte, wieder durcheinandergeschüttelt. Maurice's Eltern beschließen den Umzug aufs Land und erlauben ihrem Kind, den Inhalt seines Zimmers in einen Container zu räumen. Auf der Fahrt fliegt dieser plötzlich in einer scharfen Kurve vom Anhänger, bricht auf und Maurice's Schätze werden

*Paula und Martin während eines Theaterstücks auf Thasos 1963*

in alle Himmelsrichtungen verstreut. Schlimm? Nein, Maurice ist fasziniert. Alles mischt sich neu – das ist die Zukunft. «Maurice's Barn», Maurice's Scheune, heißt das letzte Kapitel des Büchleins.

Paula ist noch einmal hochgegangen, um nach Fotos aus Thasos zu suchen. Wo ist nur das Bild mit dem Oktopus? Sie findet stattdessen ein anderes – eine Gruppe von Menschen, offensichtlich Zuschauer, die auf Stufen sitzen. «Da sind wir im griechischen Theater!» Inmitten der Gruppe erkenne ich Martin Greenberg, jung, mit Charakterkopf und dunklen Augen, ein bildschöner Mann, neben ihm eine überaus zerbrechlich aussehende, abgemagerte Paula. «Ich hatte gerade eine Hepatitis überstanden! Das passierte am Ende unserer Griechenland-Zeit. Ich musste ins Krankenhaus. Da hat Martin sich große Sorgen um mich gemacht.»

Noch etwas Entscheidendes passiert in diesen verzauberten

griechischen Monaten: Neben dem Kinderbuch beginnt Paula ihren ersten Roman. Mit einer Entschiedenheit, als ob sie nur auf die Gelegenheit gewartet hätte, legt sie in Griechenland gleich beide Spuren, auf denen sie in den nächsten Jahrzehnten unterwegs sein wird: Roman – und Jugendbuch.

\*

Who listens? «Pech für George» beginnt mit einer Frage. Wer hört zu? – Hören die unendlich gelangweilten Lehrer dem Schulleiter zu, der während der Konferenz auf sie einredet? Hören George Mecklin, wenn er in der Klasse steht, seine Schüler zu? Hört irgendjemand irgendjemand anderem zu?

*«Niemand, sagte George Mecklin zu sich selbst. Er hatte seinen Stuhl so gestellt, dass er an den anderen Lehrern vorbei zu einem Fenster sehen konnte, das für einen Moment den Rahmen bildete für Passanten auf der Achtundsechzigsten Straße ... Zwei Männer, dunkelhaarig, welk und mit dünnen Hälsen, die ihre Köpfe wie Bildnisse an Stöcken trugen, gingen schnell vorbei. Puertoricaner? Dann kam eine riesengroße Gretel in Sicht, verschwand einen Moment und tauchte plötzlich wieder auf, als hätte ihr der lauernde Kasperl einen Stoß versetzt ... Die Frau, rothaarig und massig, schüttelte einen kleinen Jungen, dessen Kopf von einem durchsichtigen Helm wie von einer Blase umschlossen war. Space Scout war darauf gedruckt. Kühl wie ein Fisch sah der Junge aus dem Inneren heraus.» (PG, S. 7 f.)*

Da haben wir sie wieder, die Fensterguckerin Paula Fox aus 444, die faszinierte Beobachterin des Lebens auf der Straße.

Wer hört zu? Die Frage ist gewichtig, und man nimmt sie am besten mit durchs Buch. Wer hört der Stimme zu, die unterhalb der Alltagsdinge murmelt? Als George am Abend nach Hause fährt, in die geordneten Vorstadtverhältnisse, die er sich mit seiner Frau Emma eingerichtet hat, erinnert er sich an eine Zugfahrt als kleiner Junge, den nächtlichen Blick auf ein kleines Dorf gerichtet, unter Schnee geborgen – «*Wie geheimnisvoll das war!* ... *Er hatte den Kopf gedreht, die kalte Nase gegen das Fenster gedrückt, bis er nichts mehr sehen konnte, und sich gefragt, was in jenen Häusern sei. Jetzt fühlte er die gleiche Sehnsucht – hundert Menschen sein zu können, hundert Leben zu haben!*» *(PG, S. 67)*

Und was hören George und Emma, dieses noch junge, gerade im kleinen netten Häuschen niedergelassene Paar, wenn sie einander zuhören? Oder haben sie aufgehört, jene unterhalb der Alltagsverhältnisse murmelnde Stimme zu beachten? In die ratlose Stille zwischen ihnen bricht ein Ereignis, das sie beide auf gegensätzliche Weise verstört: George erwischt Ernest, einen halbwüchsigen Jungen, dabei, wie er in ihrem Haus herumlungert. Während ihn dieser Einbruch elektrisiert – «*Die Gegenwart des Jungen hatte ein Element der Unvorhersehbarkeit in sein Leben gebracht, das die banalsten Ereignisse seines Tages belebte*» *(PG, S. 139)* –, reagiert Emma mit Angst und Abwehr. George will den offensichtlich orientierungslosen Schule schwänzenden jungen Mann als Aufforderung begreifen, etwas Sinnvolles zu tun: Er könnte etwas weitergeben! Ihn unterrichten! Wird Ernest ihm zuhören?

Mit Ernest hat jemand die Absperrung durchbrochen, auf der das geordnete Leben in den «suburbs» beruht; die heilige Privatheit mit ihren strikten Grenzen und festen Prinzipien. George sieht in Ernest eine Art «Gegengift» dazu verkörpert: jenes Prinzip Anarchie, das einer geheimen, nicht zugegebenen Sehnsucht entspricht. Etwas, das in ihm nur vage vorliegt; leise murmelnde Sätze, die davon sprechen, dass die meisten Dinge komplexer, verstörender, unentscheidbarer sind, als sie in den Nachbarschaftspartys, im Freundeskreis und auch im Gespräch mit Emma verhandelt werden.

Dabei ist George kein Chaot, beileibe nicht. Wie sehr ihn im

Gegenteil das impulsgesteuerte, «unordentliche» Leben ab-
stößt, wird deutlich an seiner lauten oder leisen Kritik seiner
älteren Schwester Lila gegenüber, die alleinerziehend und immer am Rande der Mittellosigkeit mit ihrem tyrannisch sich
gebärdenden kleinen Sohn Claude in Manhattan lebt. Als Lila
die Unordnung ihrer persönlichen Verhältnisse auf die Spitze
treibt, indem sie mit Georges und Emmas Nachbarn Joe Palladino, einem Familienvater, eine Affäre beginnt, fühlt sich
George nur noch angewidert.

Auch sich selbst zuzuhören ist nicht einfach – dem Widerspruch der eigenen Stimmen. Und was würde es denn überhaupt
bedeuten, was würde es beinhalten, in Übereinstimmung mit
sich zu leben?

*«Wissen Sie, es gibt im Leben nicht viel zu tun, wenn man
einmal durch die Oberfläche der Dinge gestürzt ist.» (PG, S. 59)*
Diesen in seiner Rätselhaftigkeit grandiosen Satz knallt ihm
Martha Palladino hin – sie, die vielfach betrogene, sich unablässig benebelnde Alkoholikerin und Ehefrau Palladinos, die so gut
weiß wie George, dass es mit dem Schritt *unter* die Oberfläche
der Dinge natürlich nicht getan ist.

Eines Tages steht Ernest, der Dieb, plötzlich blutend und zerschlagen in der Garage. George nimmt ihn hinein, gibt ihm ein
Bett, Emma kocht für ihn, für eine kurze Zeit entsteht eine na-
men- und sinnlose Dreisamkeit, und spätestens hier wird klar:
Ernest ist der, den die beiden brauchen, um sich selbst zu erkennen.

Ernest ist der geheimnisvolle Fremde, der plötzlich mitten im
Raum steht und, statt hinausgeworfen zu werden, ins Zentrum
eines langjährigen Beziehungssystems, einer Intimität, vor-
dringt. Ein Platz freilich, der ihm auch eingeräumt wird. Er ist
der Katalysator, der ein erstarrtes System aufbricht. Er ist die
Hebamme der Selbsterkenntnis. Um den Störenfried, den Zer-
störer, den Dieb breitet sich Emmas und Georges Verzweiflung

aus. Ihn hineingelassen zu haben, lässt sie eine Verzweiflung überhaupt erst spüren – die nun nicht mehr weggeschoben werden kann.

Aber warum hat Emma ihn hineingelassen? Ist für sie dieser «Dritte» doch nichts anderes als ein gefährlicher Eindringling. Georges Interesse an ihm wird für sie ja gerade deshalb so bedrohlich, weil sie es nicht versteht. *«›Ich bin es leid, nur für den Lebensunterhalt zu arbeiten›, sagte er. ‹Ich will etwas tun, das mehr ist als das.› – ‹Geh doch in irgendeinen Verein.› – ‹Ich will nicht in einen Verein gehen. Ich will einen Standpunkt. Es kann wenig sein, was ich tue, bescheiden, aber es muss dauerhaft sein. Wenn ich ihm helfen kann –› – ‹Du tust es für dich selbst.› – ‹Es ist mir scheißegal, für wen ich es tue.› (...) Als er sie kennenlernte, hatte die leidenschaftliche Entschiedenheit, mit der sie Menschen beurteilte, einen besonderen Reiz für ihn gehabt. Für Emma waren Menschen Feinde oder Beschützer. Obwohl der Reiz sich abgenutzt hatte, beneidete er sie manchmal – ihr Gefühl für andere war frei von den komplizierten und aufreibenden Reflexionen, die er gern anstellte, denn innerhalb ihrer Grenzen sah sie klar, dachte er, während er sich in einem ständigen Nebel fortbewegte.» (PG, S. 63 f.)*

Aber dieser «Nebel» ist das, was ihn ausmacht. Ob gut oder schlecht, ob tauglich oder nicht, das ist er, George Mecklin, kritisch, selbstkritisch, zweiflerisch, hinterfragend, und Ernest steht nicht zuletzt für jenen Moment in ihrer beider Beziehungsleben, in dem dieses «Eigene» nicht mehr einer ehelichen Harmonie geopfert werden kann. Die Stunde der Wahrheit, könnte man sagen, ist gekommen; ein Moment unaufschiebbarer Klärung. *«Nichts hatte jemals eine so bestimmte Form zwischen ihnen angenommen wie dieser Zwist wegen Ernest. Welche Kämpfe hatten sie je ausgefochten?» (PG, S. 105)* Hatten sie je gekämpft? Kannten sie sich? Hatten sie schon wirklich miteinander zu tun gehabt? Dies sind die Fragen, die offen daliegen.

Das berühmte Grundsätzliche. Fragen, die für George ganz anders lauten als für Emma. Und dies – dass sie den Kontext nicht erkennt, in dem Ernest für George wichtig ist; dass sie Ernest nicht als Chiffre für seine Sehnsucht nach Lebenssinn und Engagement zu lesen in der Lage ist: das wird er ihr nicht verzeihen. Emma sucht nicht nach Zusammenhängen – sie lässt sich vermeintliche Zusammenhänge von anderen einflüstern, von der dummdreisten Klatschtante Minnie Devlin etwa: Ist Georges Interesse an Ernest vielleicht ganz anderer Art?

*

Minnie Devlin hat mit ihrer bösartigen Einflüsterung natürlich den Zeitgeist auf ihrer Seite. Sie und ihr Mann Charlie sind die flammenden Vertreter eines aggressiv verteidigten Kleinbürgerglücks. Minnie Devlin könnte als Hüterin von Sitte und Anstand direkt aus Hollywood kommen. Paula Fox schrieb ihren ersten Roman in einer Zeit, in der Homosexualität gesellschaftlich massiv geächtet wurde – und sich doch immer mehr Risse im massiven Gebälk der Festschreibungen des «american way of life» zeigten. Keine Instanz vertrat das Credo der wahren Glückseligkeit so massiv wie Hollywood: Ein (weißer) Mann, verheiratet mit einer (weißen) Frau, gesegnet mit Kindern, Gott und seinem Land ergeben[33] – so hatte man zu sein und zu leben, wollte man Anspruch erheben auf Glück. Nur das brave Mädel kriegt einen Mann! Diese hoch moralische Botschaft hatte Hollywood in seinen Filmen seit den 1930er-Jahren gebetsmühlenartig vermittelt. Eine autoritäre Hintergrundmusik, die spielte, egal wie sehr sie die Wirklichkeit gerade der Künstler vergewaltigte. Einige der Topstars waren homosexuell – John Ford, Spencer Tracy – und taten gut daran, ihr dunkles Geheimnis aus ihrem Profil zu verbannen. Aber die Risse reichten nun auch bis nach Hollywood. In Billy Wilders Film «Some like it hot» von 1959 waren auf eine witzig-ironische Weise die fixen Geschlechterrollen ein bisschen auf die Schippe genommen, verdreht, infrage gestellt. Dies passte zu einer Zeit, in der auch ein anderes der großen Tabus in die Krise geriet. Die frühen 60er waren die Jahre der Bürgerrechtsbewegung. Immer noch war die überwältigende Zahl aller Schulen segregiert – rassengetrennt. Martin Luther King gab der «gerechten und unvermeidlichen Ungeduld» in seinem *«Letter from Birmingham Jail»* endlich eine Stimme.

Natürlich hatten Schriftsteller zu allen Zeiten böse Wirklichkeiten benannt: Ralph Ellisons «Invisible Man» hatte 1952 die «Unsichtbarkeit» seiner schwarzen Brüder und Schwestern eindrücklich erzählt. Die in den 1960er-Jahren nur zu manifeste Kehrseite des Lebens in der Metropole – Verkommenheit, Dreck, Hoffnungslosigkeit, Kriminalität war das, wovon sich eine weiße Mittelschicht durch Flucht in eine glückliche Vorstadt abzusetzen versuchte. Aber das Glücksversprechen aus Hollywood, das doch in «suburbia» seine perfekte Bühne haben müsste, kann Menschen zu Mördern und machen, von Selbstmördern ganz zu schweigen. Davon erzählte radikal Richard Yates in «Jahre des Aufruhrs» (Revolutionary Road, 1961).

Davon erzählt nun auch, wenige Jahre später, Paula Fox in «Poor George». Das Grauen der suburbs, in denen man doch das ganz andere Leben zu finden hoffte – das ist es, was in der Küche der allzeit trunkenen Mrs. Palladino regiert; was sich zwischen George und Emma breitmacht: eine «Landschaft fortwährender Katastrophe», in der Sinnfragen in jener autoritären Wucht erstickt werden, mit der sich die Kleinbürgergesetze behaupten.

Geht es im Leben um etwas anderes als darum, den idyllischen Garten mit der Waffe unterm Kopfkissen zu verteidigen? Alles nur fürs Kind, sagt Minnie Devlin. Alles für mein Land, sagt ihr Mann Charlie. Am Ende findet sich «Poor George» Mecklin im Krankenhaus wieder; er ist gerade noch an der Katastrophe von

Mord und Selbstmord vorbeigeschrammt – dem, was Richard Yates in «Revolutionary Road» bis zum unerbittlich bösen Ende durchdekliniert. Gibt es einen Ausweg aus der Spaltung von autoritär verordnetem «wie es sein soll» und erlebtem «wie es ist»? George Mecklin weiß es nicht. Und doch erleben wir seinen Auszug aus suburbia, seinen Fall aus dem Paradies als ein glückliches – ein rettendes – Ereignis, das ihn für alle Zukunft vor den Partydialogen mit den Devlins bewahren wird.

*«‹Ich kann Europa nicht leiden›, sagte Minnie. George lachte. Schweigen. ‹Was ist so komisch?›, fragte Charlie, seine rotgeränderten kleinen Augen waren fast geschlossen, sein Ausdruck unvermittelt hart und gleichgültig. ‹Es kam mir komisch vor›, sagte George. ‹So vieles, was man alles nicht leiden kann.› Warum saß er zusammengekrümmt auf seinem Stuhl? Er setzte sich aufrecht. ‹Minnie bahnt sich einen Weg durch den ganzen Mist›, sagte Charlie, auf einer weiteren Zigarre kauend. ‹Die Welt ist voller Mist. Wisst ihr das?›» (PG, S. 86 f.)*

\*

Für Paula und Martin, Gabe und Adam, wurde der Abschied von Europa hart. Und doch trug das «mächtige Erleben», wie es Adam beschrieben hatte, den Keim zu markanten Veränderungen in sich: Martin wurde zum Hochschullehrer, – «Ich bin viel mehr ein Forscher oder auch Universitätslehrer als ein Journalist … Ich war froh, als meine journalistische Zeit vorüber war.» Und in dem Maße, wie er seinen Ort als Lehrender fand, verließ Paula den Lehrberuf und wurde zur Schriftstellerin.

Die bedrängenden Probleme Amerikas rückten auch ihr nahe. «Wir waren gleich durch mehrere Leute ins Civil Rights Movement verwickelt», erzählt Paula Fox. «Meine Halbschwester Louise lebte in Mississippi in der Familie eines schwarzen Priesters und lief in Washington mit Martin Luther King mit.

Ein Freund von Adam, Ben Chaney, besuchte uns eines Nachmittags in 444, er war fünfzehn und überaus freundlich. Sein Bruder war einer der drei schwarzen Jungen gewesen, die von den weißen Südstaatenmännern ermordet worden waren. All das war immer bei mir, wenn ich an meinem Schreibtisch saß und schrieb.

Eines Tages, vermutlich 1966, stand ich in der Klasse, als es klopfte und ich zum Direktor gerufen wurde. Da ist ein Anruf für Sie, hieß es. Am Telefon war William Goodman, der Verleger von Harcourt, Brace and Jovanovich, der mir sagte: ja, sie würden meinen Roman publizieren. Eine Welle von Freude ging durch mich durch! Ich lief in die Klasse zurück und sagte den Schülern: Mein erster Roman ist angenommen – und die Kinder klatschten!» 1967 erschien «Poor George». Nun gab es kein Halten mehr. Bald nachdem sie sich an ihren zweiten Roman gemacht hatte, verließ Paula Fox die Schule und wandte sich, fünfundvierzig Jahre alt, endlich ganz und gar dem Schreiben zu. «I want to be a writer», hatte sie mit neunzehn auf einen Zettel geschrieben – in einer Zeit, als nichts unwahrscheinlicher zu sein schien als das.

Vorher aber sollte es eine weitere große Veränderung geben: den Umzug von Manhattan nach – nein, nicht in die Vorstädte. Nur nach Brooklyn.

*

«Und da sind wir jetzt noch immer, dreiundvierzig Jahre später!», sagt Martin Greenberg. Paula hat mit dem Elan, der immer bis zu einer bestimmten Abendstunde vorhält, alle Dinge weggeräumt; Gabe hat gespült, ich durfte nicht helfen, und so abrupt, wie sie dann plötzlich die Kräfte verlassen, kündigt sie an, dass sie nun nach oben geht. Schlafen Sie gut, Paula! Martin bringt mich zur Tür. Gabe besteht darauf, mich durch die abendlichen Straßen in die Union Street zu begleiten. Keiner

von ihnen kann abends so unbelastet durchs Viertel laufen wie
ich, die nur das sichere New York kennt und jenes Brooklyn
nicht erlebt hat, in das sie damals gezogen sind, das Brooklyn
der brennenden Autos und Handtaschenräuber.

## Alle wilden Katzen von Brooklyn

Es war ein Tag im Frühling 1967. Seit ein paar Jahren lebte die
Familie nun in 444, dem Apartmenthaus am Rande des Central
Park. «*Am späten Abend lehnte ich mich gern aus dem Schlaf-
zimmerfenster und beobachtete, was unten auf der 104th Street
so los war. Gar nicht so weit unten hatte ich einmal gesehen, wie
eine ältere Frau auf dem kiesbestreuten Dach eines kleinen alten
Mietshauses gegenüber überfallen wurde: Ein dünner junger
Bursche riss ihr die Handtasche weg, schlug sie nieder und verschwand ohne übermäßige Eile vor aller Augen.*

*Häufig sah ich Krankenwagen auf der Straße stehen, das
rote Kreuz auf dem Dach, und Verwundete oder Tote einladen.
Fasziniert lauschte ich den zu mir emporhallenden Gesprächen
der Betrunkenen. So viel geschah dort nach Einbruch der
Dunkelheit, dass ich die Straße wie eine Filmkulisse wahrzu-
nehmen begann, denn die Distanz tat ihre übliche Wirkung: Sie
milderte das Schreckliche ab und machte aus dem Leid anderer
Menschen ein verstörendes, aber dennoch fesselndes Schau-
spiel.*» (*DZ, S.224f.*) Nah und doch aus sicherer Distanz
verfolgt sie die Kämpfe der jugendlichen Gangs, *pickpockets*,
heranrasende Ambulanzen, laute Selbstgespräche der Betrunkenen ...

An diesem Tag aber wird die Distanz durchbrochen. Sie hört
einen Schuss auf der Straße, geht zum Fenster, sieht, wie sich ein

Mann auf dem Boden windet, zusammenbricht, tot. Ein Auto war vorbeigefahren, jemand hatte aus dem Fenster geschossen. Stundenlang wird sie auf dem Polizeirevier vernommen. Später erweist sich, dass der Mann für Spielschulden gelyncht worden war. Als Paula am Abend Martin vom Ereignis des Tages erzählt, fährt dieser erschrocken zusammen: «Wir müssen raus hier! Vielleicht nach Brooklyn!?»

Was meinte er mit Brooklyn? In diesem Moment vermutlich einfach: die Fluchtrichtung. Über die Brücke! Weg von Manhattan! Drei Brücken führen über den East River in jenen Stadtteil von New York, Brooklyn, der einst eine eigene Stadt war und erst seit 1898 zu «Greater New York» gehört; den heute 2,5 Millionen Einwohner aus der ganzen Welt bewohnen und der inzwischen von Schriftstellern so sehr geliebt wird, dass manche New Yorker Autoren sich schon damit meinen unterscheiden zu können: Also, *ich* wohne *nicht* in Brooklyn, sagte mir ein junger Schriftsteller auf einem Festival als erste Information über sich selbst.

Brooklyn als Verheißung, als eine Art geheimnisträchtiges Versprechen war durchs ganze 20. Jahrhundert Schriftstellerlandschaft gewesen; eine Vorlage, die nicht aufhört zu faszinieren; eine Geheimnislandschaft, die jene anzieht, die es lieben, im Vielschichtigen zu graben. Edmund Wilson, Truman Capote, Norman Mailer, Carson McCullers, James Purdy, und sie kommen nach, Jonathan Safran Foer und Nicole Krauss, Paul Auster und Siri Hustvedt, sie alle sind bekennende *«Brooklynites»*.

Über Brooklyn, diesen unendlich oft erzählten und besungenen Ort, gibt es denn auch viele Anthologien. Und doch, wenn Herausgeber und Autor Phillip Lopate in seiner Einführung zu «Brooklyn was mine»[34] einen Weg durch jenes Viertel skizziert, in das Paula Fox und Martin Greenberg im Jahre 1967 zogen, dann ist dies die seltenere Spur. Die meisten der Schriftsteller waren in die nobleren «Heights» gezogen. Oder nach Park

Slope. Nicht aber ins Gowanus der späten 60er-Jahre, das von meinem eigenen Ausgangspunkt in der Union Street in ein paar Minuten zu erreichen ist.

«... erst laufe ich zur Union Street, dann biege ich links ab, vorbei an den einfachen dreistöckigen Backsteinhäusern mit ihren Treppen, den Brunnen mit Engelsfiguren, mit ihren religiösen Verzierungen, patriotischen amerikanischen Fahnen und ab und zu einer italienischen Trikolore, da dies schon seit Langem ein italienisches Viertel ist, wo Al Capone, der berühmte Gangster, aufgewachsen ist und eingewanderte Schauermänner auf den Brooklyner Docks schufteten, um ihren Familien ein Dach über dem Kopf zu ermöglichen, womöglich mit einem Untermieter im Souterrain. Dies sind nicht die schicken ‹Brownstones›, die heutzutage für ein paar Millionen auf den Markt kommen, sondern etwas schiefe, gemütliche Reihenhäuser, die noch weniger mondän wirken, je mehr man sich dem Kanal nähert. Schließlich wollte nie jemand, der etwas auf sich hielt, in der Nähe des Gowanus wohnen, dessen Gestank ebenso legendär war wie die Geschichten über die Leichen von Gangstern, die man aus dem Wasser fischte. Es gab das Gerücht, dass sich, sollte man das Unglück haben, ins Wasser zu fallen, die Knochen von der Säure unverzüglich auflösen würden.»[35]

Es gibt eine gewisse Wahrscheinlichkeit, dass ein Teil der Fernsehbilder meiner Kindheit, die dafür sorgten, dass ich Brooklyn mit abgefackelten, lichterloh brennenden Autos und gebückt weglaufenden Gestalten assoziierte, in genau diesem Gowanus gefilmt war, jenem Viertel nicht weit von der Brooklyn Bridge, und nach dem Kanal benannt, der hindurchläuft. Es ist ein Viertel, das in den 60er- und 70er-Jahren mit Elend und Kriminalität nicht zu knapp in Verbindung gebracht wurde. Wenn ich jetzt den Weg laufe, von dem Phillip Lopate spricht, die endlos lange Union Street nicht in Richtung Henry und Clinton, wo Paula Fox heute wohnt, sondern in die andere, in die sie 1967 zog: über den Gowanus-Kanal, kann ich noch ein bisschen von jener Elendslandschaft sehen, die Brooklyn einmal war und die es in manchen Ecken, zerfallenen Häusern, verdreckten Höfen und Armutswinkeln immer noch ist.

*«Immer noch lag überall Müll herum, eine Flut, die anstieg und kaum abebbte. Bierflaschen und Bierdosen, Schnapsflaschen, Bonbonpapier, zerknüllte Zigarettenpackungen, eingetretene Schachteln, in denen Waschmittel, Lumpen, Zeitungen, Lockenwickler, Bindfaden, Plastikflaschen aufbewahrt worden waren, ein Schuh da und dort, Hundedreck. Otto hatte einmal, als er angewidert auf den Gehsteig vor ihrem Haus geschaut hatte, gesagt, dass kein Hund so etwas abgelegt hätte. ‹Glaubst du, sie kommen in der Nacht zum Scheißen hierher?›, hatte er Sophie gefragt.» (WE, S. 17)*

So sagt es Otto Bentwood in Paula Fox’ zweitem Roman «Was am Ende bleibt» («Desperate Characters», 1970). Bentwood ist Anwalt und hat ein Haus in der Dean Street gekauft, weil es – im Gegensatz zu einem Haus in den Brooklyn Heights – noch erschwinglich war. Nun empfindet er eine «mörderische Genugtuung», als ihm ein Polizist bescheinigt, dass Leute wie er, tüchtige Anwälte, echte Aufbau-, also Aufräumarbeit im Dreckloch Gowanus leisten. Wenn Otto das Haus nehmen und in die Heights setzen könnte, würde er das tun: So identifiziert er ist mit Sophies und seiner privaten Ordnung, so abgestoßen ist er vom Chaos der Straße.

*«Für ihn fühlte sich das Haus massiv und solide an; das Gefühl dieser Solidität war wie eine Hand, die sich fest auf sein Kreuz legte. Über den Hof hinweg, vorbei an den hektischen Bewegungen der Katze, sah er die rückwärtigen Fenster der Häuser an der verslumten Straße. Vor manche Fenster waren Lumpen, vor andere durchsichtige Plastikfolien genagelt. Von einem Sims baumelte eine blaue Decke herab. In der Mitte war ein langer Riss, durch den er die verblassten Ziegel der Mauer*

*sehen konnte. Das zerfetzte Ende der Decke stieß gegen den oberen Rahmen einer Tür, die sich gerade in dem Moment, als Otto sich abwenden wollte, öffnete. Eine dicke ältere Frau im Bademantel bahnte sich ihren Weg in den Hof und leerte eine große Papiertüte auf den Boden. Einen Augenblick starrte sie auf den Abfall und schlurfte dann wieder hinein.» (WE, S. 7)*

Otto Bentwood gehört in diesen späten 1960er-Jahren zur Vorhut der «gentrification», jener fortschreitenden Eroberung der Gegend durch eine gut etablierte weiße Mittelschicht, die ihre Häuser luxussanierte und ihre Kinder auf Privatschulen schickte und die heute den Charakter des Viertels dominiert.

Damals aber, als sie kamen, jene «urban pioneers», von denen Autor Jonathan Lethem spricht und zu denen seine eigenen Künstler-Eltern zählten, war davon nichts zu ahnen. «Jeder, der damals in diese neighbourhood zog, war auf irgendeine Weise verrückt. Was mich betraf, war ich mir dessen bewusst», sagte der Schriftsteller L. J. Davis einmal zu Lethem, der mit dessen Sohn Jeremy befreundet war und die Straßen und ihre Verrücktheit aus Kinderperspektive erlebte. Straßen, in denen magische und böse Abenteuer ständig ineinander übergingen; wo kein Weg zur Schule möglich war, ohne dass man in den Schwitzkasten genommen und um jeden Cent erleichtert wurde. «Verrückte» wie Davis oder wie Paula Fox und Martin Greenberg hatten die «Ahnung, dass hier eine spannende Zeit kommen würde». So schrieb es mir Paula Fox. Die Bücher, Paula Fox' «Desperate Characters» oder Davis' «A Meaningful Life», verdanken ihren dichten Stoff der Dean Street. Wieder einmal hatte Paula Fox den «Riecher» für einen richtigen Ort zur richtigen Zeit gehabt. Hier, in dieser No-Go-Area Gowanus war ein guter Ort zum Leben und Schreiben. Verrückt, fährt Lethem fort, weil «diese Straßen, so reich an menschlichen Geschichten, wie sie waren, einer Art kollektiver Verdammnis unterlagen, sie galten als unterhalb des Menschenwürdigen, sie waren von der Liste gestri-

*Schriftstellerin Paula Fox*

chen, sozusagen.»[36] Wie wörtlich dies zu nehmen war, erfuhr Martin einmal am eigenen Leib: Feuerwehr und Polizei ignorierten immer wieder Anrufe aus der Gegend, und als er an einem Tag plötzlich dramatische Nierenkoliken erlitt, während Paula verreist war, reagierte keine Ambulanz! Am Boden liegend fand ihn der glücklicherweise erreichte L. J. Davis, der ihn schnellstens ins nahe Krankenhaus beförderte.

*

Wären sie in die Dean Street gezogen, wenn sie all das gewusst hätten? Entschlossen hatte sich Paula gleich am Samstag nach dem Mord in der 104th Street mit Gabe ins Auto gesetzt und war zu einer Wohnungsbesichtigung in die Dean Street gefahren. «*Links und rechts säumten Brownstone-Häuser aus rötlichem Sandstein die schmale Straße zwischen Hoyt und Bond*

*Street. Ein vierstöckiges Krankenhaus ragte an der Westecke auf wie eine Bücherstütze. Die Bürgersteige waren menschenleer. Wir konnten problemlos parken; damals gab es noch viele freie Parkplätze. Die Sonne schien fahl und schwach, die Luft war kalt. Als ich ausstieg, hörte ich, seltsam bedrohlich, wie ein Fenster hochgeschoben wurde. Ich blickte auf und sah eine alte Frau, die aus dem zweiten Stock eines Hauses auf uns herunterstarrte. Sie knallte das Fenster wieder zu. Die Straße, ihre Häuser machten einen angekränkelten, etwas zweifelhaften Eindruck. Die Gegend war kein Slum, wenn auch ein wenig heruntergekommen. Sie sah eindeutig nicht proletarisch aus, aber auch (noch) nicht bürgerlich. Sie war weder einladend noch direkt abweisend. Aber man konnte den Himmel sehen, wie man ihn in Manhattan nur selten sah. Als ich nach oben blickte, erkannte ich, wie es mir in Manhattan kaum je passierte, dass er grenzenlos war, kein Dach für eine Stadt, nicht Teil eines Bühnenbilds, sondern schlicht der Himmel.» (DZ, S. 225f.)*

Man kann es buchstäblich und auch ganz symbolisch lesen, was ihr hier passiert. Im nur zu gut bekannten, auch leidvoll vertrauten New York reißt plötzlich der Horizont auf, und Himmel wird sichtbar, offener, unbekannter Raum. Sie ziehen zu viert in das Haus in der Dean Street. «Das Einzige, was mir Sorgen machte, war der lange Schulweg mit der Subway für Adam und Gabe» – die aber waren mittlerweile vierzehn und siebzehn. Was brachte der Umzug nach Brooklyn sonst noch mit sich? War mit der größeren geografischen Entfernung auch eine innere Entfernung von den intellektuellen Kreisen, vom Freundeskreis verbunden?

Eine der längsten Reisen der Welt sei die von Brooklyn nach Manhattan – oder zumindest aus einigen jüdischen Gegenden Brooklyns bis nach Manhattan. Diesen denkwürdigen Satz hatte jemand geschrieben, der ganz und gar kein Freund war; hatte doch Martin wegen Norman Podhoretz «Commentary» verlassen. Aber was er hier über die New Yorker Topografie sagte, war für einige der New Yorker Intellektuellen von großer Bedeutung. Für Irving Howe etwa. «Wir aber gehörten nur am Rand dazu. Die einzelnen Freundschaften, die zu den Howes, zu Lionel Trilling, blieben bestehen.» Und Paula Fox ist ohnehin wieder antizyklisch unterwegs – einer Ahnung folgend, die ihr Gowanus, Brooklyn, als verheißungsvollen Ort anzeigt. Und so traten sie freien Herzens die umgekehrte Reise an.

Sie war vierundvierzig, die Lebenshälfte der Wanderschaft war vorbei. Die Lebenshälfte des Schreibens begann: Zeit, den Stoff zu bearbeiten, den sie ein halbes Leben lang eingesammelt hatte.

*

Dabei macht sich die Schriftstellerin Paula Fox erst langsam auf, die Gewässer ihrer bewegten Vergangenheit noch einmal – erinnernd, schreibend – zu durchschwimmen. Mit ihrem ersten in Brooklyn geschriebenen Buch stößt sie sich gleichsam vom Beckenrand ab: «Was am Ende bleibt» startet im Hier und Jetzt der späten 1960er-Jahre, mit Otto und Sophie Bentwood, die ebenfalls in der Dean Street wohnen; die ebenfalls die vierzig hinter sich gelassen haben. Sie, vor allem Otto, sind *«urban pioneers»* der anderen Art: Otto, der Anwalt, war aus finanzieller Kalkulation nach Gowanus gezogen. Nicht, weil er sich für die geheimnisvolle Menschenmischung der *«neighbourhood»* interessierte, sondern weil er investierte, solange es hier noch «günstig» ist. An ihrer Einstellung zur Umgebung zeigt sich dann auch bald Ottos und Sophies Unterschiedlichkeit – mehr, es zeigen sich jene feinen Haarrisse im Gebäude einer soliden Ehe, von denen «Was am Ende bleibt» handelt.

*«‹Auf der Straße habe ich Bullin getroffen›, sagte Otto. ‹Er hat mir erzählt, dass da drüben noch zwei Häuser verkauft wurden.› … ‹Was passiert mit den Bewohnern, wenn die Häuser*

*gekauft werden? Wo bleiben sie? Das habe ich mich schon im-*
*mer gefragt.› – ‹Weiß ich nicht. Zu viele Leute überall.› – ‹Wer*
*hat die Häuser denn gekauft?› – ‹Ein mutiger Pionier von der*
*Wall Street. Und das andere, glaube ich, ein Maler, der aus sei-*
*nem Loft am Lower Broadway ausquartiert wurde.› – ‹Dazu*
*braucht man keinen Mut, sondern Cash.›» (WE, S. 8)*

Die Bentwoods sind kinderlos, und ganz anders als die Autorin Paula Fox selbst, die gerade den Beruf ihres Lebens gefunden
hat, findet sich Sophie, angeödet von ihrer gelegentlichen Arbeit
des Drehbuchschreibens und Übersetzens, in einer Lebensleere.
Einmal sagt ein Bekannter zu ihr: «‹*Wie angenehm, zu lesen,*
*nicht beeinträchtigt von irgendwelchen Zwecken. Sie müssen*
*reich sein.› – ‹Ich habe keine ernsthafte Einstellung mehr zur*
*Arbeit›, sagte Sophie kühl. ‹Es ist keine Frage des Geldes.› Leon*
*hustete ein quietschendes Lachen aus. ‹Wenn Sie kein Geld hät-*
*ten, würden Sie die Sache ernst nehmen›, sagte er.» (WE, S. 102)*

Tatsächlich hat Sophie die Möglichkeit, vom Geld zu leben,
das Otto in seiner Anwaltskanzlei verdient.

Und so verläuft der Riss zwischen ihnen beiden zunächst
durch sie selbst. Sie findet sich gefangen im Widerspruch zwischen dem Komfort kultivierter Ehefrauroutine einerseits und
ihrer Unfähigkeit, die Welt um sich herum nach den Regeln
eines geschlossenen Weltbildes zu lesen andererseits. Wo Otto
nur die Welt vor der eigenen Haustür vor die Hunde gehen
sieht, nimmt Sophie die Dimension von Zerfall und Verwahr-
losung auch als innere wahr.

In diesen Riss springt die Katze – ein hässlicher Streuner, der
vor ihrer Tür um Essen bettelt. Sophie, besessen von der Idee,
ihr zu helfen, begnügt sich nicht damit, sie zu füttern:

«*Sophie streichelte wieder ihren Rücken und zog ihre Finger*
*bis zu der scharfen, bepelzten Biegung, wo der Schwanz sich*
*nach oben reckte. Der Rücken der Katze hob sich krampfartig,*
*um sich gegen ihre Hand zu pressen. Sie lächelte und fragte sich,*

*ob die Katze schon einmal die freundliche Berührung eines*
*Menschen verspürt hatte, und wenn ja, wie oft, und sie lächelte*
*immer noch, als die Katze sich auf die Hinterbeine stellte, und*
*sogar noch, als sie mit ausgefahrenen Krallen auf sie einhieb,*
*und sie lächelte weiter bis zu der Sekunde, als die Katze ihre*
*Zähne in den Rücken ihrer linken Hand grub und sich so an ihr*
*Fleisch hängte, dass sie beinahe nach vorne fiel, fassungslos und*
*entsetzt, doch war sie sich der Anwesenheit Ottos bewusst ge-*
*nug, um den Schrei zu unterdrücken, der in ihrer Kehle aufstieg,*
*als sie ihre Hand mit einem Ruck aus diesem mit Widerhaken*
*besetzten Kreis zurückzog.» (WE, S. 9)*

Dieser erste Höhepunkt des Buches findet auf der fünften Seite statt – und enthält nicht nur das Drama der ehelichen Sprach-
losigkeit, sondern Sophies eigenes Drama, keinen Ausdruck zu
finden für ihre zunehmende Entfremdung in ihren Routinen; für
ihre unablässig hochsteigenden Fragen, Zweifel, überscharfen
Wahrnehmungen. Was ist passiert?

Wie in «Pech für George» ist auch Sophies «Pech» einem Eindringling geschuldet, dem sie sich selbst – freiwillig – ausliefert.
Naiv? Unwissend? Dumm? Irgendeinem vagen Impuls folgend,
die Distanz zu einer wilden Straßenkatze zu ignorieren, indem
sie sie streichelt. Es ist ein Liebäugeln mit der Wildheit; die
Anmaßung, Fremdartigkeit zu ignorieren, Grenzen zu über-
springen. Sehnsucht, die über eine Grenze hinwegzieht – was
verspricht sich Sophie von ihrem Flirt mit der Wildheit? Will sie
etwas Neues erfahren? Oder will sie sich vielmehr in ihrem kon-
ventionell verbürgten Selbstbild bestätigt sehen; der «gute»
Mensch, der dem «wilden Wesen» von seinem Überfluss an Besitz, Kompetenz, Gefühl abgibt? Gehört dazu doch auch die
ignorante Annahme, diese «Güte» sei erwünscht – weder Sophie noch George zweifeln an der Qualität, an der Großherzig-
keit ihres Angebotes.

Dafür werden sie bestraft; für die fatale Annahme, sich diesen Flirt ohne Konsequenz leisten zu können. Und sie werden belohnt: mit etwas, um das sie wiederum nicht gebeten hatten; einer Erweiterung ihres Horizontes. Nicht nur ist das Wilde nicht zähmbar; es ist noch viel wilder als angenommen, und es ist umfassender.

«Was am Ende bleibt» ist ein Buch über Unterschwelligkeit. Über all das, was lauert und zum Ausbruch drängt. Was im sozialen Miteinander, von Konvention gebunden, unter Verschluss gehalten wird; was auch im sozialen Konsens der Ehe so lange unter Verschluss bleibt, wie alles «Flirten mit Wildheit» sozial verträglich, also: geheim bleibt. Sophies Liebesverhältnis mit ihrem einstigen Liebhaber Francis hatte sie vor Otto geheim halten können – wie viel schwerer aber war es schon gewesen, vor sich selbst geheim zu halten, wie verliebt sie war, wie ausgeliefert und wie verletzt über Francis' Rückzug! Auch den Katzenbiss hatte Sophie zunächst zu verstecken versucht – aber zu spät, sie war der unkontrollierbaren Wildheit einen Schritt zu weit entgegengegangen. Aus dem Flirt wird Ernst. Die Attacke der Katze hat sie unabwendbar mit sich selbst konfrontiert: mit ihrem Zwang, zu lächeln, egal wie groß der Schmerz ist, und dann wie ein kleines Mädchen allen ihre Not aufzudrängen und sich zugleich so wenig ernst zu nehmen, dass sie keinem Hilfeangebot folgt. Besessen von der Angst, sie könnte mit Tollwut infiziert sein, landet sie irgendwann doch im Krankenhaus.

«‹Es ist also wirklich nicht schlimm?›, fragte Sophie in beschwichtigendem Ton die Schwester und dachte dabei für sich, ich habe keinen Stolz, keine Ressourcen, keine Religion, nichts – warum halte ich nicht den Mund? Warum halte ich nicht den Mund!» (WE, S. 139)

Aber «Was am Ende bleibt» ist weit davon entfernt, nur ein Roman über Sophie Bentwoods Innenleben zu sein. Das Wilde mit seiner Zerstörungskraft, seinem Potenzial ist überall. Es fliegt als ein Stein durchs Fenster ins Schlafzimmer der Holsteins, wo Otto und Sophie zu einer Party eingeladen sind. Es läutet abends an der Tür in Gestalt eines Farbigen, der um ein Telefon und Geld bittet. Es kommt ihnen in Flynders, Long Island, entgegen, wo sie sich in ihr Sommerhaus zurückziehen wollen und es verwüstet, ausgeraubt, vorfinden. Es begegnet Otto in Gestalt seines Kompagnons Charlie Russel, der sich aus der jahrzehntelangen Zusammenarbeit und Freundschaft zurückzieht und mitten in der Nacht bei ihm klingelt, um zu reden: «‹Er soll anerkennen, dass etwas Wichtiges passiert ist. *Weißt du, dass dann, wenn die Leute sich langsam und unwiderruflich verändern und alles abstirbt, der einzige Weg zu ihrer Heilung aus einer Bombe durchs Fenster besteht? Ich kann nicht so leben, als hätte sich nichts verändert.*›» *(WE, S. 47)* Charlie sagt dies zu Sophie, die sein Klingeln gehört und ihm geöffnet hat, während Otto weiterschläft.

Aber was ist denn das Wichtige, das passiert? Was passiert überhaupt – zwischen ihnen allen, um sie herum? Sie reden viel, diese «desperate characters» Sophie, Otto, Charlie und wie sie alle heißen. Sie reden geistreich, sie treffen scharfsinnig den politischen und sozialen Zeitgeist auf den Punkt, und sie reden alles, worauf es ankommt, weg.

Das, worauf es ankommt, dämmert Sophie manchmal in ihren Gedanken – beiläufig, in Halbsätzen versteckt, streift sie das Wissen, dass «*es, sobald sie Regeln und Grenzen überschritten hatte, überhaupt keine mehr gab. Konstruktionen hatten kein wirkliches Leben.*» *(WE, S. 81)*

Wo aber ist das wirkliche Leben? Wie umgehen mit den unheilvollen, unheilbaren Spaltungen, die sie alle mit sich herumtragen? Wie umgehen mit den dramatischen sozialen Spaltungen vor ihrer Tür? Nichts wird entschieden. Keine Bombe geworfen, nur ein Tintenfass. Ist etwas geschehen? Oder nichts?

«Desperate Characters» ist auch ein äußerst entschiedenes Buch über Unentschiedenheit. Jede Lektüre, jede Rezension schreibt den Roman weiter. Ob es wirklich Sophie war, die das solide Gebäude ihrer Ehe so gefährlich ins Kippeln bringt – oder doch eher Otto mit seinen in Stein gemeißelten Ansichten über das Leben? Hat Sophie – hatte George – überhaupt «Pech», wenn ihre Ehen zerbrechen? Oder atmen sie erst in einer Zeit, die außerhalb der Erzählzeit des Buches liegt, jene Luft der Freiheit, zu der es sie zog? Und gibt es sie, diese Freiheit? Gibt es ein Außerhalb, in dem ein «anderes» Leben möglich wäre?

Die grandiose Kunst Paula Fox' erster beider Romane ist in diesem nicht endenden Katalog an Fragen zu finden, der sich nach jeder Lektüre in eine andere Richtung erweitert.

Niemand hat seiner Begeisterung über diese Fähigkeit von «Was am Ende bleibt» solch einen nachhaltigen Ausdruck verliehen wie Jonathan Franzen, dem es 1991 zufällig in die Hände fiel. Es sei eines der seltenen Bücher, das beiden Seiten Gerechtigkeit widerfahren lasse – Liebe *und* Hass, Sophie *und* Otto. «*Und weil ich meine eigene unglückliche Ehe in der der Bentwoods wiedererkannte, und weil das Buch mir hatte vermitteln können, dass die Angst vor Schmerz zerstörerischer ist als der Schmerz selbst, und weil ich dies so unbedingt glauben wollte, las ich es gleich ein zweites Mal. Ich hoffte, dass das Buch mir diesmal sagen würde, wie ich selbst zu leben hätte. Das tat es nicht*», fährt Franzen in seiner Einleitung 1999 fort, «*stattdessen wurde sein Geheimnis für mich noch größer. Es hörte vollständig auf, eine Belehrung zu sein, und wurde zu einer Erfahrung.*»[37]

Auch nach der fünften Lektüre findet er es noch «frisch und unvertraut», Antworten verweigernd und unentwegt Denkaufgaben stellend. «*Kaum ein Wort scheint absichtslos gesetzt … Klarheit und thematische Dichte in diesem Maß entstehen nicht zufällig … hier ist er, der Roman, der über jeden anderen amerikanischen nach dem Zweiten Weltkrieg triumphiert.*»[38]

Dann aber, beschreibt Franzen, wenn man lang genug von

Lektüre zu Lektüre gegangen ist, fast süchtig nach weiteren Bedeutungsebenen und -zusammenhängen, tut sich irgendwann eine Grenze auf, und ihm, dem Leser passiere etwas Ähnliches wie den Akteuren selbst: Der Schluss des Buches ist wortlos, jenseits der Worte. Die ungeheure Spannung entlädt sich für Otto in einer wilden Geste, für Sophie in der Anerkennung ihres «Flirts mit der Wildheit»: «‹Mein Gott, wenn ich tollwütig bin, dann bin ich genauso wie die Welt da draußen›, sagte sie laut und verspürte eine außergewöhnliche Erleichterung – so, als hätte sie endlich herausgefunden, was ein Gleichgewicht schaffen könne zwischen der Abfolge ruhiger, ziemlich unausgefüllter Tage, die sie in diesem Haus verbrachte, und jenen Vorzeichen, die die Finsternis am Rande ihrer eigenen Existenz aufhellten.» (WE, S. 195)

*

Die Jahre, in denen Paula Fox «Was am Ende bleibt» schrieb, sind die Jahre des Vietnamkrieges – der sie «unmäßig beschäftigte», wie sie einmal äußert. Was ist mit der laufend verfeinerten Kultiviertheit, der gehätschelten intellektuellen Kapazität, der Fähigkeit, Bedeutungszusammenhänge zu schaffen und zu entziffern, wenn vor der Tür die Zivilisation selbst zum Teufel geht?

## Gefährliche Reisende

Zermürbend und brillant: «Desperate Characters», 1970 erschienen, sei ein Buch, das seinen Lesern den Spiegel vorhalte. So sagte es Irving Howe in seinem Nachwort zu «Was am Ende bleibt». Auch bei den zeitgenössischen Kritikern wurde «Desperate Characters» weit über die «leidenschaftlich exakt» erzählte private Geschichte hinaus als beunruhigende Aussage über einen gesellschaftlichen Stand der Dinge verstanden. Und wie Franzen später den Roman über alle anderen Romane nach dem Zweiten Weltkrieg stellte, so sah auch Howe den Roman in einer Reihe mit Fitzgeralds «Great Gatsby» und anderen Klassikern der literarischen Moderne.

Mit «Desperate Characters» verschaffte sich Paula Fox endgültig ihren Platz in der literarischen Szene und im Kreis der intellektuellen Kritiker – jenen, denen Howe gerade eben den Namen «New York Intellectuals»[39] gegeben hatte und die, unbestritten in ihrer Leistung, «das geistige Leben und die Bedeutung des Wortes mehr pflegten und förderten als irgendeine Gruppe in Amerika seit den Puritanern»[40] Auch Trilling lobte es überschwänglich. Es erstaunt nicht, dass diese strengen Wortmeister Trilling, Kazin und Howe Paula Fox' erste Bücher so lieben: Spielt doch in ihren ersten beiden Romanen – wie in keinem der späteren – das intellektuell scharfsinnige Gespräch mit seiner Ironie, dem politischem Witz, dem selbstkritischen Blick auf Illusionen und aufs Milieu des gebildeten weißen Mittelstands eine zentrale Rolle.

Schon «Poor George» hatte in der Kritik ein ähnlich positives Bild abgegeben. Der Kritiker des «New York Review of Books» bezeichnete es als bestes Debüt seit Langem. Sie schreibe direkt aus dem Brennpunkt des Gegenwärtigen, ohne aber in modischen Ton und Jargon zu verfallen, kommentierte Irving Howe. In beiden Büchern hatte Paula Fox das feine Knirschen hörbar gemacht, das unterhalb des Alltagslebens, des Beziehungsgesprächs so oft verläuft; jenen Alarm, den zu überhören man sich im «normalen Leben» alle Mühe gibt. «Who listens?» Wer hört zu? hatte die Eingangsfrage in «Poor George» gelautet. Wer hört dem Gewaltpotenzial zu, das sich in diesem Knirschen andeutet und das so viel über eine Gesellschaft wie über ein Paar verrät? Wer hört dem Gespräch zu, das unter dem Gespräch verläuft? *«Die Leute behaupteten immer, sie sprächen über ihre Gedanken und Gefühle. Catherine hatte sich schon oft gefragt, ob nicht gleichzeitig eine andere Unterhaltung ohne Worte stattfand.» (ST, S. 36)* In ihren beiden ersten Romanen hat Paula Fox ihr Portrait jener 60er-Jahre vorgelegt; jener Jahre auch, in denen sie selbst Teil eines jüdisch geprägten, intellektuell-bürgerlichen Milieus geworden – und nicht geworden – war. «Ich gehörte nie ganz dazu! Blieb immer vor allem Beobachterin.» Hatte sie doch viel zu lange anders gelebt, um ganz Teil zu werden – aber war viel zu neugierig, zu hungrig nach Lernen und Verstehen, um nicht zum Thema zu machen, was sie umgab.

Beide Bücher wurden hoch gelobt – und verkauften sich schlecht. «Desperate Characters wurde gut besprochen», erinnert sich Paula Fox selbst, «aber es wurde nie ‹big›, was durch den Film ja hätte passieren können.»

Film? Regisseur Frank Gilroy hatte, kaum dass der Roman erschienen war, die Idee, aus dem Buch mit seiner hohen psychologischen Spannung einen Film zu machen. «Die Idee sei ihm während einer Paddeltour gekommen», berichtet Paula. «Ich erinnere mich an einen Abend, als Martin und ich uns mit Frank Gilroy und Shirley MacLaine in Shirleys Apartment am Sutton Place trafen, um über das Drehbuch zu sprechen. Wobei vor allem Shirley sprach! Sie hatte es geschafft, das Geld für den Film bei einem englischen Produzenten aufzutreiben, der eine Fernsehserie mit ihr drehte, 350000 Dollar! Ich bekam davon zehn Prozent.» Genau diese 35000 Dollar werden zukunftsweisend für sie werden – viel stärker als der Film selbst. «Ich glaubte von Anfang an nicht an den Erfolg dieses Films», schreibt mir Paula dazu. «Und es wurde keiner.» Der heute als DVD erhältliche Film von 1971 ist ein eher steifes Kammerspiel, das nichts hat von der Eleganz des Textes – aber warum, frage ich mich, hatte Gilroy auch ausgerechnet diese Vorlage verfilmen wollen?

Warum ein Buch, das – so scheint es – zur Hälfte aus Dialogen, zur anderen aus Introspektion besteht; mit verschwindend geringer szenischer Handlung dazwischen? Jene Wohnzimmerschwere, die dem Buch seine bedrückende Brillanz verleiht, gerät im Medium Film eher langweilig.

So sind auch Paula Fox' Erinnerungen an Dreh und Aufführung eher anekdotischer Art. «Einer unserer Bekannten, Rick Pierce, stellte sein Haus in Boerum Hill für eine Szene zur Verfügung, und für die 2000, die sie von Frank dafür bekamen, flog er mit seiner Familie auf die Bahamas! Einmal schauten wir bei einem Dreh dort zu; Shirley drehte das Wasser im Bad auf, aber anstatt ins Becken spritzte es ihr ins Gesicht! Wir alle lachten. An einem anderen Abend gingen Martin und ich mit unserem Freund Jim Harvey zur Brooklyn Promenade, wo Frank eine Szene mit Shirley und ihrem Partner drehte. Außer uns sechsen war noch ein Polizist da, extra aufgeboten, um die Menschenmengen in Schach zu halten. Aber es gab keine Menschenmengen! Shirley aß einen Apfel, und niemand nahm uns auch nur wahr … Was ich damit sagen will: das ganze Geschehen rund um diesen Film war vollkommen unglamourös! Glamour hatte allein die Premierenparty wegen des schicken Restaurants, das Frank gemietet hatte! Betty Friedman war da und machte mir ein Kompliment. Dann, als der Film anlief, sehe ich uns alle abends einmal im Auto vor dem Kino sitzen, wo er gezeigt wurde, wir schauten auf die lange Schlange. Ich hatte nicht das Gefühl, dass dies viel mit mir zu tun hatte. Er lief in den großen Städten ganz gut, in den kleinen nicht. Der Film war ein Versuch um Ernsthaftigkeit, aber es war kein guter Film.»

*

«Nein, es war kein guter Film», stimmt mir James Harvey zu, den ich in einem kleinen Weinlokal an der Court Street treffe. Harvey, groß, schlank, passt mühelos in die Reihe jener über achtzigjährigen Freunde von Paula, die viel jünger wirken und von einer geistigen Lebendigkeit sind, die vielleicht – wer weiß? – auf die strikt eingehaltenen Arbeitstage am Schreibtisch zurückzuführen ist. Jim ist einer von Paulas ältesten Freunden in Brooklyn, selbst Schriftsteller und Autor zweier Standardwerke zum amerikanischen Film «The Romantic Comedy in Hollywood» und «Movie Love in the 50s».

Aber Paula und er hatten sich nicht über Filme kennengelernt, sondern über Paulas und Martins Wohnungsnachbarn. «Unsere innere Verbindung zueinander kam aber nicht durch sie zustande, nicht einmal durch Literatur, sondern durch unsere Tiere! Paula las ja immer Tiere von der Straße auf – und ich tat das auch. Und wir hegten und pflegten sie dann und bildeten uns ein, sie zu verstehen!»

Jim erzählt, dass er erst in jüngster Zeit auch mit Martin befreundet ist. «Früher war Martin der Oger, der seine Königin bewacht! Er war nicht so liebenswürdig wie heute.» Paula, sagt Jim, sei immer das Zentrum gewesen, eine Königin, um deren Kunst, um deren Charme sich alles drehte.

Ich laufe, zusammen mit Jim, durch die Court Street und biege ab in die Clinton. Hierher zogen Paula und Martin von Gowanus. Irgendwann wenig später wurde dann Gowanus zu Boerum Hill geadelt. Eine kleine Plakette an einem Haus – Jonathan Lethem hatte sie mir gezeigt – erinnert an jene ältere weiße Dame, die es schaffte, mit dem noblen Namen Boerum Hill den Gestank von Gowanus wenigstens aus dem Namen zu vertreiben. Eine echte Vorreiterin der «gentrification»! Für Paula Fox und Martin Greenberg war klar, dass sie – ob nun Gowanus oder Boerum Hill genannt – in genau diesen Straßen versuchen würden, mit den 35 000 Dollar Filmgeld ein Haus zu kaufen. «Wir begannen sofort zu suchen, und als wir das Haus in der Clinton Street gefunden hatten, ging der Bettelgang zu den Banken los.» Sieben Mal wurde ihr Kreditgesuch abgelehnt, aber zusammen mit einer kleinen Summe von Martins Vater deckte die achte Bank den Rest.

Von ihrer ersten Wohnung in der Dean Street bis zu ihrem heutigen Haus in der Clinton ist es ein Fußweg von knapp zehn Minuten – vier Blocks nach Westen, über die Geschäftsstraßen Smith und Court Street auf den East River zu, dann vier oder fünf Blocks nach Süden. Hier ist seit 1970 ihr Zuhause. Knappe zehn Minuten – aber wieder eine eigene Welt. Die Clinton Street ist eine ruhige Wohnstraße, wenige Cafés, Reinigungen oder kleine Banken. Nur ein paar Blocks Richtung Norden liegt Brooklyn Heights, die immer noch über alle Zweifel erhabene nobel gediegene Wohngegend – in ihren Dunstkreis gehört die südlichere Clinton Street, wo Paula und Martin wohnen, definitiv unterschieden und getrennt von der Gegend um den Gowanus Canal und von den sich über der Dean Street türmenden Sozialbaublöcken.

Aber Paula Fox wird die Gegend einmal mehr nicht ohne (unfreiwillig) dramatischen Schlusspunkt verlassen. In ihrem Essay über L. J. Davis erzählt sie: «*Am Tag bevor wir aus der Dean Street wegzogen, saß ich an meinem Schreibtisch in dem Zimmer, in dem ich immer arbeitete. Plötzlich zerbrach das Fenster, ein Sirren war in der Luft und etwas wie eine Biene sauste an meiner Backe vorbei. Ich duckte mich ängstlich. Dann fasste ich mich und lugte aus dem Fenster in die Hinterhöfe. Zwei junge Leute, Mann und Frau, hielten sich erschrocken die Hände vors Gesicht und suchten in meiner Richtung nach dem kaputten Fenster. In der rechten Hand der Frau hing eine Pistole. Es stellte sich heraus, dass der dumme junge Mann seiner dummen Freundin beibringen wollte, wie man mit der Pistole schießt. Er hatte sie den Griff fassen lassen und ihr den Finger um den Abzug gekrümmt. Da löste sich der Schuss. Abermals hatte eine Waffe finis unter eines unserer Domizile geschrieben. Und beinahe unter mich. Martin hatte mehr als*

*Paula Fox und Jim Harvey*

einmal gesagt, ich reise auf riskante Art durchs Leben.» (DZ, S. 230)

Das Haus in der Clinton Street ist aus beigegrauem Sandstein, lückenlos eingepasst in die Häuserreihe der dreistöckigen Brownstones mit steinerner Eingangstreppe und ein paar Stufen aus dem Vorgarten ins Basement. Hinterm Haus liegt der Garten, der zur Hälfte zum Nachbarhaus gehört. Paula und Martin befreundeten sich mit dem gleichaltrigen Ehepaar nebenan, das zur selben Zeit einzog wie sie, und sind bis heute mit ihnen verbunden.

«Mit uns zogen eine ganze Menge Handwerker ins Haus. Drei Monate lang war es belagert von Schreinern, Elektrikern. Martin verlor ein paar Kilo, solche Sorgen machte er sich über die Kosten, die der Umbau verschlang!» Zunächst zogen die beiden Söhne mit ein, Adam ging dann aber bald aufs College, und Gabe besuchte eine Quaker-Highschool in Brooklyn. Erst als beide das Haus verlassen hatten, richteten sich Paula Fox und Martin Greenberg in den beiden oberen Zimmern, aus denen der dritte Stock besteht, ihre Arbeitszimmer ein. Von hier aus begann dann die Schreibreise der Paula Fox zurück in die eigene Vergangenheit: «The Western Coast» wurde das nächste Buch, dem sie sich zuwandte: «Kalifornische Jahre».

Wer war es, die nun dort einzog – ins erste eigene Schreibzimmer ihres Lebens? «Ich erhielt noch einen Preis von der ‹Academy of Arts and Letters› für ‹Desperate Characters›, und ein Arbeitsstipendium von der amerikanischen Regierung. Aber all das änderte nichts Wesentliches an meinem Bild von mir selbst. Ich hatte nicht plötzlich die Gewissheit erworben, Schriftstellerin zu sein. Aber was ich stark in diesen Jahren empfand, war das Gefühl, eine ganze Menge Glück zu haben.»

Mit Jim bin ich mittlerweile in einem kleinen Weinlokal gelandet; wie oft bei den Spaziergängen mit ihm, der ein Nachtmensch ist. Nach stundenlangen Gesprächen über die Psychologie eines Buches oder Films trennen wir uns, und er setzt sich zu Hause, von seiner Katze Jasper begrüßt, an den Schreibtisch und arbeitet bis in die frühen Morgen.

«Vergessen Sie nicht – Paula hatte das Glück, Martin an ihrer Seite zu haben, der sie nicht nur unterstützte, sondern ihr den Platz im Zentrum zugestand, den sie vielleicht ja auch braucht! Er hat sie immer verehrt», fügt Jim an. «Das hat sie vermutlich nach dieser ganzen Vergangenheit gebraucht: jemanden, der ihr so uneingeschränkt zugewandt ist wie er.»

*Ich schreibe für das vernachlässigte*
*Kind in mir selbst*


»Wissen Sie denn nicht, was für eine wichtige Jugendbuchautorin Paula Fox ist? Sie haben ja nur über ihre Romane gesprochen!« Zweimal war es mir passiert, dass nach einem Vortrag eine Buchhändlerin zu mir gekommen war und nachdrücklich diesen Teil von Paula Fox' Werk in Erinnerung gerufen hatte.

In Erinnerung? Oder überhaupt erst ins Bewusstsein? Bei unserer allerersten Begegnung hatte mir Paula Fox ihren Jugendroman «Die einäugige Katze» auf Deutsch geschenkt, und seither hatte ich, wo ich sie bekommen konnte, ihre Jugendbücher genauso begierig gelesen wie ihre Romane – und mich zugleich immer darüber gewundert, dass sie beharrlich als «childrens' books» gehandelt wurden. Ich hatte das Buch über den elfjährigen Ned, der fürchtet, der Katze ein Auge ausgeschossen zu haben, oder die fünfzehnjährige Catherine, die ihren betrunkenen Vater nach Hause fahren muss, oder über die zehnjährige Emma, die während einer Herzoperation ihres Vaters zu einer bösen Tante geschickt wird, nicht als grundsätzlich von ihren Romanen unterschiedene Bücher gelesen. Stehen doch fast alle jugendlichen Heldinnen und Helden, die auf den kleinen Maurice folgen, entweder auf oder schon hinter der Schwelle, die aus der Kindheit hinausführt. Alle haben auf irgendeine Weise mit einer Einsamkeit zu tun, die zu ernst ist, als dass ihr leicht zu entkommen wäre.

Außer vielleicht Maurice aus «Maurices Room», diesem schlauen kleinen Jungen mit seinem unüberschaubaren Besitz, hat keiner mehr eine ungebrochene Welt, die Möglichkeit eines ungebrochenen Lebens.

Paula Fox selbst hat sich an verschiedenen Stellen dazu geäußert. In ihrer Dankesrede für den Hans-Christian-Andersen-Preis 1978 sagte sie: *«Es wäre seltsam, ja, albern, behaupten zu wollen, dass ein fünfjähriges Kind sich für ‹Madame Bovary› oder für ‹Schuld und Sühne› interessieren könne. Dies allein aber bezeichnet noch keinen grundlegenden Unterschied zwischen Kind und Erwachsenem; es gibt lediglich einen spezifischen Unterschied, und dieser trifft nicht das Herz der Sache: dass die Kunst des Geschichtenerzählens letztendlich immer die Kunst ist, wahr zu sein. Die Anstrengung der Fantasie ist keine andere, ob man ein Buch für Kinder oder für Erwachsene schreibt. Wenn das, was Kinder einmal gelesen haben, nicht herablassend war, kein billiger Trost oder leere Versprechungen, wenn es aufrichtig war und ihre Fantasie gefordert hat, dann besteht begründete Hoffnung, dass diese Kinder später in ihrem Leben einmal wissen wollen, was mit Emma Bovary oder mit Raskolnikow passiert ist.»*[41]

Als Paula und Martin 1970 in die Clinton Street einziehen, sind schon sechs dieser Bücher für ein jugendliches Publikum entstanden. «Ich schreibe für das vernachlässigte Kind in mir selbst, und ich schreibe für Mr. Corning ...», hatte mir Paula Fox früh gesagt und vielleicht schweigend mitgesagt: und für mein eigenes, verlorenes Kind.

Vernachlässigt, verloren – dies muss nicht immer so dramatisch sein wie für den zwölfjährigen Clay in «Monkey Island» (Deutsch: Wie eine Insel im Fluss), dessen Eltern beide plötzlich verschwunden sind und der nur dank der Hilfe zweier Obdachloser auf Manhattans Straßen überlebt. Nicht so endgültig schrecklich wie das einsame Sterben von Liams Vater in «The Eagle Kite», der sich mit Aids infiziert hat – und dem Liam nicht verzeihen kann, seit er ihn in enger Umarmung mit seinem Freund gesehen hat. Nicht so radikal grausam wie Paula Fox' eigene Eltern, die sie abgaben und doch nicht losließen.

Und doch ist ein jedes von ihren Büchern für junge Menschen

radikal in dem Sinne, dass es sich weigert, kindliche Einsamkeit weichzuzeichnen und einfachen Lösungen zuzuführen. Ohne irgendein verstehendes Gegenüber, irgendwann, aber auch ohne einen enormen in der Einsamkeit gewonnenen Mut des Kindes selbst wird kein neues Ufer erreicht.

1969 erscheint «Portrait of Ivan» (Deutsch: Ein Bild für Ivan) und erzählt über den elfjährigen Ivan, dessen geschäftsreisender Vater so «busy» ist, dass der Junge keine Möglichkeit sieht, ihn zu fragen, ob es denn nirgends im Haus irgendein Bild von seiner früh verstorbenen Mutter gibt. Zwar hatte er mit Haushälterin Giselle schon alle Schränke im Haus durchsucht, aber ohne Ergebnis. Als er nun jeden Samstag zu einem Maler ins Atelier geht, dem er für sein Portrait sitzt, rutscht ihm dem Maler Matt und der alten Miss Manderby gegenüber plötzlich heraus, dass er sich gar nicht vorstellen kann, wie seine russische Mutter auf einem kleinen Schlitten über die Grenze nach Polen gekommen sein soll! Wie können so viele Leute auf einem Schlitten Platz gehabt haben? Samstag für Samstag zeichnet Matt nun ganz nebenbei, im Vorbeigehen sozusagen, eine Skizze von einem Pferdeschlitten, Bäumen, Schnee, warmen Pelzen, irgendwann Menschen darin. Die schmerzende Leerstelle in Ivans Innerem wird mit einer Geschichte gefüllt.

Eines Tages aber kündigt Matt an, dass er nach Florida fahren muss, wo ein seltsamer Auftrag wartet: Er soll ein altes Haus, das seine Besitzer verkauft haben und das nun abgerissen und durch einen Country Club ersetzt werden wird, im Bild festhalten. Mit dem Ende des Hauses, so Matt, «‹geht eine spezielle Architektur des amerikanischen Südens zu Ende. Mr. Crown möchte, dass ich Gemälde und Zeichnungen vom Haus anfertige, damit die Leute immer vor Augen haben, wie es früher aussah.› ‹Und warum macht er keine Fotos?›, fragte Ivan. ‹Er ist der Ansicht, dass Bilder besser wiedergeben, wie etwas wirklich ist.› – ‹Aber genau das kann doch ein Foto zeigen›, sagte

*Ivan. ‹Nein, kann es nicht›, widersprach Miss Manderby. ‹Weil ein Haus, weil nichts genauso ist, wie es aussieht.›» (BI, S. 56)*

Und dann passiert etwas Wunderbares: Matt lädt Ivan und Miss Manderby ein, ihn zu begleiten. Als sie nach Tagen der Reise ankommen, hinter East Jacksonville, sehen sie das Haus hinter einem sandigen Weg: «*Und zwischen dem Fluss und der letzten Baumreihe stand ein gewaltiges Haus, die Fenster verdunkelt. Als sie zur Vorderseite herumfuhren, sahen sie den Ansatz einer breiten Veranda, von der sich Säulen erhoben, die ein dreieckiges Dach stützten. Die Farbe blätterte ab; das Holz schimmerte gelblich, und an den Wänden haftete eine dicke Kletterpflanze mit lilafarbenen Blüten. An einer Säule lehnte ein kaputter Schaukelstuhl. ‹Seht euch das an!›, rief Matt und stieß einen Pfiff aus. ‹Ist das echt?› – ‹Fast›, sagte Miss Manderby flüsternd. ‹Aber es vergeht schnell.›*» (BI, S. 77)

Dies ist einer der ersten, in ihrem fiktionalen Werk auftauchenden Hinweise darauf, dass Paula Fox begonnen hatte, sich in ihren Büchern auf die innere Reise zurück an konkrete Orte ihrer Kindheit und Jugend zu begeben. In East Jacksonville war sie selbst, elfjährig, angekommen auf der ersten und einzigen Reise ihrer Kindheit, die sie mit beiden Eltern unternommen hatte. Sie erzählt davon in ihren Memoiren: «*Südlich von East Jacksonville bogen wir von der Schnellstraße ab und kamen auf eine ungepflasterte Straße. Sie endete in einer dicht bewaldeten Gegend, wo es an den Ufern des breiten St. John's River eine verstreute Ansammlung von Wohnhäusern gab. Nah einer Klippe stand ein großes, chaotisch aussehendes, gelbgestrichenes Haus, bewohnt von einer ältlichen schottischen Frau namens Lesser, der Haushälterin. … Die Zimmer mit den hohen Decken waren weitläufig und spärlich möbliert. Unterhalb des Steilufers war ein grauer Landungssteg auf krummen Pfählen in den Fluss gerammt. Wohin ich auch sah, gab es schwimmende Flecken von Hyazinthen, in deren verfilzten Wurzeln, wie ich*

*später erfuhr, Mokassinschlangen gern Schutz suchten.»* (FK,
S. *172)* Für die kleine Paula sollte dieser Ort gleich doppelt tief
im Gedächtnis verankert bleiben: Bald nach Elsies erbarmungsloser Zurechtweisung ihrer Tochter, sie habe nicht das Recht,
ihrem Vater die Schuhe zu binden, ließen die Eltern sie mit Mrs.
Lesser zurück. Das Haus wird, ganz anders als erwartet, nicht
nur der Schauplatz eines ersten, sondern auch eines letzten Ma-
les bleiben: Bei einem Besuch berichtet ihr der Vater, dass er
und Elsie sich scheiden lassen würden. Dann lebt Paula mit
Mrs. Lesser fast ein Jahr dort; schließt Freundschaften mit einigen Kindern, von denen sie in ihren Memoiren auch erzählt.
*«Mattie und Matt kamen, um sich zu verabschieden … Ich sah
eine Träne Matts weiche, sommersprossige Wange hinunter-
laufen. Mattie lächelte und hielt minutenlang meine Hand.»*
*(FK, S. 184)*

Auch Ivan macht im gelben Haus eine Freundschaftserfah-
rung mit dem Mädchen Geneva. *«‹Na, dann geh ich jetzt mal›,
sagte er. Er schaute sie kurz von der Seite an, denn bisher hatte
sie seinen Blick gemieden. Plötzlich sah er, dass ihr eine große
durchsichtige Träne langsam über die Wange lief. Ivan bekam
einen furchtbaren Schreck und stand sofort auf, so als hätte ihn
jemand gerufen. Plötzlich drehte sie sich zu ihm um. Sie versuchte nicht, die Träne wegzuwischen, sondern hielt ihm die Hand
hin. Er schüttelte sie, dann ging er rückwärts aus dem Zimmer.
Er hätte nie gedacht, dass jemand traurig sein könnte, wenn er
ging. Nie ihm Leben wäre ihm dieser Gedanke gekommen.»* *(BI,
S. 113)*

In Deutschland gewann «Ein Bild von Ivan» 2008 den Deutschen Jugendliteraturpreis als bestes Kinderbuch des Jahres –
fast vierzig Jahre, nachdem es im Original erschienen war! Lau-
datorin Caroline Röder lobt die «Meisterin des psychologischen
Realismus», Paula Fox, und ihr «hoffnungsvolles Buch, das
zeigt, wie man Heimat bei sich und bei anderen findet».[42]

Ihre erste große Anerkennung als Autorin für junge Menschen hatte Paula Fox ein paar Jahre nach «Portrait of Ivan» erhalten: 1974 wurde ihr die «Newbery Medal» für das Jugendbuch «The Slave Dancer» (1973, Deutsch: Sklavenfracht für New Orleans) verliehen: die bedeutendste Auszeichnung für Kinder- und Jugendbücher in Amerika.

Wieder beginnt eine Geschichte auf bekanntem Terrain: Mit seiner Mutter und kranken Schwester Betty bewohnt der dreizehnjährige Jessie Bollier ein einziges Zimmer in der Pirate's Alley im Vieux Carré von New Orleans. Bitterarm, muss er bei der ungnädigen Tante in der St. Ann Street für die Mutter Kerzen holen gehen, damit sie länger in der Nacht an einer Auftragsarbeit nähen kann. Mit «The Slave Dancer» begibt sich Paula Fox nicht nur in die Straße zurück, in der sie selbst in einem Häuschen in einem früheren Sklavenhinterhof wohnte, sondern auch in die Zeit, als an der Ecke St. Louis/Chartres Street die Sklaven ankamen und vermarktet wurden. Dorthin schleicht sich Jessie unerlaubterweise – und wird, in ein Tuch gewickelt, auf ein Floß geworfen und findet sich an Bord des Sklavenschiffes «Moonlight» wieder, das nach Afrika segelt, um Sklaven nach Amerika zu holen. Zwar ist im Jahr seiner Entführung, 1840, der Sklavenhandel schon verboten – was aber unter Umständen einfach bedeutete, dass die Sklaven über Bord geworfen wurden, wenn eine Patrouille nahte und die Crew sich ihrer Beweislast entledigen wollte. Während Jessie immer wieder darum kämpft, seine schwere Aufgabe nicht zu tun – auf der Flöte zu spielen, damit die schwarzen Sklaven tanzen –, wird er Zeuge einer unbeschreiblichen menschenverachtenden Quälerei. Kinder, halb tot über Bord geworfen; Menschen, die lustvoll gemartert werden.

«The Slave Dancer» ist ein Ausnahmebuch unter Paula Fox' Jugendromanen, nicht nur wegen des historischen Stoffs. Die Tiefe und Detailgenauigkeit, mit der sie sich in die sadistischen

Grausamkeiten und Mordspiele an Bord vertieft, rauben einem den Atem.

«‹The Slave Dancer› zu schreiben, war die größte mir mögliche Annäherung an diese Erfahrungen des Fleisches und des Geistes, die Sklaven erleben mussten», sagte Paula Fox in ihrer Dankesrede.[43] In einem an die Rede anschließenden Artikel setzt sie diesen Gedanken fort: «Ich glaube nicht, dass etwas in diesem Buch ist, das ältere Kinder nicht verkraften könnten. Sklaverei war der blanke Horror – im Gegensatz zu dem künstlichen Horror in Filmen. Die Geschichte der Menschheit ist zum Teil eine Geschichte von Leiden. Kinder wissen viel mehr davon, als man meint, und sie brauchen keine künstlichen Happy Ends.»[44]

In ihrer Dankesrede für die Newbery Medal 1974 erlaubt Paula Fox einen tieferen Einblick in die Entstehung und Beweggründe von «The Slave Dancer». Als sie in einer Notiz gelesen hätte, immer wieder wären früher kindliche Straßenmusikanten von den Crews der Sklavenschiffe gekidnappt und dazu verdammt worden, auf den Schiffen zu spielen, habe sie eine innere Resonanz verspürt und sich mit diesem Motiv auf die Suche gemacht. «Ich ging zur Bibliothek hier in Brooklyn und fand Bücher, manche mit exakten Zeichnungen von Sklavenschiffen. Ich las alles, was ich in die Finger bekam – dafür brauchte ich ein Jahr! Ein Freund hatte mir in New Orleans im French Quarter mal einen Sklavenmarkt gezeigt. Damals war ich neunzehn gewesen – aber das Thema Sklaverei beschäftigte mich weiter.» Auch einen persönlichen Bezug stellt sie her: «Ich schrieb ‹The Slave Dancer› als jemand, der selbst Gefangener einer weißen, aber dunklen Kindheit ist, von der er sich nie vollständig wird befreien können.»[45]

\*

Schreiben ist ein stiller Vorgang wie Denken, beginnt Paula Fox ihre Dankesrede für die Newbery Medal. «*Wobei ich mit Denken jetzt nicht die Anstrengung meine, scharfsinnig zu argumentieren, um einen vorläufigen Sieg über unsere eigene innere Unruhe davontragen zu können ... Mit Denken meine ich die tiefe Beschäftigung mit dem, was wir fühlen und warum wir es fühlen, und die enorme Anstrengung, die es kostet, um aus diesem Durcheinander der Eindrücke und Bilder den wahren Ursprung dieser Gefühle herauszufinden. In diesem Sinne ist Denken der aufreibende Versuch, Erkenntnis zu gewinnen. Ein Versuch gegen die mächtigen Feinde Gewohnheit, Trägheit, Angst vor Veränderung und davor, was diese mit sich bringen wird; gegen den Wunsch, unsere idiotischen Sicherheitsnischen zu bewahren; unsere Rechthaberei und Selbstgerechtigkeit ... eine Erkenntnisanstrengung als Versuch, uns mit der Wirklichkeit unseres eigenen Lebens in Kontakt zu bringen. ... Haben wir diese Verantwortung akzeptiert, die wir in unserer Verbindung zu anderen haben, müssen wir auch akzeptieren, dass wir – mit all unserer Unterschiedlichkeit – wie die anderen sind. Wenn wir in diesem Moment nicht das Opfer sind, können wir es im nächsten schon sein. Sind wir heute nicht die Verfolger – wer sagt uns, dass wir es nicht morgen sind?*»[46]

Gegen Schluss ihrer Rede erinnert sich Paula Fox an eine Frau, die sich einmal in den Fernsehnachrichten gegen die Fertigstellung eines Häuserblocks für schwarze Bewohner ausgesprochen habe. «*Ihr Notizbuch fest umklammert, ihr Gesicht verschlossen wie eine verrammelte Tür, erklärte sie ihre Position: ‹Warum sollen **die** jetzt Häuser nur für sich bekommen?›, rief sie. ‹Ihr Volk hat doch genau wie meines irgendwann beschlossen, mit dem Schiff in dieses Land zu kommen!›*» War das allen Ernstes ihre Überzeugung?, fragt sich Paula Fox. Dass sich die Afroamerikaner freiwillig nach Amerika eingeschifft hatten? Fassungslos fährt Fox fort: «*Was wäre, wenn ich über sie schrei-*

*ben würde? Dann würde ich mich fragen müssen – was steht in
ihrem Notizbuch? Warum umklammert sie es so fest? Was meinte
sie schützen zu müssen? Was meinte sie überhaupt?»(ebd.)*

Die Kinderbücher, die über die verschiedenartigen Notlagen
von Kindern und ihre ernsthaften, erfindungsreichen Wege aus
diesen Notlagen heraus berichten, über ihre Begegnung mit
dem eigenen Mut – dies ist ein thematischer Fluss und ein
Schreibfluss, der dreißig Jahre unentwegt strömte. Fast jedes,
oder jedes zweite Jahr veröffentlichte Paula Fox ein neues Jugendbuch.

Blickt man zurück auf die dreiundzwanzig Bücher für junge Leser, die sie geschrieben hat, kann man staunen darüber, dass sie
die große internationale Auszeichnung für ihr Gesamtwerk – den
in Deutschland verliehenen Hans-Christian-Andersen-Preis –
schon 1978 erhielt. Waren doch da die großartigen «One-Eyed
Cat», «The Moonlightman» oder «The Village by the Sea» noch
gar nicht erschienen!

Für die Preisverleihung in der Residenz in Würzburg reiste
Paula Fox zum ersten – und letzten – Mal nach Deutschland.
«Als ich da in der Residenz saß und auf das Deckenfresko von
Tiepolo blickte und die ganzen Honoratioren und Pädagogen
sah, die gekommen waren, und als ich im Hotel zum Frühstück
ging und mehrere Männer kamen und meine Hand küssten –
das war schon eine Art schwindelerregender Freude ... Ja, vielleicht empfand ich in diesem Moment wirklich so etwas wie
einen Stolz als Schriftstellerin.» So hatte sie es mir, der Deutschen, früh in unserer Bekanntschaft erzählt.

Weitere Preise folgten. Für «One-Eyed Cat» (1984) erhielt sie
die «Honorable mention» des Newbery Award. Den Preis des
Boston Globe/Horn Book bekam sie 1988 für «The Village by
the Sea» (Deutsch: Ein Dorf am Meer), den anrührenden Roman über die junge Emma, die ein paar Sommerwochen bei ihr

unbekannten Verwandten auf Long Island verbringen muss, während sich ihr geliebter Vater einer gefährlichen Herzoperation unterzieht. Des Vaters viel ältere Schwester, Bea, in deren Haus sie nun wohnt, benimmt sich unbegreiflich lieblos und gemein. Vor dieser Frau – labil, egozentrisch und aus heiterem Himmel verletzend – zieht sich Emma bald in ein schützendes Schneckenhaus zurück. Daran kann auch Beas um Ausgleich bemühter Ehemann Crispin wenig ändern. Zuflucht kommt von unerwarteter Seite: ein anderes Mädchen, das sie am Strand trifft und mit der sie nun ein Projekt beginnt, das ihre Tage und Gedanken ausfüllen wird: Die beiden bauen aus Sand und Strandgut ein Dorf am Meer.

Bedroht von der latenten und offenen Aggression ihrer Tante, findet Emma einen Weg, heil zu bleiben, ein intaktes Selbst zu bewahren. Das hier zentrale Motiv des «secret life», des geheimen Lebens, zieht sich durch viele ihrer Bücher und zeichnet gerade die Jugendromane aus.

Immer wieder haben die Kinder in Fox' Jugendromanen – wie Emma oder auch wie Ned in «Die einäugige Katze» – Eltern, die sie respektvoll lieben. Aber selbst dann kann diesen Eltern etwas zustoßen; sie können krank werden, arbeitslos, behindert, sie können selbst Opfer von Gewalt werden. Vor alldem können sie ihre Kinder nicht schützen, und manchmal nicht einmal vor sich selbst. Viel von dem müssen die jungen Heldinnen und Helden in Paula Fox' Jugendromanen erleben, – und nicht selten entdecken sie dabei einen ungeahnten eigenen Mut und den Reichtum und die schützende Kraft ihres inneren Lebens. Trotz alldem, was Kindern passiert – und was nicht zuletzt ihr selbst passiert ist –, beharrt Paula Fox auf der Kraft dieses «secret life», das dem Selbst helfen kann zu überleben.

Das «geheime Leben» kennt auch Luisa aus dem gleichnamigen Roman. Einmal frage ich Paula Fox, was denn schließlich ihre Bücher für Jugendliche von denen für Erwachsene unterscheide?

«Wenn ich sage, dass ich Anna Karenina niemandem unter zwölf oder dreizehn vorlesen würde, dann nicht wegen des Inhalts. Kinder wissen oft nicht weniger von den Schrecken des Lebens als Erwachsene. Sondern wegen des Urteilsvermögens, der Fähigkeit, eine eigene Haltung zu etwas zu entwickeln. Das ist etwas, was erst in einem bestimmten Alter beginnt, und dann – hoffentlich – nie endet.»

## Die wirklichen Zusammenhänge sind anderswo

Als Paula bei ihrer Großmutter in Kew Gardens lebte, kamen sonntags manchmal alle Söhne zu Besuch. Dann saßen Elsies vier Brüder Fermin, Vincent, Frank und Leopold im Wohnzimmer des Hauses in der Audley Street um den Tisch, Candelaria und die Enkelin trugen die Speisen herein – und es passierte regelmäßig, dass die kleine Paula, zehn-, elfjährig, von heftigen Bauchschmerzen heimgesucht wurde. «Ich sehe sie noch grimmig um den runden Tisch herumsitzen ... die Spannung zwischen ihnen war so groß, dass ich richtige Kolitis-Attacken bekam! Frank und Leo konnten Vincent nicht leiden, und alle hassten sie Fermin, den Einzigen von ihnen, der nicht homosexuell war – und ein sadistischer Mensch.»

Was für eine Familie, äußert sie immer; nicht selten mit einem fassungslosen Lachen, unter dem auch ein Weinen liegen könnte. Die seltsame Mischung aus Hass und Gleichgültigkeit, die zwischen Candelarias Kindern bestand und die Paula ja selbst von Elsie erfuhr, prägte ihre Erfahrung mit Familie entscheidend. Sie konnte, während sie selbst erwachsen wurde, verfolgen, wie sich über die Jahre zwischen den Geschwistern eine Unkultur des Verschweigens, Anlügens, Einander-Austricksens immer mehr vertiefte, in der nur Leopold die große Ausnahme bildete. «Er war der Einzige, außer meiner Großmutter, dem ich mich verbunden fühlte.» Er war allerdings auch, weiß Paula, Candelarias Liebling: «Die anderen waren ihr eher gleichgültig, glaube ich.»

Paulas Beziehung zu Leopold zog sich durch die Jahrzehnte: Schon am Anfang ihres Lebens hatte Leopold Paulas Vater, seinen Freund Paul Fox, davon abzubringen versucht, Paula ins Findelhaus zu bringen. Er war es gewesen, der dann seine Mutter informiert hatte und schließlich seinen Freund Brewster irgendwie dafür hatte gewinnen können, dass der sie mit zu seiner Familie nahm – dort, wo Mr. Corning sie fand. Leopold war es gewesen, der die Kette aus rettenden «Feuerwehrleuten» in Gang gesetzt hatte.

Später im Leben gab es nur noch punktuelle Begegnungen mit Leo in großen Abständen – umso mehr, als er irgendwann seinem Traum folgte, Maler zu werden, und mit dem Bruder Frank zurück ins «Mutterland» Spanien ging. «Vorher lebte er in der 61st Street in Manhattan, ich sah ihn öfter und liebte und bewunderte ihn … Er hatte ein wunderschönes Apartment, ich sehe noch ein Schiffsmodell vor mir, das Richard Halliburton ihm geschenkt hatte. Er war der Einzige unter den Geschwistern, der etwas Menschliches, etwas Liebevolles an sich hatte; der Einzige, zu dem es möglich war, eine Verbindung aufzunehmen.»

«Leo was a kind of lifeline to me», schreibt mir Paula Fox, eine Art rettender Anker für sie, trotz der Seltenheit und Unregelmäßigkeit ihrer Kontakte. Man kann es erstaunlich finden, dass auch diese einzige uneingeschränkt positive Beziehung zu einem älteren Familienmitglied von so seltenen Begegnungen geprägt ist; dass beide es zulassen, dass auch dieser kostbare Kontakt immer wieder völlig abreißt.

«Er besuchte uns einmal, als ich mit Martin und den Kindern an der Upper West Side lebte. Später erkundigte er sich bei Vincent nach meiner Adresse in Brooklyn, und Vincent – die Ratte! – log ihn an! Ich sei in Europa unterwegs, er habe keine Adresse von mir.» Als «eerie», unheimlich, beschreibt Paula diesen Vincent, der ihr später sogar noch die Information vorenthielt, dass Leopold für eine Krebsoperation zurück in den USA war. «Leo starb 86-jährig in Amerika. Ich habe ihn nie mehr gesehen. Vincent hatte dies verhindert.»

Wie konnte das geschehen? Wieso beförderte Paula als Erwachsene nicht stärker eine kontinuierliche Nähe zu den eindeutig positiven Menschen in ihrem Leben – Mr. Corning, Leopold? Und umgekehrt, wieso verbannte sie die eindeutig negativen Beziehungen nicht entschiedener? Mir fällt ein Satz von ihr wieder ein: «Ich wechselte die Orte wie die Menschen.» Nun schreibt sie mir etwas Ähnliches: «I was so out of the family! I had a wanderer's life!» Das Leben einer Wandererin – dies ist vermutlich nicht nur als Beschreibung ihres äußeren Lebens, sondern auch als ein Satz über ihr Innenleben gemeint. So grundlegend und dramatisch den Platz in seiner Familie verwehrt zu bekommen, wie ihr das passierte, verstört seelisch vermutlich so sehr, dass zunächst auch keine eigene Fähigkeit zu kontinuierlichen Beziehungen entwickelt wird. Umso mehr, als die familiären Verstörungen sich ja fortsetzen, nie zu Ende sind. Ihr Onkel Frank ließ sie als junge alleinerziehende Mutter abblitzen, als sie ihn in großer Not bat, ihr mit einem Kredit zu helfen, damit sie die Krankenhausrechnung für den schwer kranken Gabe bezahlen konnte. Vincent hielt nicht nur gezielt Informationen zurück, sondern streute Gerüchte: «Einmal traf ich mich mit ihm in einem Restaurant, und er sagte mir, mein Vater hätte ihm gegenüber geäußert, ich hätte wirklich keinen Funken wahres Talent. Er lachte hämisch dabei, hahaha … Diese sinnlose Wut! Diese leere Eifersucht! Aber tatsächlich, ich habe es nicht geschafft, diese Kontakte meinerseits abzubrechen. Mich nicht gut wehren zu können, dieser Schaden ist mir geblieben. Auch eine Angst vor Menschen, die immer wieder hochkommt.»

Wie auch nicht! Blieb doch vor allem ihre Mutter, Elsie, lebenslang dabei, die Tochter zu verneinen und abzulehnen. Als Paula einmal, sechsjährig, in New York in der Tür gestanden hatte, hatte die Mutter ein Glas nach ihrem Kind geworfen. Seit Elsie, bald nach ihrer Scheidung von Paul Fox, den Verlagslektor Harmon Tupper geheiratet hatte, wurden Paulas Begegnungen mit ihr noch seltener. «Ein einziges Mal ging ich als junge Frau mit Harmon und Elsie in ein Restaurant, wo Flamenco getanzt wurde. Ich erinnere mich an Elsies unausgesetzt ironische Bemerkungen über die Gäste. Sie war geradezu süchtig danach, Menschen bloßzustellen. Das war das einzige Mal, dass ich abends mit ihnen ausgegangen bin.» Ebenfalls ein einziges Mal besuchte sie die beiden in Nantucket, wo sie sich nach Harmons Pensionierung ein Haus kauften. «Ich verbrachte zwei sehr angespannte Tage dort. Einmal nannte mich Harmon ‹beautiful kiddo› – das konnte Elsie absolut nicht ertragen.» Von Leopold erfuhr Paula Geschichten wie jene, dass Elsie sich einmal an Harmon für eine Frauengeschichte rächte, indem sie in seinem Namen Telegramme an alle seine Freunde mit der Botschaft schickte: Bin total pleite, kannst du mir zwei Dollar schicken? Dann gab es noch den kurzen Besuch der beiden bei Paula und Martin Ende der 50er-Jahre, auf den hin der Kontakt bis kurz vor Elsies Tod ganz abbrach.

Etliche dieser bestürzenden Anekdoten, die sie mir aus ihrem Leben erzählt, finde ich in ihrem psychologisch dichtesten und analytisch schärfsten Roman, «Lauras Schweigen», 1976 erschienen, wieder: Wie auf einer Bühne schaut man in diesem Roman fünf Menschen zu, die sich in einem Hotelzimmer treffen, später ins Restaurant und dann auseinandergehen, bevor sie am nächsten Morgen noch einmal miteinander konfrontiert sind. Ins enge Zeitfenster eines einzigen Abends und des darauf folgenden Morgens gebannt, verdichtet sich das dramatische Beziehungsgeschehen zwischen ihnen zu ungemein spannungsvollen Portraits.

\*

Clara, eine junge Frau, bereitet sich auf einen Abend vor, den sie zusammen mit ihrer Mutter Laura und deren Mann Desmond im Restaurant verbringen wird. Am nächsten Tag wollen Laura und Desmond eine Schiffsreise nach Afrika antreten. Auch ihr Onkel Carlos und ein Freund der Mutter, Peter Rice, werden dabei sein – nicht genug, um Clara zuversichtlich in diesen Abend gehen zu lassen. Der Weg ins Hotelzimmer der Mutter ist für sie unvermeidlich ein Weg in die Resignation. Aus neunundzwanzig Jahren Erfahrung mit der Mutter, mit der sie nie zusammenlebte, weiß Clara: Es gibt keine Möglichkeit, neben ihr sie selbst zu sein; sich auch nur annähernd wohlzufühlen.

*«Sie hatte nie die Fähigkeit gehabt, den Teil ihres Wesens, der ihr selbst untreu war und der erwachte, wenn ihre Mutter zugegen war, in den Griff zu bekommen, wodurch sie gezwungen war, sich Lauras grundsätzlicher Absicht der Zerstörung von Sicherheit zu unterwerfen.» (LS, S. 94 f.)*

Woher nimmt Laura, diese mit Mitte fünfzig noch immer schöne Spanierin, diese Macht? Während hier Clara, in einer anderen Straße Lauras Bruder Carlos sich voller Widerwillen auf den Weg machen, findet das Machtspiel von Bloßstellung und verächtlicher Kritik im Hotelzimmer bereits statt. Desmond stürzt Alkohol in Mengen herunter, flieht ins Bad, um Lauras Bemerkungen zu entgehen. Was hatte er bloß getan, als er diese Frau heiratete, nur weil es mit ihr nie bürgerlich langweilig werden würde!

Laura ist ganz Laune, von Impulsen hin und her getrieben. In atemberaubenden Tempo springt sie von süßen Flötentönen zu groben Beschimpfungen; niemand ist vor ihrem zersetzenden Urteil sicher. Mit einem atemlosen Wechselbad von Belohnungen und Bestrafungen hält sie alle in Atem, alle unter Kontrolle.

Wieso wird ihr diese Dominanz zugebilligt? Als hätte sie mit ihrer höhnischen Verwerfung von Moral, Rücksicht, Loyalität einen eigenen glamourösen Stil geprägt, scheint ihr ein – zumindest männlicher – Hofstaat sicher. Laura hat Macht gerade durch ihre Nichtpersönlichkeit, die zum Prinzip gewordene Widersprüchlichkeit. Ihre Willkür, ihre Hemmungslosigkeit werden von den an Konvention Erstickenden als unkonventionell interpretiert, ihre Arroganz von den Schwächeren als Stärke genommen. Einzig Clara ist als Tochter zu jener schonungslosen Klarheit der Erkenntnis – Nomen est Omen – verurteilt.

*«Laura ist eine Terroristin. Sie nimmt sich nur wahr, wenn die Bombe, die sie wirft, auch explodiert … Sie ist eiskalt im Innern, nur halb geboren.» (LS, S. 202f.)*

Clara kann den sadistischen Impuls, die mächtige Wut hinter dem manipulativen Verhalten der Mutter zwar klar erkennen – ausgesetzt bleibt sie ihnen aber trotzdem. In jeder Begegnung mit der Mutter sieht sie sich in eine vielfache Einsamkeit gestürzt: wie bitter, dass sie, der die Mutter am heftigsten fehlte, nun die sein muss, die sie am genauesten erkennt.

Bitter, weil es ihr nicht hilft. Sie öffnet ihrer Mutter ihre Tür und ihr Herz, sobald diese nur einen Anflug wahrer Verletzlichkeit zeigt. *«… obwohl Clara wusste, dass dieses Versprechen unerfüllt bleiben würde, dass seine durchaus glaubwürdige Absicht sich völlig in der Inszenierung erschöpfte, war sie trotz der läutenden Alarmglocken in ihrem Gedächtnis gebannt wie jemand, der immer über die gleich Stufe stolpert.»* Als Laura Angst andeutet, weil sie ohne Desmond bettelarm wäre, sagt

Clara spontan und eifrig wie ein Kind: Du könntest dann bei mir wohnen! Und als Laura ein persönliches Wort äußert, lehnt sich Clara, einem Impuls folgend, an sie an – nur um zu erleben, wie Laura, sofort als Desmond aus der Badezimmertür tritt, aufspringt «wie eine alte Ehebrecherin». Für Laura ist dieser Rest von Claras Abhängigkeit nichts als Material, aus dem sie wirkungsvolle Momente gestaltet. Clara aber bleibt gebannt – zwischen dem sehnsüchtigen Impuls der Tochter, die noch mit neunundzwanzig nach einer Mutter ruft, bei der sie nie leben durfte, und ihrer erwachsenen Klarsicht, ihrer nicht zu betrügenden Erinnerung an ihre Kindheit, die sie bei ihrer Großmutter Alma verbringen musste.

Im Restaurant schließlich versinkt Clara in Erinnerungen an die fürchterlichen sonntäglichen Mahlzeiten, wenn Almas beide Söhne Carlos und Eugenio zu Besuch kamen.

*«In der stickigen, engen Essecke saßen ihre beiden Söhne aufrecht wie Gefangene vor dem Verhör. Sie sprachen selten. Clara verbrachte so viel Zeit in der winzigen Küche, wie sie konnte, um der furchtbaren Spannung am Tisch zu entgehen, dem finsteren Blick der beiden über ihr Essen gebeugten alternden Söhne, während Alma von Nachbarn plauderte, die niemand je gesehen hatte, von Geschichten in illustrierten Zeitschriften, die niemanden interessierten, von irgendwelchen Nachrichten aus dem Radio, die niemand hören wollte. Vielleicht war es nicht einfach Spannung gewesen, die Clara in die Küche getrieben hatte; vielleicht war es die unerträgliche, ängstliche Erwartung gewesen, die Pein jedes Sonntags, die Frage, ob Alma endlich die Aufmerksamkeit der beiden gewinnen konnte ... Deshalb verdoppelte sie ihre Anstrengungen, ihnen zu gefallen, während sie gleichzeitig zuließ, das man ihr die Anstrengungen ansah; es war ein Vorwurf gegen die Härte ihrer Herzen, die sich im Gegenzug nur noch mehr verhärteten. ... Was konnte Laura von diesen Sonntagen wissen, von Almas trübseliger und weicher schmerz-*

voller Verlassenheit, vom Alltagsleben jener beiden Zimmer, aus denen Clara jeden Montagmorgen in die Klassenräume der Schule entkam?» (LS, S. 134)

Sie, Clara, war es gewesen, die als Kind ins leidvolle Zentrum der familiären Entfremdungen gebannt worden war – während Laura sich ihnen beiden entzogen hatte, ihrer Mutter ebenso wie ihrer Tochter.

\*

Und unversehens haben wir Paula vor uns und die entsetzlichen Sonntagsessen in der Audley Street. Candelaria, die «lonely soul», die einsame Seele. Einmal besuchte Paula Candelaria zusammen mit Martin in Kew Gardens, bevor sie von Leopold erfuhr, dass sie in ein Altersheim in Manhattan umgezogen war. «Ein einziges Mal, glaube ich, war ich bei ihr in diesem Altersheim.»

\*

Auch Claras Großmutter Alma lebt mittlerweile in einem Altersheim, und während die junge Frau im Restaurant von Erinnerungen an die niederdrückende Kindheit mit ihr überflutet wird, verspürt sie gleichzeitig den nagenden Selbstvorwurf, dass sie sie so gut wie nie besucht.

Später am Abend sagt sie zu Peter Rice: *«Vielleicht ist es das, was ich wünschte – dass ich sie hätte gernhaben können. Aber das tat ich nicht. Carlos hatte ich gern. Er ist lieb, wissen Sie, wirklich lieb. Ich glaube, ich träumte früher, dass er mit mir fortginge. Ich wusste, dass er es nicht tun würde. Ich wusste, dass er für niemanden viel tun konnte. Aber er war nie bitter – wie die anderen. Ich nehme an, auch meine Großmutter war lieb, als sie ein Mädchen war, bevor alles anfing, diese lange Reise nach Kuba, zu dem Mann, den sie nicht kannte und den sie heiraten musste. Sie war erst sechzehn ...»* (LS, S. 209)

Carlos, der lieb ist und – keine Hilfe. Der sie, seinerseits wissend, beobachtet und sich wenig später verabschiedet.

«*Dort war seine Nichte, so sanft und feucht in ihrer weiblichen Jugendlichkeit, aber ihr Gesicht hatte die Blässe von Angst und Anstrengung. Sie war so demütig Laura gegenüber. Wenn er an Ratschläge geglaubt hätte, hätte er ihr gesagt, dass das die schlechteste Weise zu leben sei. Spürte sie nicht die Macht ihrer Jugend? Doch sie lag immer noch dort, zwischen den Beinen ihrer Mutter, war noch immer gerade erst geboren, schwach, hilflos.*» (LS, S. 105)

Auch Carlos hat keine wirkliche Abwehr, keinen wirklichen Gegenzauber gegen die aggressiv aufgedrängte Leere, die Laura ihnen allen zumutet. «*Er fühlte sich so erschöpft! Wann würde Laura aufhören, zu behaupten, dass sie eine Familie seien? Man wuchs aus der Familie heraus, ging von der Familie fort, die wirklichen Zusammenhänge des Lebens waren anderswo.*» (LS, S. 105)

Wo aber sind sie, die wirklichen Zusammenhänge? Wie viel an eigenem Leben dieses Muttererbe Clara kostet, ist noch nicht entschieden. Nicht an diesem Abend: Da kann sich Clara noch so oft, noch so tapfer, die geordneten Bahnen in Erinnerung rufen, in die sie ihr Leben mittlerweile gebracht hat; sich im fortgesetzten Selbstgespräch noch so hartnäckig vorreden, dass sie ihr eigenes Geld und ihre eigenen Freunde hat und die Mutter nun auf Monate, vielleicht Jahre hinaus nicht wird sehen müssen – ob sie sich wirklich von dieser fürchterlichen Leere wird befreien können, die Laura mit einem beträchtlichen Maß an Aggression verwaltet, ist ungewiss. Erschöpfende Verletzungen für – nichts. Keine Haltung, kein einziger wahrer Wert. Clara weiß dies. Aber nützt ihr dieses Wissen irgendetwas?

Wird doch Laura immer dafür sorgen, dass sie auf irgendeine Art den Vorsprung vor ihrer Tochter behält. Während sich Clara mit Erinnerungen und Selbstvorwürfen über Alma herumschlägt, ist Alma schon ein paar Stunden tot. Die Einzige, die dies weiß, ist Laura. Sie hat am frühen Abend den Anruf aus dem Altersheim erhalten – und die Nachricht für sich behalten. So lange, bis sie einem Zusammenbruch nahe aus dem Restaurant stürmt und Desmond im Hotelzimmer davon berichtet. Dann übernimmt Peter Rice die Aufgabe, mitten in der Nacht Lauras Brüder von Almas Tod und vom Begräbnis am nächsten Tag in Kenntnis zu setzen. Clara solle nicht informiert werden, sagt Laura zu Peter – sie wäre an dieser Nachricht ohnehin nicht interessiert.

Meint sie das ernst? Als Peter zu Carlos kommt, als stellvertretender Botschafter des Todes gleichermaßen, weicht Carlos Peters Frage aus, ob die Nachricht tatsächlich – wie Laura wollte – Clara vorenthalten werden solle. Aber Carlos verweigert eine Stellungnahme. Schließlich entscheidet Peter, der Außenstehende, selbst, dass er Clara informieren wird. In Clara steigt daraufhin die ganze bittere Kindheit mit ihrer Großmutter Alma wieder hoch: *«Ich hasste sie, als ich klein war … Ich weiß nicht, warum. Sie war nie unmenschlich zu mir. Wir waren wie zwei Schiffbrüchige in einem Rettungsboot. Die Vorräte gingen immer zur Neige. Ich fühlte das. Für mich war der Alltag nie gesichert. Sie war so unterwürfig, und doch schaffte sie es, diese beiden, meine Onkel, dazu zu zwingen, das sie Sonntag für Sonntag zu diesen entsetzlichen Mittagessen kamen. Es war wie ein Gemetzel, diese Mahlzeiten …»* (LS, S. 204)

*

All dies ist Paula Fox tatsächlich passiert. «Eines Tages berichtete mir Vincent mit freudlosem Lachen, Candelaria sei gestorben. Allerdings lag ihr Tod schon fast ein Jahr zurück! Elsie habe zu ihm gesagt, er bräuchte mir nichts zu sagen. Es würde mich sowieso nicht interessieren.» In keinem anderen Buch, scheint mir, ist so unverstellt, so detailreich die Geschichte von

Paula Fox' Leben mit der mütterlichen Herkunftsgeschichte zu lesen. «Lauras Schweigen» ist – unter anderem – das Dokument ihres persönlichen Familiengrauens. Als ich dies verstehe, kommt die Frage auf: Wieso hat denn Leopold seiner Nichte Paula nichts von Candelarias Tod gesagt? Wieso konnte ein Jahr vergehen? Ich erhielt keine Antwort, aber nachdem ich so außerordentlich viele Episoden aus ihrem Leben im Roman wiedergefunden hatte, fragte ich erneut: «War es so, wie Sie in ‹Lauras Schweigen› erzählen?» Hat sich Leopold – wie Carlos dort – der Pflicht entzogen, seine Nichte von Candelarias Tod zu unterrichten?

Ja – kommt irgendwann die Antwort. «Auch Leo war nicht konsistent in seiner Zuneigung, nicht verlässlich. Manchmal machte er krumme Sachen – wie dies zum Beispiel; mich von Candelarias Tod und Begräbnis auszuschließen, genau wie Elsie das gewollt hatte.»

Candelarias Tod muss in den späten 1960er-Jahren gewesen sein. «War es kurz bevor wir nach Brooklyn zogen? Oder danach?» Paula erinnert sich nicht. Und merkwürdigerweise wird mein Versuch, ihr Sterbejahr über das Altersheim herauszufinden, das «Mary Manning Walsh Home» in Manhattan, zum einzigen Moment meiner Recherche, in dem ich auf Granit stoße. Weder schriftliche noch telefonische Anfragen werden beantwortet; auch als ich persönlich dort erscheine, werde ich abgewiesen. Ich solle eine bestimmte Abteilung anrufen, und als ich das tue, fragt die Ordensschwester misstrauisch, ob ich das Gespräch aufzeichne, die Leitung würde so merkwürdig klingen? Auch Paula selbst erreicht nichts. Sie hätten keine alten Akten mehr – und wie könne sie überhaupt beweisen, dass sie die Enkelin dieser Candelaria de Sola sei?

*

An keiner anderen Stelle hat sich Paula Fox dieser Mutter, die aus Unberechenbarkeit, Egozentrik und Verächtlichkeit ein Stil-Prinzip machte, die noch ihre Verweigerung von Verantwortung zu einem ironischen Aspekt ihres Glamours zu machen versuchte, literarisch so genähert. An keiner anderen Stelle hat sie beschrieben, wie es auch eine Mutter, die nie für ihre Tochter sorgt, schaffen kann, diese in ein fast unauflösliches Zerwürfnis mit sich selbst zu bringen. Eine Mutter freilich, die selbst als Teil einer seltsamen Familie gezeigt wird. So, wie es von Alma im Roman erzählt wird, hatte auch Candelaria ihre eigenen Kinder, als sie noch klein waren, manchmal tagelang allein gelassen. «Sie ging fort und überließ die Kinder sich selbst! Sie mussten dann bei Nachbarn um Essen fragen.» Die Geschichte von Vernachlässigung reicht also weiter zurück. Elsies Wutschreie gegen eine Leere scheinen plötzlich nicht völlig unmotiviert. «In diesen Geschwistern – in Elsie, Fermin, Vincent, Frank, allen außer Leopold – kochte eine unglaubliche Wut», erinnert sich Paula Fox.

Es ist bewegend, dass die Autorin Paula Fox die Figur der Laura weitererzählt, weiter ausmalt, über das Profil ihrer Grausamkeit hinaus; weitererzählt bis dahin, wo sie zusammenbricht, als menschliches Wesen sichtbar wird. Sie erzählt Laura bis zu dem Punkt, an dem ihr unersättlicher Machthunger, ihre manipulative Energie, ihr erbarmungsloses Verfolgen jeder Schwäche endlich kollabieren und eine menschliche Verzweiflung dahinter zum Vorschein kommt. Damit geht sie als Erzählerin weiter auf diese Mutter zu, als sie das als Tochter je hatte tun können – und wollen, vermutlich.

Warum war Elsie so, wie sie war? Fragen nach einem «Warum», nach den Hintergründen von Elsies außergewöhnlicher Bösartigkeit gegenüber der eigenen Tochter, hat Paula Fox immer zurückgewiesen. Eine Mutter nicht erklären zu wollen, die ein Glas nach ihrem Kind geworfen, die ihrem Mann die Frage gestellt hatte: Sie oder ich? – ist eine Frage der Selbstachtung, begriff ich irgendwann. Als Autorin aber wird es für sie zu einer Frage der radikalen Suche nach der Wahrheit ihrer Figuren: so weit mit ihnen zu gehen, bis noch ihr hässlichster Zug als ein menschlicher Zug erkannt werden kann.

Mir zeigt sich inzwischen die erbarmungslose Härte Elsie de Solas als markantes Gegenstück zur vagen Unbestimmtheit ihrer Mutter Candelaria, Elsies eisiger Hass auf Wehleidigkeit und Selbstmitleid als Reaktion auf die klagende, vereinsamte Seele ihrer Mutter. Erst mit «Lauras Schweigen» – das ich, zumindest auf einer Ebene, als ein Stück von Paula Fox' eigenem Familiendrama lese – wird mir verständlich, dass Paula viel mehr aufgezwungen wurde als Verlassenheit. Ein psychisches Drama von der Ausweglosigkeit einer griechischen Tragödie: Indem sie einerseits ins innere Zentrum der unausgefochtenen Kämpfe verpflanzt wurde, zu Candelaria und ihren erwachsenen Söhnen, an den Mittagstisch, an dem alle stummen Kämpfe tobten – und andererseits immer wieder überall herausgerissen wurde, weggeschickt, unversorgt, wurde sie einem Gegensatz ausgesetzt, an dem sie auch hätte zerbrechen oder verrückt werden können. Gebannt im Auge des Sturms; in jener allerintimsten innerfamiliären Mitte, die sie nie kennenlernen wollte – und zugleich immer wieder vor die Tür gestellt. Ich ahne, warum Paula Fox Candelaria auch als Erwachsene nicht besuchen wollte; warum sie selbst zu Leo den Kontakt immer wieder verlor.

Wollte sie nicht dort bleiben, wo ihre Figur Clara stand – gebannt, gelähmt unter dem Blick der Mutter wie die Schlange vor dem Kaninchen –, musste sie eine eindeutige Richtung wählen. Radikal weg von jenen seelischen Verkrümmungen, die ihr von allen Seiten aufgenötigt wurden. Weg vom Zerrbild Familie, das sie selbst in die Verzerrung zog.

Weg. Irgendwohin – wo die «wirklichen Zusammenhänge» des Lebens sein könnten.

\*

Wann im Leben wurden böse Mahlzeiten zu guten Mahlzeiten? Wann gewann das Leuchten und Strahlen, das ich nun seit fünf Jahren auf Paula Fox' Gesicht sehe, die Oberhand gegenüber den Schmerzen im Körper und in der Seele? Wann wurde sie zu dieser souveränen, herzlichen Gastgeberin, die ich in Brooklyn immer wieder erleben darf?

«Vieles an Abgrenzung ist mit Martin geschehen und durch ihn. Vincent zum Beispiel, der ein fürchterlicher Antisemit war – er nannte Martin immer ‹HERRRRR Greenberg›, auf Deutsch, mit rollendem ‹r› –, versuchte doch tatsächlich, uns zu überreden, dass wir ihn bei uns wohnen ließen, damit er nicht im Altersheim in der Bronx bleiben musste. Er bot uns Geld an! Wir besuchten ihn dort und sagten ihm, das ginge nicht. Ich höre ihn noch heute in seiner monotonen Stimme sagen: Ja, dann werde ich die Zwanzigtausend, die ich gespart habe, wohl anders ausgeben müssen ...»

In ein paar Tagen ist mein amerikanischer Sommer vorbei. «Warum gehen wir nicht in die Villa Mosconi!?» Paulas und Martins Lieblingsrestaurant in Greenwich Village ist – ein Italiener, natürlich!

Am nächsten Abend also fahre ich zum ersten Mal mit Paula und Martin nach Manhattan. Paula stellt sich gefährlich weit in die Straße, wild mit der Hand nach einem Taxi winkend – ganz routinierte New Yorkerin. Wie gebrechlich Martin ist, sehe ich, als er ins Taxi steigt. Dann das Essen am runden Tisch, die Freundin und frühere Lehrerin-Kollegin Flora Sanders ist mit dabei, Paulas Enkel Dan, ich – ist vielleicht schon die Zusammensetzung am Tisch eine Antwort? Wenn man sich gut versteht in der Blutsfamilie wie mit Dan, dem jüngsten Sohn von Linda, der in New York lebt, ist dies ein glücklicher Zufall, aber keineswegs ein verlässliches Gesetz. Flora hat sich so schön gemacht. Paula strahlt übers ganze Gesicht – freudig gibt sie die italienische Bestellung auf: Bruschetta! Olive! Cosa avete come primo? Pasta! E vino, certo! Sie schüttelt viele Hände, fragt nach Familie, ruft Erinnerungen wach an andere Essen –

Die wirklichen Zusammenhänge, heißt es in «Lauras Schweigen», sind anderswo – als in der Familie. Paula Fox hat sie so radikal woanders kennengelernt, dass für sie sogar die Zuspitzung gilt: Hoffnung war da, wo Familie *nicht* war. Ich erinnere mich an einen Satz aus «Der Gott der Alpträume», als Helens Mutter zu ihr sagt, Blut sei schließlich dicker als Wasser. «*Ich stellte mir die dicke, zähflüssige Konsistenz von Blut und das dünne, reine, freie Strömen von Wasser vor.*» (GA, S. 35)

Es wird viel und glücklich gelacht am Tisch. Es geht um alte Geschichten und um aktuelle Politik, immer wieder um Italien. Es geht um jeden, der hier sitzt. Paula Fox glüht und strahlt, sie ergreift die Hand der jungen Kellnerin, und ich denke, dieses Lachen ist so tief und strahlend, weil es von so weit her kommt. Von der anderen Seite der Welt. Weil es die ganze Strecke zurückgelegt hat – von den falschen hin zu den wirklichen Zusammenhängen.


## Con amore per Paula


Dann ist mein letzter Tag in diesem amerikanischen Sommer gekommen. Am Abend zuvor sitzen wir noch einmal zusammen im Garten des Hauses in der Clinton Street, auf dem Tisch vor mir Cracker, Hummus, Käse, Oliven – immer wieder das liebenswürdige Ritual der Antipasti, mit denen die Mahlzeit eine schöne Langsamkeit erhält. «Seit Italien», sagt Paula. Italien, wo die Mahlzeiten zur endgültigen Gegenerfahrung zu den qualvollen Sonntagsessen der Kindheit wurden. Zu etwas, das sie vorher nie gewesen waren: Zeiten voll temperamentvollen Gesprächs, voll Gegenseitigkeit und Genuss.

Italien war in den letzten Tagen oft Gegenstand unseres Gesprächs gewesen. Wird doch meine erste Station nach der Ankunft in Europa der kleine Ort Monte San Savino in der Toskana sein, nahe Arezzo, in dem Paula und Martin nach 1974 viele Sommer verbrachten. Neben aller Fröhlichkeit ist jetzt auch Wehmut da: über meine Abreise und darüber, dass sie nicht mit nach Italien kommen. Dass Italien, dass Europa in ihrem Leben vorbei ist. «Manchmal frage ich mich, wieso sind wir nicht ausgewandert?», sagt Martin nachdenklich vor sich hin, während er mit seinem sorgfältig tastenden Schritt über die Türschwelle steigt, die in den Garten führt. «An so vielen Orten in Europa habe ich gedacht: hier würde ich gern bleiben.» Pippo und Licia Greghi, diese beiden Namen sind immer wieder gefallen, Bill Weaver, Floriano Vecchi, die italienischen und amerikanischen Freunde, mit denen sie eine Reihe glücklicher Sommer in den 1970er- und 80er-Jahren, bis in die frühen 1990er-Jahre verbracht haben. «Und im Winter sind wir mit Floriano dann in die Villa Mosconi gegangen!», erinnert sich Paula. Floriano Vecchi, Paulas und Martins engster Freund in diesen Jahren, stammte aus Italien und wurde in New York zu einem Maler des abstrakten Expressionismus, von der Pop-Art beeinflusst. Bill Weaver gilt als bedeutendster Übersetzer der modernen italienischen Literatur ins Englische, von Calvino bis Eco. 2005, als ich Paula und Martin kennenlernte, war Floriano gerade gestorben, und Bill hatte einen Schlaganfall erlitten, der ihn für den Rest seines Lebens in eine Klinik in Rhinebeck zwang. So lernte ich ihre Begeisterung über die italienischen Sommer von Anfang an im Zeichen von Trauer kennen. Pippo und Licia Greghi aber, die Gastgeber dieser Sommer, leben immer noch in Monte San Savino und haben mit großem Erstaunen und einer Einladung auf meinen Anruf aus Amerika reagiert. Natürlich könne ich kommen und sie besuchen! Ich solle viele Neuigkeiten und Fotos von Paula und Martin mitbringen! – Seit den frühen 90er-Jahren waren sie nicht mehr in Italien gewesen.

Europa also, wieder mal. «Wir waren auch in der Schweiz unterwegs, in England und Irland ... Aber nirgends zog es uns immer wieder so stark hin wie nach Italien.» Was war es, das den Zauber dieser Sommer ausmachte? «Beide hatten wir immer unsere Arbeit dabei. Am Morgen setzten wir uns hin und schrieben, wie zu Hause auch. Dann machten wir Siesta, fuhren durch die Gegend, schauten uns Kirchen an und Dörfer und Landschaften. Und am Abend haben wir uns alle getroffen, gegessen, getrunken, geredet, gefeiert!»

Irgendwie leuchten diese italienischen Abende noch nach in den Gesichtern von Paula Fox und Martin Greenberg, in der Abendsonne über einem Garten in Brooklyn, in dem wir Oliven essen und Wein trinken und über Sommer in Italien sprechen, in denen Bücher entstanden, die, eins ums andere, in Amerika spielten. «Haben Sie nie über Italien geschrieben, Paula?» – «Ein Jugendbuch, doch! Mit Floriano Vecchi zusammen. Floriano war aus der Nähe von Bologna und erzählte mir italienische Volksmärchen, die er seit seiner Kindheit kannte. Ich wollte aufschreiben, was er erzählte; wollte etwas festhalten.»

\*

Und dann hat sie mich wieder, die Sommerhitze, nach dem Flug übers große Wasser, heiß und feucht, fast wie in New Orleans. Aber nein, kaum sitze ich im Auto, habe mich weit genug vom Flughafen Pisa entfernt und bin die ersten Kilometer Richtung Meer gefahren, da gibt sie sich zu erkennen als Italienhitze, die nach Pinien und Wacholder schmeckt, schon ein Vorgeschmack auf die italienische Küche. Kilometerlange Schlangen von Autos und motorini streben al mare, al mare –! Keine Familienreisenden aus Deutschland sind mehr unterwegs in diesen ersten Septembertagen, der große Zug der Italiener ans Meer, nach Feierabend, am Wochenende aber wird anhalten, bis Meer und Luft sich abgekühlt haben und den Sommer für beendet erklären. Noch aber hat das klare Wasser – ein erstes Bad im Meer unterhalb Livorno erweist es – bestimmt 25 Grad. Dann aber weiter ins Innere der Toskana – Richtung Volterra, wo die bekannteste Provinz Italiens bald ihre unvergleichlichen Anblicke vorführt, hinter jeder Kurve neu. Hügelige Weite, trockenblasses Gelb im Wechsel mit Dunkelgrün, Bambushaine, mitten hineingestreut die großen Quader der toskanischen Häuser mit Flachdach und kleinen Fenstern und von jenem Ockergelb, das genau für den Moment erfunden scheint, wenn die Abendsonne darauf fällt.

Endlich, kaum mehr für möglich gehalten: das Ortsschild von Monte San Savino. Immer wieder hatte ich vom Handy aus mit den Greghis telefoniert – ich stehe an der und der Kreuzung, nirgendwo ist ein Schild nach Monte San Savino, wie geht es hier weiter? Der Weg führt durch Neubauviertel zum alten Ospedale, dorthin hat mich Licia Greghi gelotst. Ich solle auf einen total verstaubten Fiat warten – Signore Greghi? Ein alter Mann, drahtig, energiegeladen, mit tiefen Falten kommt kaum zehn Minuten später heran, nickt, lächelt. Drei Kilometer folge ich ihm aus dem Dorf heraus, dann noch mal drei auf einer kurvigen Strada Bianca, einer jener nicht asphaltierten verschlungenen Privatstraßen, die zu den Häusern führen, immer eine Staubwolke ums Auto. Fast versteckt liegt die Einfahrt, dann das Steinhaus, an dessen Rückseite sich ein weiter Blick nach Süden öffnet. «Von hier aus kannst du bis nach Montepulciano sehen!»

Licia Greghi kommt aus dem Haus, viel jünger als ihr Mann, das dicke schwarze Haar, von dem mir Paula erzählt hat, zum Zopf gebunden. Licia sähe wie eine Lilie aus, hat sie gesagt – und ich weiß sofort, was sie meint. Benvenuti! Venite dentro! Der runde Tisch ist makellos gedeckt, aber vorher muss ich durch das Haus mit den hohen Balken und den perfekten Aussichten hinunter auf das Anwesen schauen, das Paula und Martin meist gemietet hatten, von ihrem gemeinsamen Freund Bill Weaver.

Später komme ich ins Hotel im Ort, das Zimmer ist von den Greghis bereits bezahlt, ein großer gelber Blumenstrauß steht auf dem Tisch, ein kleiner Zettel zwischen den Blüten: «Con amore per Paula.» Es ist ein seltsames Gefühl, stellvertretend Liebe entgegenzunehmen.

Als ich am Abend wiederkomme, ist auch Andrew Porter da, ein Musikkritiker des «New Yorker» der ebenfalls zur kleinen Sommerkolonie gehörte, nun ebenfalls über achtzig, der letzte aus der alten Künstlerrunde. Unser Gespräch springt zwischen Englisch und Italienisch hin und her, so wird das früher auch gewesen sein; leicht stelle ich mir Paula an diesem Tisch vor, den Genuss, wenn sie sich italienische Worte auf der Zunge zergehen lässt. Alles ist Reminiszenz an diesem Abend; ich bin die fremde Zuhörerin von Geschichten, die eigentlich unerzählbar scheinen, so sehr haben sie aus Stimmung, Beziehung, Geruch, Geschmack bestanden – aus unwiederholbaren Momenten. Für Pippo und Licia muss dies heute ein kläglicher Abklatsch sein: Damals saßen dreimal so viele Leute um den Tisch, Abend für Abend, die amerikanischen Schriftsteller, der nach Italien übergesiedelte Übersetzer, die italienischen Autoren – die Gruppen wechselten, alles kannte sich, kam von woandersher und fand sich hier wieder, bei Licias fantastischer Küche. «Das ging das ganze Jahr hindurch, hörte nie auf», ruft Licia Greghi, «ich hab keine Ahnung, wie wir das damals gemacht haben!» Den Sommer hindurch bekochte sie ihre Gäste, «Pippo renovierte Häuser, und im Winter hüteten wir die Häuser von denen, die dann zurück in Amerika, Schottland, England waren.» War es, in diesen 70er- und 80er-Jahren eine Künstlerkolonie? Eine intellektuelle «community»? Im Dorf hatte auch Muriel Spark ein Haus.

Shirley Hazzard, mit ihr befreundet, wie auch mit Paula und Martin, war im Sommer oft dabei. Hans Werner Henze kam von Rom her. «Nein, es war eher etwas wie eine Familie», sagt Licia Greghi, «jahrzehntelang war ich in dieser Familie mehr zu Hause als in meiner eigenen unten im Dorf. Dieser Funke Kreativität, der immer dabei war; das Gespräch über die letzte Oper, die man gesehen hatte, das neue Buch von jemandem am Tisch, diese Freude dabei, das war unvergleichlich.» Am Ende des Abends sei man dann doch bei der cucina gelandet, lacht Licia Greghi – der feinen italienischen Küche mit ihren unendlichen regionalen Varianten. So wie diese köstlichen «Tortelli alla zucca», mit Kürbis gefüllte Nudeln, die wir auf dem Teller haben und über deren Geschmacksmischung von Süß und Salzig, deren aufwendige Zubereitung und Herkunft aus Mantua man durchaus eine Weile reden kann.

Wie hat das alles angefangen? «Im Krieg», sagt Pippo, «wie so vieles! Es gab Soldaten wie Bill Weaver, die sich von der Schönheit der Toskana nicht mehr trennen wollten.» Weaver, der genau wie Martin Greenberg als amerikanischer Soldat nach Europa kam, sich in Italien später mit Elsa Morante und Alberto Moravia befreundete und irgendwann beschloss, als Übersetzer in Italien zu bleiben. «Bill und ich lernten uns 1958 bei einer Opernaufführung in Mailand kennen und haben uns nicht mehr aus den Augen verloren», erinnert sich Pippo Greghi. «Und dann saßen wir an einem Novembertag 1963 zusammen im Auto und fuhren nach Monte San Savino, um auch dort nach einem Haus für ihn zu suchen. Wir liefen durch das Dorf, es war eine seltsame Stimmung, niemand auf der Straße! Dann winkte uns jemand aufgeregt in eine Bar vor den Fernseher – es war der Tag, an dem John F. Kennedy ermordet wurde.»

Ein Datum, das sie nicht vergessen würden: Greghi und Weaver, die sich dann beide in Monte San Savino niederließen. «Ich

274

*Pippo und Licia Greghi ...*

*... in Monte San Savino, Toskana*

kam 1973 dazu», sagt Licia. Da hatte Weaver mit Greghis Hilfe längst sein großes Haus namens «Tarrucula» restauriert und ein kleines Studio gebaut. «Wir hatten in den frühen 70er-Jahren Ferien in Montisi gemacht», hatte mir Paula erzählt, «zwei Stunden von Monte San Savino entfernt. Eine Freundin dort wusste von Bill Weaver und dem Künstlerkreis und gab uns Bills Telefonnummer. Ich erinnere mich, dass ich ziemlich verschüchtert war – er war mir als Übersetzer von Elsa Morante bekannt, und ich wollte ihn nicht belästigen ...» Später sollte Weaver Umberto Ecos «Name der Rose» ins Englische übersetzen. «Offensichtlich bestanden wir die Prüfung, denn Bill Weaver bot uns an, in seinem Studio zu wohnen.»

Nach dem Nachtisch holt Pippo Greghi Fotos, auch Paulas und Martins Briefe aus den 80er-Jahren. Ein Foto zeigt Martin in einem hellen Raum, er schaut überrascht auf, das Frühstücksgeschirr, ein aufgeschlagenes Buch vor ihm auf dem Tisch. Ich erkenne sofort die klugen braunen Augen, den Charakterkopf, sehe den kraftvollen Körper, der heute, dreißig Jahre später, zerbrechlich geworden ist. «Sie waren ja damals fast alle schon über fünfzig», erinnert sich Licia Greghi, die Jüngste von ihnen allen, «aber ich erinnere mich an Paula als so schön, strahlend, witzig – und immer voller Leidenschaft bei ihrer Arbeit.» Bilder von Martin auf dem Gelände, wo der Boden für ein Schwimmbad ausgehoben wird. Martin im Garten bei einem der kleinen Feste, die regelmäßig stattfanden. «Paula ist nirgends selbst zu sehen, weil sie diejenige war, die immer fotografiert hat!», erklärt Licia. «Wir anderen haben nie daran gedacht.»

So, wie man es vielleicht tut, wenn Gegenwart unendlich scheint, sich von Sommer zu Sommer dehnt, und immer kommt ein nächster Sommer. «Wir werden sicher zehn-, zwölfmal in Italien gewesen sein!», hat Paula gesagt. «Ich habe noch viel mehr Fotos», sagt nun Licia, «aber ich musste mit dem Suchen aufhören.» Eine große Traurigkeit habe sich in ihr ausgebreitet.

Zu viele von denen, die auf den Bildern zu sehen sind, leben nicht mehr. Oder sind, wie Bill Weaver, von einem Schlaganfall, einer Krankheit, ihrer alten Persönlichkeit beraubt. Oder haben, wie Paula und Martin, schon lange nach einem einschneidenden Erlebnis aufgehört zu reisen. «Trotzdem ist es so gut, zu hören, dass das alles in Paula und Martin weiterlebt», sagt Licia Greghi. «Das war unser Traum damals, ganz verschiedene Leute, mit allen Farben sozusagen, an diesem Tisch zu haben, damit sie sich hier zu Hause fühlen.» Und so ist Erinnerung – sie leuchtet und glänzt in Licia und Pippo Greghis Augen und ruft dann das Thema Vergänglichkeit hervor, das sich nun nicht mehr ganz vertreiben lässt.

«Neulich saßen wir hier zusammen und feierten Andrews einundachtzigsten Geburtstag und merkten: Es ist vorbei. Aber es ist nicht nur das Älterwerden, der Tod», überlegt Licia Greghi. «Das Leben selbst hat sich seit damals so verändert, wie in anderen Ländern auch. Damals war es normal, dass tagsüber jeder an seiner Arbeit saß, abends war man zusammen wie auf einem großen Fest. Gespräch war so wichtig! Das ist anders geworden!» Man könnte meinen, fährt Licia Greghi fort, vieles sei noch immer so – beim Blick auf die Häuser, die Natur, die alte Stadt unten hinter ihren Mauern und die kleinen Cafés und Läden, das lebhafte Gespräch vor den Häusern, der abendliche Corso: «Es ist eine Fassade, dahinter hat sich fast alles radikal verändert.»

*

Italien – auch mit anderen Orten, etwa Bellagio am Comer See – scheint irgendwie das leuchtende Herz all der vergangenen Sommer von Paula Fox und Martin Greenberg zu sein, und nach diesem Besuch habe ich eine Ahnung davon. Aber Italien war nicht der einzige Ort, den sie in diesen 1970er-, 80er- und frühen 90er-Jahren bereisten. Immer wieder zog es sie auch ans

Meer in Neuengland – einige Sommer mieteten sie sich in Truro auf dem Cape ein, oder in Maine.

«Vor allem an einen Sommer in Maine kann ich mich erinnern; wir hatten so einen Schuppen an einem Fluss gemietet. Morgens stand ich immer um sechs Uhr auf, um an der endgültigen Fassung von ‹Luisa› weiterzutippen. Ich erinnere mich, wie voll und ganz ich da war, reine Gegenwart, vor mir der Holztisch, die Schreibmaschine, ich getragen von einer Sicherheit, die unabhängig war von allen persönlichen Unsicherheiten. Dies war mein Beruf! Und ich machte ihn gut! Ich liebte, was ich tat! Ich tippte, ungefähr zwei Stunden, trank einen Kaffee, schlüpfte zurück zu Martin ins Bett in diesem provisorischen Schlafraum. Ich war unausdenkbar glücklich – das weiß ich noch …

Dann aber wurden ‹The Widow's Children› und ‹A Servant's Tale› abgelehnt, ungefähr siebzehn Verleger schickten die Manuskripte zurück. Und obwohl mein Lektor bei Harcourt, Brace and Jovanovich sagte, ‹The Widow's Children› sei mein bis dahin bester Roman, hatte er doch schlechte Verkaufszahlen.»

*

Ich bin schon eine Weile zurück in Deutschland, als ich es schließlich in der Post habe: «Amzat and his Brothers. Three Italian Tales remembered by Floriano Vecchi and retold by Paula Fox». Ich hatte es in Amerika nicht gefunden und dann übers Internet bestellt. Nun war das Buch da – ein Bilderbuch mit bunten Bildern voller italienischer temperamentvoller Motive und mit volkstümlichem Charakter, geschickt von der Stadtbücherei in Greentown, Indiana. Nirgends eine Rechnung. Ich frage bei der Mail-Adresse nach, wie ich zahlen könnte.

Die Rechnung kam nie, ebenso wenig eine Antwort. «Amzat» war einfach so zu mir gekommen. Und so brachten mir die Geschichten von den chronisch wütenden Brüdern Ingrato und

Bramoso und dem glücklichen Bruder Amzat, der mit seiner Frau Allegra ganz fröhlich ist, oder von Olimpia und Cucol, die sich nie waschen, ganz umsonst ein Stück Italien und ein Stück Amerika und erneut eine Ahnung vom tiefen Arbeits- und Freundschaftsglück, das sich für Paula Fox mit Italien verbindet.

## Wir erkannten uns sofort

In Paula Fox' Jugendromanen kehrt ein Thema immer wieder: das Kind, das Mutter oder Vater verliert. In «A Place Apart» verändert sich das Leben der zehnjährigen Victoria, nachdem ihr Vater stirbt. Für Liam, dreizehn, in «The Eagle Kite» verändert es sich schon lange vorher: Nachdem offensichtlich wird, dass sein Vater an Aids leidet und sich von der Familie trennt, um sich dieser nicht länger zuzumuten, muss Liam des Vaters schreckliches Sterben in Etappen aus der Ferne, und ab und zu bei Besuchen, miterleben. Emma in «Ein Dorf am Meer» lebt eine Weile mit der Angst, ihren Vater durch eine Herzoperation zu verlieren. Jessie, dreizehn, in «Sklavenfracht für New Orleans» wird auf einem Sklavenschiff nach Afrika entführt und so von seiner Mutter getrennt. Ivans Mutter aus «Ein Bild für Ivan» war bald nach seiner Geburt gestorben. Clay schließlich, der Elfjährige aus «Wie eine Insel im Fluss» findet sich zunächst vom Vater, dann plötzlich auch von seiner Mutter verlassen in einem Hotel in Manhattan vor, wohin sie gezogen waren, weil sie ihre Miete nicht mehr bezahlen konnten.

Sie alle erleben diesen Schock, der sie in ein anderes Alter und ein anderes Leben katapultiert – einige von ihnen auf Zeit; für andere wird die Trennung zum Meilenstein, hinter dem sie sich völlig neu orientieren müssen. Sie erleben eine radikale Einsamkeit, in der über lange Strecken nichts – und niemand hilft. Merkwürdigerweise spielt der verbleibende Elterteil, Mutter oder Vater, sofern es ihn noch gibt, so gut wie keine Rolle vor dieser Dimension des Alleinseins.

Sie alle werden, so jung sie sind, von der Härte der Situation gezwungen, einen neuen, ungeborgeneren Raum zu betreten. Und sie alle finden – oder erfinden – etwas, womit sie sich diesen neuen Raum bewohnbarer machen. Was sie finden, hat immer mit Fantasie zu tun, mit innerem Leben und mit Natur.

Zwar greift keines ihrer Kinderbücher auch nur annähernd die sadistische Konstellation ihrer eigenen Kindheit auf: das von den Eltern verstoßene und doch nie richtig losgelassene Kind. Und doch kann man vermutlich sagen, dass Paula Fox mit diesem Grundmotiv des schicksalhaften Verlassenwerdens und der darin liegenden Herausforderung für das Kind in zahllosen Varianten etwas durchspielt, das ihr selbst passiert ist. Freilich spiegelt sich in diesem so oft variierten Thema der seelischen Unterversorgung mehr als nur ihre Herkunftsgeschichte. Kaum war sie erwachsen geworden, hatte sie selbst ihre Tochter verlassen. Unfähig, um ihr eigenes Kind zu kämpfen, musste sie nun mit Schuldgefühlen, vor allem aber mit dem brennenden Schmerz über dessen Abwesenheit fertig werden. Sie war nun beides – ein verlassenes Kind und eine verlassende Mutter, deren Kind irgendwo aufwachsen, leben, älter werden oder vielleicht auch nicht mehr leben würde.

Paula Fox wusste nichts über den Verbleib ihrer Tochter. Der Arzt, Dr. Earl Marsh, dessen Namen ich von Linda weiß, hatte Paula das Kind regelrecht gestohlen, als er das Gesetz ignorierte, das ihr dreißig Tage Bedenkzeit zugebilligt hätte. Das Gesetz selbst kannte damals keine andere Variante als die «verdeckte Adoption», die keine Möglichkeit für Mutter und Kind vorsah, sich je im Leben wiederzufinden. Paula Fox wusste darum – und akzeptierte.

Wie aber sah die Situation für Linda aus? Hoffte sie noch als Erwachsene darauf, ihre Mutter, ihre leiblichen Eltern wiederzufinden? Als ich Paulas Tochter in Oregon besucht hatte, waren es diese Fragen, die im Zentrum unserer Gespräche standen.

«Eines war mir klar – ich würde nicht versuchen, sie zu finden, bevor ich stabil genug wäre, alles zu verkraften, was dann möglicherweise auf mich zu käme.»

*

In ihrem Buch erinnert sich Linda Carroll an eine der Episoden, die sie als Zwölf-, Dreizehnjährige mit ihrer engsten Freundin Judy Carroll teilte: *«Damals waren die Zeitungen voll von Geschichten über eine gewisse Iva Kroger. Iva hatte Räume an verschiedenste Leute vermietet und war plötzlich verschwunden, ebenso wie viele ihrer Mieter. Während der Ermittlungen fand die Polizei mehrere Leichen, die im Keller vergraben waren. Angeblich, so hieß es, hatte sie ihre Mieter nicht nur ermordet, sondern auch verschiedene Körperteile gegessen. Eines Tages stieg eine Frau in den Bus, betrunken, ohne Zähne, die Strümpfe mit Gummibändern gehalten, kurz, sie sah völlig verrückt aus, und Judy drehte sich um und flüsterte mir zu: ‹Ich wette, das ist Iva Kroger.› Ich konterte sofort: ‹Iva Kroger ist meine richtige Mutter.› Wir lachten, bis wir Bauchschmerzen bekamen. Ab da wurde Iva Kroger der Codename für meinen verlorenen Elternteil, mit dem immer gleichen hysterischen Ergebnis. Zugleich hatte ich damit die Fünfjährige verraten, die am Bordstein hockte und so verzweifelt nach ihrer Mutter suchte.»*[47]

Linda wurde erwachsen in der Zeit der Blumenkinder und Friedensmärsche und nahm begeistert daran teil. 1964, zwanzigjährig, wurde auch sie zum ersten Mal Mutter: Ihre erste Tochter Courtney kam zur Welt. Als 1970 ihr Adoptivvater Jack starb, hatte sie schon drei kleine Töchter. Im Januar 1972 will sie Louella, ihre Adoptivmutter, verabschieden, bevor diese auf eine Reise geht, und findet sie bewusstlos in der Wohnung vor. Wenig später stirbt auch Louella im Rettungswagen, Linda neben sich. In «Her Mother's Daughter» schreibt Linda Carroll: *«Unser gemeinsames Leben hatte in großer Entfremdung begonnen. Kaum etwas war leicht und natürlich zwischen uns, wir mussten beide hart darum kämpfen, die andere zu verstehen. Immer hatte ich gedacht, all das wäre, weil ich adoptiert war.»*[48] Mit ihrer ersten Tochter aber, der späteren Rocksängerin Courtney Love, erlebte Linda Carroll bereits in deren früher Kindheit so viel Fremdheit, dass sie zu der neuen Überzeugung kommt, die Blutsverwandtschaft allein bedeute wohl kaum etwas. Ihr wird klar, wie hoch sie es Louella anrechnet, dass diese nie aufgehört hatte, um die Beziehung zu ihrer so andersartigen Adoptivtochter zu kämpfen. Am Abend nach Louellas Beerdigung sitzt Linda mit einer Freundin zusammen, die sie fragt: *«Wirst du nun nach deiner leiblichen Mutter suchen?» – «Auf keinen Fall», sagte ich voller Überzeugung. «Louella und ich haben fast achtundzwanzig Jahre gebraucht, um unseren Frieden miteinander zu machen. Noch eine Mutter ist das Letzte, was ich jetzt im Leben will.»*[49]

Wenig später zog sie mit neuem Partner, drei eigenen und einem adoptierten Kind nach Neuseeland. «Ich zog weiter Kinder groß, Schafe und unzählige Hunde», hatte sie mir gegenüber lachend resümiert. Erst zurück in Oregon, 1978, ließ sie sich zur Therapeutin ausbilden. Mittlerweile Mutter von fünf Kindern, getrennt von ihrem letzten Partner, etablierte sie sich in einem engagierten Berufsleben; in einem Leben, in dem die Suche nach dem spirituellen Sinn dessen, was geschieht, obenan steht. Das verbindet sie auch mit einem langjährigen Freund aus Neuseeland, Tim Barraud, mit dem sie schließlich eine dauerhaft glückliche Beziehung eingehen kann. Später spricht sie mit ihrer Mutter Paula Fox auch über dieses Thema – dass sie beide, nach vielen Versuchen, die gelingende Beziehung schließlich mit

*Linda Caroll, Tochter von Paula Fox*

einem Partner gefunden haben, mit dem sie keine gemeinsamen Kinder haben; mit jemandem, der ein anderes eigenes Leben hinter sich und eigene Kinder hat.

1989 zog Tim von Neuseeland nach Corvallis, Oregon, zu Linda. Es war auch die Zeit, in der Lindas älteste Tochter Courtney anfing, unter dem Namen Courtney Love als Rockstar berühmt zu werden. Courtney, die sich seit früher Kindheit von Mutter und Familie abgewandt hatte, wurde nun bekannt für ihre Musik, ihre Beziehung zu Kurt Cobain – und ihr fortgesetzt grenzüberschreitend exzessives Verhalten. Am 18. August 1992 wurde Frances geboren, Courtneys Tochter und Lindas erstes Enkelkind. «Ich fragte mich: Was kann ich ihr geben?», beschreibt Linda ihre Gedanken nach Frances' Geburt. «Sie hat zwei Junkies als Eltern. Geldsorgen gibt es nicht. Aber ich kann versuchen, ihr ein Stück ihrer Geschichte zu geben: das, was mir selbst bei den Risis verwehrt worden war.» In ihrem Buch erinnert sie sich an den Moment, als sie Frances im Neugeborenenzimmer des Cedars-Sinai-Hospital in Beverly Hills zum ersten Mal sieht: «*Als ich da stand, dachte ich an den seltsamen Fluch, der auf den erstgeborenen Töchtern in meiner Familiengeschichte zu liegen schien. Ich war die erstgeborene Tochter einer Frau, die mich zur Adoption freigegeben hatte. Louella war von ihrer Mutter mit fünfzehn verlassen worden und verlor selbst ihr erstes Kind und die Fähigkeit, weitere zu bekommen. Courtney war meine Erstgeborene, und ich hatte sie über die Jahre verloren.*»[50]

Zu diesem Zeitpunkt wusste Linda noch nichts über Elsie und Candelaria. Aber sie begann, nach ihrer Mutter zu suchen.

\*

«Am Anfang hatte ich nichts als ihren Namen: Paula. Der war meinem Adoptivvater Jack Risi mal rausgerutscht. Was ich besaß, war eine Art gefälschter Geburtsurkunde auf den Namen Linda Risi. Ich versuchte es sieben Monate lang, auf allen Wegen, aber keiner führte weiter. Ich bekam ein Papier, auf dem bei der Adoption minimale Informationen festgehalten worden waren: Meine Mutter habe angegeben, sie wolle Schriftstellerin werden. In Wirklichkeit aber sei sie nur eine Sekretärin aus dem Süden. So viele Fehler! Eine Gruppe aus Portland half mir, illegal im Untergrund zu suchen. Schließlich, eines Tages, hatte ich sie in der Post: meine echte Geburtsurkunde. Als ich den Namen las: Paula Fox, war es, ob ein starrer Teil in meinem Körper plötzlich zu schmelzen begänne. Ich war von einer richtigen Frau geboren worden! Ich war wirklich!»

Linda Carroll nahm sofort Kontakt zu einem Privatdetektiv auf, der angab, für ein paar hundert Dollar könne er in den USA ausfindig machen, wen immer sie suche, und wenn nicht, bekäme sie das Geld zurück. Sie solle ihm sofort alles an Information faxen, was sie habe. «Ich rannte raus, in einen Laden mit einem Faxgerät. Das war aber gerade kaputt! Ich solle in zehn Minuten wiederkommen, sagte der Mann. Also wartete ich gegenüber in der Bücherei. Und während ich wartete, fiel mir dieser Zettel wieder ein, auf dem stand, meine Mutter habe Schriftstellerin werden wollen! Ich ging zur Infotheke und fragte, wie ich herausfinden könne, ob es von jemand Bestimmtem vielleicht ein Buch gäbe! Ich sagte den Namen: Paula Fox. ‹Paula Fox?›, fragte die Bibliothekarin zurück. ‹Sie ist eine der besten Schriftstellerinnen in Amerika!›»

Linda erzählt, wie sich der Raum um sie drehte. Wie der Computer eine lange Liste mit Buchtiteln auswarf. Wie sie sofort einen Text las, der ihr in die Hände fiel: Paulas Rede nach der Newbery Medal.

«*Das Bemühen um Erkenntnis ist das Bemühen, mit der Wirklichkeit unseres eigenen Lebens in Kontakt zu kommen. Das ist schmerzhaft, aber wir können es uns nicht ersparen, wenn wir menschlicher werden wollen. Haben wir uns einmal auf diesen Weg begeben, können wir uns nicht mehr vormachen, wir seien nicht tief mit anderen Menschen verbunden. Wir müssen uns unseren Weg zu ihnen bahnen, so gut wir können; herausfinden, was wir gemeinsam haben, und zu verstehen versuchen, was uns trennt ...*»[51]

Sie sei bei diesen Worten von Wut und Schmerz gepackt worden, berichtet Linda. «Wie konnte sie es wagen! Das waren meine Worte! Meine Gedanken! Es war, als würde ich sie sofort erkennen. Die Art zu denken, sich zu begeistern – wie vertraut mir das war! Ich hatte alle möglichen Gefühle zugleich: Freude, Liebe, Hass, Wut, riesigen Schmerz. Ich ging nach Hause, fand ihre Telefonnummer heraus, rief an, hörte, wie sich eine tiefe, weiche Frauenstimme meldete, legte auf. Dann beschloss ich, ihr einen Brief zu schreiben. Ich wollte nichts von ihr. Nichts! Ich wolle sie nicht treffen. Warum hatte sie es verhindert, mich bei sich zu haben? Aber ich wolle etwas über meine Geschichte erfahren. Und plötzlich, als ich meinen Brief in einen großen gelben FedEx-Umschlag steckte, kam etwas anderes in mir hoch – eine kurze Welle von Zärtlichkeit, ein Anflug von Sorge. Sie ist fast siebzig, sagte ich mir. Und ich schrieb obendrauf: Go slowly! Bitte langsam lesen! Ich schicke ihn los, an diesem Dienstag im März 1993. Drei Tage später, am Freitag, hatte ich genauso einen Umschlag im Briefkasten. Mein erster Gedanke war: Sie hat mir meinen zurückgeschickt. Dann öffnete ich ihn, und heraus fielen ein siebenseitiger Brief, Fotos, wunderschön. Ich konnte meinem nächsten Klienten gegenüber kaum ein Wort herausbringen.»

*

Als Lindas Umschlag in der Clinton Street in Brooklyn ankam, war Paula Fox knapp 70 Jahre alt. Sie hatte zwei Söhne, Adam, der Spezialist für geologische Messungen und Bodenbeschaffenheit geworden war, und Gabe, dessen Liebe zu wilden Tieren ihn nach Madagaskar und in die Tierpflege in verschiedene Zoos geführt hatte. Von Adam hatte sie zwei Enkelkinder, Jennifer und Andrew. Gabe war zweimal verheiratet gewesen, kinderlos. Ihr eigenes Leben fand seit Langem in New York statt, ab und zu von Ausflügen nach Europa oder Neuengland unterbrochen. Vor allem aber fand es in ihrem Schreibzimmer statt – dort, wo Buch um Buch entstand; wo zwei Türen weiter Martin an seinen Texten saß, wo sie einander erzählen und fragen konnten.

«Als Lindas Brief ankam und ich die Worte las: ‹Go slowly›, wusste ich, sie hat mich gefunden», beschreibt Paula Fox. «Ich ging an die Treppe und rief es zu Martin hoch: Sie hat mich gefunden!›»

Der Brief, im März 1993, sprengte den Horizont ihres Lebens in alle möglichen Richtungen. Nicht nur bekam sie ihre Tochter zurück – sondern mit ihr einen Schwiegersohn, fünf Enkelkinder und ein Urenkelkind. Sie konnte, durfte, musste, ihren Blick wieder nach Westen in die gefürchtete, die schmerzbeladene Stadt San Francisco richten. Sie durfte neu zurückschauen auf eine Spur in der Vergangenheit, die sich nun nicht länger im Nebel verlor, sondern ein Ziel hatte und einen Namen: Linda Carroll, ihre Tochter, mit der sie nun drei Monate lang täglich, manchmal mehrmals täglich, Briefe wechselte. «Diese Briefe brachten mir Verzweiflung und enorme Freude. Wir erzählten einander alles; über mein Leben, insbesondere die Adoption, über alles, was ich von dieser Situation und von meinem Leben begriffen hatte.» Drei Monate lang. Bis sie selbst ihrer Tochter vorschlug, wo sie sich treffen könnten. Dort, wo sie einander verloren hatten: in San Francisco.

\*

«Jetzt fing etwas an, von dem Tim, mein Mann sagte: Es ist, als wenn du einen Liebhaber hättest!» Linda leuchtet in der Erinnerung an diese Zeit. «Eine Liebesgeschichte. Paula und ich schrieben uns jeden Tag, dreieinhalb Monate lang. Dann kam der Tag! Ich saß da, wartete – schließlich sah ich sie aus dem Flugzeug steigen. Das war jetzt kein Film, das war nicht Oprah, das war echt! Sie kam auf mich zu, ich berührte sie am Arm, sie sagte zu mir – ‹Hallo, du bist so hübsch!› – ‹Und du bist gar nicht alt!›, sagte ich zu ihr. ‹Was willst du?›, fragte sie. ‹Eine Zigarette und einen Drink!?› Wir setzten uns in eine Flughafenbar und lachten wie hysterische Mädchen. Wir redeten drei Tage hindurch. Das waren drei der kraftvollsten Tage meines Lebens. Dies wirklich zu erleben, war ein bisschen überirdisch – wie etwas aus einer anderen Welt.»

\*

«Wir erkannten uns sofort», schrieb mir Paula Fox über den Moment auf dem Flughafen. Am Ende von «In fremden Kleidern» heißt es: *«Ich fand sie wunderschön. Sie war die erste mit*

*mir verwandte Frau, mit der ich unbefangen sprechen konnte.*
*Ich habe wunderbare enge Freundschaften mit Frauen gehabt …*
*Was mir in all den Jahren meines Lebens gefehlt hatte, bis zu*
*dem Zeitpunkt, an dem Linda und ich uns trafen, war eine be-*
*stimmte Art von Freiheit: ohne Angst zu einer Frau aus meiner*
*Familie sprechen zu können.» (FK, S. 285f.)*

In diesen überirdischen drei Tagen machte Linda Paula kurz
mit ihrer besten und langjährigsten Freundin Karen bekannt.
Am Telefon erzählt mir Karen davon: «Ich gab an diesem Abend
eine Dinnerparty, als Linda anrief und sagte: Du musst sofort
herkommen. Ich sagte zu ihr, hör mal, du verstehst nicht, ich
gebe gerade eine Party und kann nicht weg. – Nein, *du* verstehst
nicht – ich bin in einem Restaurant ganz in der Nähe und meine
Mutter ist bei mir. – Wie bitte? Was sagst du? Gut, ich bin gleich
da. Zu meinen Freunden sagte ich – wundert euch nicht oder
wundert euch doch, ich muss jetzt weg. Es war spät, die Restaurants waren kurz davor zu schließen, ich lief in das hinein, das
mir Linda genannt hatte, suchte die Nischen ab, dann sah ich
Paula neben Linda und mein erster Gedanke war: O mein Gott,
sie ist all das, was Linda sich erträumt hat. Eine Künstlerin aus
New York, eine Frau voller Eleganz und Stil und Anmut. Ich
konnte es nicht glauben – sie war das reale Bild dessen, was sich
Linda als Mädchen immer ersehnt hatte. Damals hatte ich zu
ihr gesagt: Komm Linda, hör auf! Wahrscheinlich ist deine
Mama eine Obdachlose. Dann gab es ja dieses Schreckensbild
Iva Kroger, das Linda mit schwarzem Humor ausfüllte. Sie war
so fixiert auf dieses Traumbild. Und jetzt saß sie da und strahlte
und strahlte. Ihr Traum war Wirklichkeit geworden. Alles um
die beiden herum war Vitalität, Intensität, reine Gegenwart.»

«Auch ich wollte, dass ein Mensch aus meiner Vergangenheit
Linda sah», erzählte mir Paula Fox, «so rief ich meinen alten
Freund Paul Moor an, von dem ich wusste, dass er damals in
San Francisco lebte. Wir besuchten ihn in seinem Apartment,

verbrachten ein paar gute Stunden miteinander. Er war mein Zeuge, sozusagen.»

\*

Linda erzählt, wie es weiterging: «Ein paar Monate später flog ich nach New York, und sie machte mich mit allen bekannt. Sie öffnete die Tür ganz weit. Diese ganze Zeit war unendlich persönlich und aufgeladen; wir hatten eigentlich noch gar keinen Raum für irgendjemanden neben uns. Wir hatten eine Art unfassbare Leidenschaft füreinander. Damals verstand ich: Doch, man kann Dinge nachholen. Es ist möglich, etwas vollständig zu machen, von dem man immer dachte, es würde unvollständig bleiben.

Wir gingen dann wie im Zeitraffer durch die verschiedensten Stadien einer Mutter-Tochter-Geschichte. Nach der totalen Versunkenheit am Anfang kam eine Phase wilden Streitens – wie in den Sixties! Die Mutter sagt: Drogen sind schlecht, und ich, die Tochter, mittlerweile über fünfzig, halte dagegen: Was soll daran schlecht sein!? Ich habe fantastische Erfahrungen damit gemacht! Und so weiter. Ich kam an einen Punkt, an dem ich dachte: Alles, was sie sagt, ist falsch. In fünf Jahren durchliefen wir die ganze Bandbreite. Meine beiden Töchter Jaimee und Nicole heirateten in dieser Zeit. Alle drei Monate etwa flog ich nach New York; schließlich zog mein jüngster Sohn Daniel ganz nach New York, was viel mit Paula und Martin zu tun hatte. Auch für meine Kinder, besonders für meine Söhne, wurde Paula enorm wichtig.» Als ich Tobias Menely, den älteren von Lindas beiden Söhnen, dazu befragte, sagte er mir, dass sich mit Paula die Sehnsucht nach einer intellektuellen Ansprache in der Familie für ihn erfüllt habe. «Sie hat mir jahrelang viele, viele Briefe geschrieben – wir diskutierten darin über Literatur und Lebensfragen. Sie öffnete mir eine neue Welt.»

Linda sagt: «Auf irgendeine Weise ist nichts davon kompliziert. Sie ist meine Mutter. Darin liegt eine schöne Klarheit, auch wenn sich die Frage, wer ich bin, damit neu stellte. Es gab nie den kleinsten Anflug von Schuldgefühl oder Vorwurf.» – «Ich bin heute ruhiger über diesen Teil meines Lebens, als ich es je war», sagt Paula.

Das spricht dafür, dass der Zeitpunkt und also Lindas Ahnung richtig waren: «Frances war der Auslöser ... aber es war auch so, dass mein Leben an den Punkt gekommen war, auf den ich gewartet hatte: Ich liebte mein Leben, wie es war; fühlte Einverständnis damit. Einverständnis auch damit, bei den Risis aufgewachsen zu sein. Sie hatten mir, trotz allem, vieles ermöglicht.» Und erst an diesem Punkt war alles verkraftbar – die bittere Wahrheit, dass sich ein Gynäkologe namens Earl Marsh angemaßt hatte, das Schicksal zweier Menschen zu wenden, indem er Paulas Tochter seinen Freunden gab und Paula anlog und einschüchterte, als sie ihre Entscheidung rückgängig machen wollte. «Earl Marsh ging bei uns ein und aus», erinnert sich Linda. «Und ich wusste, dass er irgendetwas über meine Mutter wusste. Einmal hatte ich Jack, meinen Adoptivvater, sagen hören, sie könnten ‹das› nicht noch ein zweites Mal verkraften. Gemeint war damit, dass Jack und Louella ein Jahr vor mir schon ein Kind zu sich genommen hatten. Es war ihnen nach neun Monaten wieder weggenommen worden. Earl Marsh hatte sich zu ihrem Komplizen gemacht.»

*

Lindas Suche war noch nicht am Ende. Gleich zu Beginn hatte sie Paula nach ihrem Vater gefragt, und Paula hatte sofort Nachforschungen angestellt, und festgestellt, dass er kurz zuvor in Los Angeles gestorben war. Das sagte ihr seine Witwe am Telefon. Aber auch das war nicht alles. Sie kehrte zu jener Frage zurück, die am Anfang ihrer Suche gestanden hatte: Was hat es mit den erstgeborenen Töchtern in meiner Familiengeschichte auf sich? Und dazu gehörte, dass sie auch Elsie treffen wollte, Paulas Mutter.

«Paula wollte das nicht. In meinem Leben hatte es mich immer interessiert, Menschen zu lieben im Wissen, dass sie gut und schlecht zugleich waren; daraus ist ja sogar mein Beruf geworden. Es hatte mich immer interessiert, beide Seiten zu finden. Menschen sind kompliziert – und ich wollte mir ein eigenes Bild von Elsie machen können. Ich bin dann tatsächlich einfach zu ihr nach Nantucket gefahren. Sie öffnete die Tür und fragte: Sind Sie von den Zeugen Jehovas? Und ich sagte: Nein, ich bin Ihre Enkelin. Sie war über neunzig und immer noch sehr elegant. Zuerst dachte ich, sie würde sich tatsächlich auf mich und meine Fragen einlassen. ‹Warum war ich so schrecklich zu deiner Mutter?›, sagte sie wie zu sich selbst, und dann: ‹Ich weiß es gar nicht.› Dann gab sie mir Fotos, angeblich von Paula, mit. Als ich sie später Paula zeigte, sagte meine Mutter: ‹Das bin ich nicht. Ich hatte nie einen Hund und sah auch nicht so aus.› Erst dann begriff ich, dass dies eine bösartige Geste gewesen war. Diese Art von Bosheit kannte ich bis dahin nicht. Es war etwas Monströses an ihr – kein Funken Wärme.»

«Paula war verletzt darüber, dass ich diesen Besuch gemacht hatte. Aber ich selbst bin froh, dass ich diese Möglichkeit wahrnahm. Es hat mein Verständnis für Paula noch weiter vertieft.

So einsam wie Paula bin ich nie in meinem Leben gewesen. Wenn ich mir vorstelle, wie sie sich in der Schwangerschaft mit mir gefühlt haben musste – und dann tat sie etwas für mich, was für sie selbst nicht getan worden war: Sie ließ mich los und versuchte, mir ein besseres Leben zu ermöglichen.»

*

Dass Linda in ihrer Suche weiter ging, über sie hinaus, war für Paula nicht einfach. «Aber ich weiß, dass es für sie so stimmte», schrieb Paula mir dazu.

Überhaupt gibt es, rund um dieses gewaltige, erschütternde Ereignis des Wiederfindens von Mutter und Tochter zu einem Zeitpunkt, als sie einander nicht mehr brauchten – und einander doch fehlten –, seltsame, über die Mutter-Tochter-Geschichte hinausgehende Koinzidenzen.

Die eine hängt mit Paulas altem Freund und «Zeugen» des Wiedersehens in San Francisco zusammen. Paul Moor, 1924 in Texas geboren und mit Paula seit gemeinsamen Tagen im «New York International House» befreundet, war alles andere als ein Unwissender in Sachen Kindheitstraumata. Ausgerechnet ihn in dem Moment aufzusuchen, als sie einen Zeugen für das so unglaubliche wie glückliche Ende einer traumatischen Trennung braucht, mutet wie ein genialer Coup des Unbewussten an. Anfangs ein hochbegabter junger Musiker an der «Juilliard School», hatte Moor seine Karriere als Konzertpianist 1947 aufgegeben, als er nach Deutschland kam und Journalist wurde. Ende der 60er-Jahre verfolgte Moor die Prozesse um den öffentlich heftig angefeindeten Kindermörder Jürgen Bartsch, der mit unfassbar sadistischer Brutalität Kinder gequält, geschändet und getötet hatte. Während der Prozesse wunderte sich der junge Amerikaner über die Ignoranz, die das Gericht Bartschs eigener Kindheit gegenüber an den Tag legte. Entschlossen brach er das Tabu der Annäherung an einen abstoßenden Täter wie Bartsch und versuchte, im engen Kontakt mit dem Gefangenen, Aufschluss über dessen Kindheitstrauma zu erhalten. Bartsch schrieb Moor über mehrere Jahre zweihundertfünfzig Briefe. Das Ergebnis seiner geduldigen Arbeit veröffentlichte Paul Moor 1972 unter dem Titel «Das Selbstportrait des Jürgen Bartsch»[52]. Für die Kindheitsforscherin Alice Miller stellte Moors Studie über Bartsch eine der Grundlagen ihres Buches

«Am Anfang war Erziehung» dar. Als Moor 2004 das Bundes-
verdienstkreuz für seine vielfältige engagierte Arbeit erhielt,
hieß es in der Laudatio: «Das Besondere dieses Werks liegt auch
darin, dass Ihnen als außenstehendem Amerikaner auffiel, was
die bundesrepublikanische Gesellschaft von damals nicht sah
oder sehen wollte: das Grausame der Erziehung, die Jürgen
Bartsch erlitten hatte.» Moor zeige das «fehlgeleitete Leben
eines Kindermörders als Opfer und Täter» – und tatsächlich hat
seine markante Studie den Umgang des Rechtssystems mit ver-
gleichbaren Fällen verändert.

Als ich all dies entdecke, frage ich Paula sofort nach ihrer
Meinung zu Paul Moors Arbeit. Nein, sie habe seine Bücher
nicht gelesen, ist die knappe Antwort. Die Schilderungen sowohl von Bartschs entsetzlichem Leid bei einer ihn misshan-
delnden Adoptivmutter als auch seiner eigenen Taten hat Paula
Fox, wohl aus Selbstschutz, nicht an sich herangelassen. Den
mutigen Menschen Paul Moor aber, der im Gerichtssaal irritiert
feststellte, dass die deutschen Richter an einer sadistischen
Kindheit voller Prügel, Isolation und sexueller Demütigung
nichts Besonderes finden konnten – und der dieser Irritation
nachging, diesen mutigen Menschen suchte sie in einem der
intimsten Momente ihres Lebens auf.

Leider kann ich Moor, der in Berlin lebt, nicht mehr selbst zu
diesem Tag befragen. Nach einem Schlaganfall vor Jahren sei
das Gespräch mit ihm unmöglich geworden, sagt mir Paula.

*

Und dann gibt es ihr eigenes Buch «Monkey Island» (Deutsch:
«Wie eine Insel im Fluss»), das im Jahr 1991 erschien, nicht
lange bevor Linda in ihr Leben trat. «Monkey Island» erzählt
von dem elfjährigen Clay, der sich plötzlich von beiden Eltern
verlassen sieht. Clay hat fünf Wochen auf der Straße gelebt und
nur dank zweier Obdachloser, des jungen Schwarzen Buddy

und des alten traurigen Calvin, überlebt, die ihn bis in den eisigen New Yorker Winter hinein mitgeschleppt und durchgefüttert haben. Er ist mit ihnen geflohen, als «Glatzen» sie mit rassistischen Parolen aus einem Park vertrieben und die wenigen Besitztümer zerschlagen haben. Er hat mit Buddy zusammen Kirchenfenster eingeschlagen, um in der Kirche schlafen zu können und nicht zu erfrieren. Irgendwann haben seine Kraft und sein Glauben nicht mehr gereicht, um jeden Tag zu dem billigen Hotel zurückzukehren und zu schauen, ob seine Mutter wiedergekommen war. Nach ein paar Monaten – eine Lungenentzündung hat ihn ins Krankenhaus und also in Kontakt mit den Behörden gezwungen – meldet ihm die Frau vom Sozialamt, dass seine Mutter gefunden worden sei, zusammen mit seiner neugeborenen Schwester Sophie, und dass er bald wieder zu ihr könne.

Und dann – das Buch ist mittlerweile fast an seinem Ende – wundert sich Clay, dass er das nicht einfach nur «wunderbar» finden kann, wie die Frau vom Sozialamt suggeriert. Da ist auch *«Benommenheit oder die leise Leere, die er oft empfunden hatte, wenn er eingewickelt in Lumpen und Segeltuch aufgewacht war» (IF, S. 123 f.)*, und die *«kleinen Freudenausbrüche, die in ihm aufstiegen»*, verstummen sofort vor einer *«dichten Wolke von Verwirrung»*.

Ambivalenz! Wie sollte es auch möglich sein, dass Freude das einzige Gefühl war! *«‹Du bist weggegangen›, brachte er heraus. Es war nicht das, was er eigentlich hatte sagen wollen, obwohl er nicht sicher war, was das wohl gewesen wäre. Seine Mutter senkte den Kopf ... ‹Ich glaube, ich war nicht mehr wirklich bei mir selbst›, sagte sie ... Sie machte eine Pause. Ihr Gesicht war nahe an seinem und feuerrot bis zur Stirn. Er sah, dass sie sich schämte ... ‹Ich weiß nicht, wie ich es erklären soll›, fuhr sie fort. ‹Ich dachte nur noch an das eine: abzuhauen. Das ist mehr, als dir zuzumuten ist, aber das ist die Wahrheit ...›» (IF, S. 126 f.)*

*Desperate Characters, in den 1990er-Jahren von Jonathan Franzen wiederentdeckt*

Der Schluss des Buches liest sich, als hätte sie, Paula Fox, in diesen Jahrzehnten der Trennung gespürt und tief im Herzen gewusst, welche Stürme an Widersprüchen ihre Tochter würde durchleben müssen, falls diese sie je wiederfände.

*‹‹Es tut mir leid›, aber was sollst du damit anfangen? Man hat mir erzählt, wie du gelebt hast – wie ein streunendes Tier, und dann krank und allein im Krankenhaus. ‹Es tut mir leid› kann das nicht auslöschen. Weit jenseits von ‹es tut mir leid› muss es für die Menschen einen Weg geben, sich weiter gernzuhaben.› Sie sah zu ihm hoch und lächelte unsicher. Er wandte den Blick von ihrem Lächeln. Er hatte gehört, was sie gesagt hatte, aber er konnte noch nicht darüber nachdenken. Zuerst war sie überhaupt nicht dagewesen; jetzt gab es fast zu viel von ihr. ‹Du musst mir nicht vergeben›, sagte sie. ‹Ich kann das ertragen.*

*Aber du musst zu einem Ort jenseits von Vergebung gelangen.›*
*(IF, S. 129)*

Was soll das für ein Ort sein? Clay fragt sie dies nicht, aber die Frage beschäftigt ihn. Sie liegt in ihm bereit, als er endlich, endlich, Buddy wiedertrifft. Sie sprechen über alles Mögliche, auch über die «Glatzen» und ihre Gewalttätigkeit.

*«‹Die haben dir dieses Wort an den Kopf geworfen.› – ‹O ja›, sagte Buddy. ‹Nicht zum ersten, aber wohl auch nicht zum letzten Mal.› – ‹Wenn sie gesagt hätten, dass es ihnen leidtut, hättest du ihnen vergeben?› Buddy lachte laut. ‹Ihnen vergeben! Sie gehören einfach zu dem Schlamm dazu, durch den ich durchmuss. Wenn dich eine Schlange beißt, würdest du ihr vergeben? Das machen Schlangen nun mal. Das tun solche Leute nun mal. ‹Es tut mir leid› ist nett, aber kurz. ‹Nigger› ist das längste Wort, das ich kenne.› ‹Was ist ein Platz jenseits von Vergebung?› fragte er Buddy eindringlich. ‹Dein eigener Raum›, sagte Buddy. ‹Du musst deinen eigenen Weg gehen.›» (IF, S. 139)*

Seinen eigenen Weg zu gehen, wenn die Eltern einen verlassen, ist das eine. Ihn weiterzugehen, wenn die Mutter wieder da ist – das ist auf ganz andere Weise schwierig, hat Clay nun gelernt.

## Verrückt! Sie war zwei Wochen in den Top Ten

Als ich auf dem Cape gewesen war, hatte ich dort jemanden getroffen, der für Paula Fox' weitere Geschichte eine nicht zu unterschätzende Bedeutung gehabt hatte: Jonathan Franzen.

Ich war die Straße nach Norden in Richtung North Eastham gefahren, vorbei an Sommerhäusern auf beiden Seiten, Wäldern, langen Wegen und Abzweigungen durch den Wald bis zu der

Adresse, die mir Jonathan Franzen angegeben hatte. Es ist das Haus eines Freundes, in dem er zurückgezogen schreiben kann. Dass Franzen, der überaus erfolgreiche Autor seiner Generation, sich in dieser Abschlussphase seines neuen Romans einen Nachmittag freinahm, um mit mir über Paula Fox zu sprechen, sah ich als einen weiteren Ausdruck dieser langen Liebe, die er seit 1991 für Paula Fox' Roman «Desperate Characters» hegt. Eine Liebe, für die er sich mit Leidenschaft eingesetzt hat; eine Liebe mit Konsequenzen.

Ich fand das Haus, der Schriftsteller öffnete mir die Tür, groß, schlank, freundlich: der introvertierte Franzen, nicht der witzige, der ein Publikum von tausend Zuhörern so mühelos unterhalten kann.

«Laufen wir ein bisschen am Strand?» Wir setzen uns ins Auto und fahren Richtung Truro. Franzens Geschichte mit «Desperate Characters» wurde schon häufig erzählt: 1991 – in dem Jahr, als «Monkey Island» erschien – hatte sich Franzen in die Künstlerkolonie Yaddo zurückgezogen, um einen Roman fertigzustellen. Und um sich für eine Weile zu entziehen: der Beschäftigung mit den Trümmern seiner kurz zuvor zerbrochenen Ehe oder mit Amerika, das sich ekstatisch für einen Krieg rüstete. Damals, so schrieb Franzen später, «*erschienen mir die Vereinigten Staaten hoffnungslos losgelöst von jeglicher Realität – gefangen in einem Traum vom Ruhm durch die Massakrierung gesichtsloser Iraker, einem Traum von nie versiegenden Ölquellen für stundenlange Pendlerfahrten, einem Traum von der Aufhebung historischer Gesetze. Also träumte ich von Flucht. Ich wollte mich vor Amerika verstecken.*»[53]

In dieser Stimmung war ihm in der Bibliothek von Yaddo ein Exemplar von «Desperate Characters» in die Hände gefallen, dem Roman über die Ehe von Sophie und Otto Bentwood, die zwar nicht zerbricht, aber gleichsam zwischen den Zeilen zerbröselt.

Und plötzlich sah der Zweiunddreißigjährige die persönliche und politische Verzweiflung, die er gerade selbst durchlebte, in dem einundzwanzig Jahre alten, längst vergriffenen Buch nicht nur thematisiert, sondern in ihrer ganzen Bandbreite erfasst. Da ist Sophies angst- und ahnungsvoller Wunsch, «davonzukommen»; all dem zum Trotz, was sie um sich herum zu Bruch gehen sieht: *«Sie will ‹davonkommen›, und zwar nicht nur mit ihrer maßlosen Freundlichkeit der Katze gegenüber. Sie möchte auch ohne Konsequenzen die mit dem Prix Goncourt ausgezeichneten Romane lesen und* omelettes aux fines herbes *essen können – in einer Straße, wo Obdachlose in ihrem eigenen Erbrochenen liegen, und in einem Land, das einen schmutzigen Krieg in Vietnam führt. Sie möchte, dass ihr der Schmerz erspart bleibt, sich eine Zukunft jenseits von ihrem Leben mit Otto vorzustellen. Sie möchte weiterträumen. Doch die Logik des Romans lässt das nicht zu. Stattdessen wird sie gezwungen, zwischen dem Persönlichen und dem Gesellschaftlichen eine Parallele zu ziehen.»*[54]

So schreibt es Franzen, Jahre später, in seinem «Harper's Essay».

Das Wetter ist fantastisch, also weiter auf der Route 6 bis Truro, dann rechts ab in den Ocean Drive, durch die Wälder mit kleinen altmodischen Ferienhaussiedlungen bis dorthin, wo sich der Strand weiß und endlos in beide Richtungen dehnt und das Meer endlos vor einem liegt. In den 1980er-Jahren hatten Paula und Martin hier in verschiedenen Sommern Ferienhäuser gemietet. Das Cape, seine Magie!

Franzen, der Vogelbeobachter, hat Fernglas und Stativ dabei; der Wind zerzaust das Haar, die Wellen brechen ans Land; Wasser, Himmel, das ist alles hier. Tatsächlich entdeckt Franzen heute besondere, selten zu sehende Vögel. Ich laufe am Strand entlang, schaue Robben zu, deren enorme schwarze Körper glänzend durch die Wellen gleiten, als wären sie Teil von ihnen. Und ich sehe das Licht, dieses besondere Licht des Nordens, das man in Skandinavien findet und das Edward Hopper und Mark Rothko und viele andere Maler hierhergezogen hatte. Das Cape besitzt vielleicht beides, Wildheit und Geborgenheit, wie seine beiden Seiten, die zum Ozean und die zur Bucht hin gewandte. «Ich mag das Cape sehr! Schon früher, von Boston aus, wo ich mit meiner ersten Frau lebte, bin ich oft hierhergekommen.»

Als Leser von «Desperate Characters» sah Franzen sich damals «gerettet», verstanden und befragt zugleich:

*«War es gut, oder war es schrecklich, dass meine Ehe in die Brüche ging? Und war der Kummer, den ich verspürte, die Folge einer inneren Krankheit der Seele, oder wurde er mir von der Krankheit der Gesellschaft auferlegt?»* [55] «Als Leser gerettet», setzte ihn der Roman als Autor erneut auf die Suchspur danach, wie sich «das Persönliche mit dem Gesellschaftlichen verbinden» lasse. Was die Entdeckung von «Desperate Characters» für ihn bedeutet hat, beschrieb Franzen 1996 ausführlich in dem als «Harper's Essay» berühmt gewordenen Text.

Das aber war Jahre nachdem er das Buch zum ersten Mal gelesen und sich darin verliebt und es wieder gelesen hatte und fand, er müsse es mit seinen Studenten besprechen, und Paula Fox schrieb, um sie zu fragen, wie er an Exemplare für seinen Kurs kommen könne. «Ich unterrichtete damals in Swarthmore und fragte bei Paula Fox an, ob sie eine Idee hätte, wo ich das Buch noch finden könnte? Ihre Tochter Linda entdeckte elf Exemplare bei ‹Powells› in Portland. Dann lud ich sie ein in meinen Kurs, sie kam, las vor den Studenten und beurteilte die von ihnen verfassten Kurzgeschichten. Das war 1994. Wir wurden Freunde.

Paula Fox», sagt Franzen. «ist eine Königin, eine große Dame, eine fantastische Geschichtenerzählerin. Sie spricht, und du kannst deine Augen nicht von ihr lassen.»

Sie luden einander ein, verbrachten Abende miteinander. «Als der Essay erschien, war ich wie benommen vor Freude darüber, wie sehr er mein Buch schätzte», hatte Paula mir berichtet. 1996 dann hatte Franzen Paula Fox und ihren Roman zum Herzstück seines ungemein erfolgreichen Essays «Why Bother?» gemacht, der in der literarischen Welt eine große Resonanz hatte.

«Ich hatte, was Paula betrifft, etwas ins Rollen gebracht», resümiert Franzen. «Und dann kamen andere glückliche Umstände ins Spiel.» Um mehr über diese glücklichen Umstände zu erfahren, solle ich mich mit Tom Bissell in Verbindung setzen, hatte Franzen mir schon vor unserem Treffen geschrieben, und Tom Bissell, der heute in Portland lebende Autor, hatte mir sofort geantwortet. Ja, natürlich, er erinnere sich noch gut an seine Begeisterung, mit der er als Collegestudent im letzten Jahr an der Universität Michigan auf Franzens Essay reagiert habe. «Es war ein fantastischer Essay für angehende Autoren, weil er die Probleme, die sich einem Schriftsteller heute stellen, in ihrer deprimierenden Kraft erfasste und dennoch auf ermutigende Weise beim Namen nannte. Der größte Lohn, den man durch ein schriftstellerisches Werk erwerben könne, sei das Werk selbst, daran erinnerte er auch in diesem Essay – sonst sei es leicht, verrückt zu werden an dieser Arbeit. Mir scheint, kaum ein Schriftsteller hat in dieser Deutlichkeit wie Franzen seiner Verzweiflung über die Situation der Literatur, und also der Gesellschaft, so offenherzig Ausdruck gegeben.»

«Ja, er hat dann Kontakt zu mir gesucht, und wir haben uns angefreundet», erzählt Franzen die Geschichte weiter, «und durch den Essay wurde er auch neugierig auf Paulas Werk und begeisterte sich ebenso dafür wie ich.» Eine Kettenreaktion kam in Gang. Kurz danach bekam Bissell eine Stelle als Lektoratsassistent beim Verlag Norton. «Ich war damals erst vierundzwanzig! Das erscheint mir heute unglaublich. Aber sie wollten Ideen von mir, coole Ideen für Taschenbücher. Mir schien es ‹pretty

cool› zu sein, ‹Desperate Characters› für eine Wiederentdeckung
vorzuschlagen: Ich mochte das Buch nicht nur, ich liebte es!
Und dann wurde auf einmal etwas, das anfangs nur mit meinem
Karrierestreben zu tun gehabt hatte, zu meinem eigenen inners-
ten Interesse, es verwandelte mich und wurde etwas viel Größeres als nur eine Karriere-Idee.»

«Es war ein mutiger Versuch», erinnert sich Franzen, während wir durch die Dünen laufen, «ich sagte ihm damals zu,
dass ich eine Einleitung für ‹Desperate Characters› schreiben
würde, falls es zu einer Neuauflage käme. Aber inzwischen hatte sich die Fangemeinde des Buches unter Autoren noch vergrößert: David Foster Wallace schrieb ein paar begeisterte Sätze,
Jeffrey Eugenides mochte es, Jonathan Lethem. Und dann kam
der Tag, an dem Bissell versuchte, den Verlag für seine Idee zu
gewinnen: «Das war aufregend …», hatte sich Bissell erinnert,
«ich war der Jüngste und erst kurz da und hatte viele gegen
mich; nicht zuletzt andere Assistenten, die ihre eigenen Sachen
durchsetzen wollten. Ziemlich verlegen warb ich also für Paulas
Buch, beschrieb meine eigene Begeisterung, nannte die Namen
meiner berühmteren Gewährsleute. Alle hörten mir aufmerksam zu, und dann hieß es: O.k., mach es! Du hast 1500 Dollar
für eine Paperback-Ausgabe. Das war, auch damals, eine be-
schämend kleine Summe, fast schon ein Witz. Aber ich konnte
es machen! Ich konnte die Rechte kaufen! Niemand von ihnen
hatte zu dem Zeitpunkt das Buch gelesen, und vermutlich gaben
sie mir die Chance, um mich zu ermutigen. Alles hätte ja anders
kommen können! Wenn gleichzeitig jemand anders irgendwo
die Idee gehabt hätte! Oder wenn der Verleger an dem Tag
schlechte Laune gehabt hätte …»

Tom Bissell wandte sich an Paula Fox. «Das war 1998. Ich
schrieb ihr einen sehr höflichen Brief und unterschrieb mit
einem höheren Titel, als ich ihn tatsächlich hatte – ich wollte
nicht, dass sie denkt, irgendein Junge wendet sich an sie und

erzählt Quatsch. Und dann fing es an sich zu verändern. Ich hatte so unbedingt ein erstes Buch gewollt; diesen ersten Schritt auf der Karriereleiter, und dann hatte ich es und merkte, *wie* gut es ist, und begriff, dass das, was ich tat, größer war als ich und dass ich jetzt in einer Pflicht stand, die über diese Karrierepflicht hinausging: Ich hatte es plötzlich mit einer großen, vergessenen Autorin zu tun.»

Franzens Einleitung 1999 war eine weitere Etappe bei dieser Liebesgeschichte mit einem Buch. Er rekapitulierte seine spontane starke Reaktion auf das Buch 1991 – *«Es erschien mir so offensichtlich besser als jeder Roman ihrer Zeitgenossen John Updike, Philip Roth und Saul Bellow. Es erschien mir ein unabweisbar großes Buch.»*[56] Nachdem ihn zuerst die «tödliche Zielgenauigkeit» des Romans gefesselt hatte, wurde es dann, von Lektüre zu Lektüre mehr, das *«erotische Nebenvergnügen einer unabsehbaren Assoziationsbreite». (ebd.)*

«Ich lese es noch immer jedes Jahr», sagt Franzen jetzt, während wir am menschenleeren Strand zurück in Richtung Auto stapfen, «es ist wie mit, sagen wir, ‹The Great Gatsby›. Man liest es wieder und wieder, und es bedeutet jedes Mal etwas anderes.»

«Niemand erwartete wirklich viel von dieser Neuauflage», hatte Bissell weitererzählt. «Dann aber passierten die Dinge Schlag auf Schlag. Jonathan Lethem schrieb nicht nur, wie sehr er das Buch liebe, sondern in welchem Maße es ein Boden sei, auf dem sein eigener Roman über Brooklyn aufbaue. Dann fuhr Walter Kirn, Rezensent beim ‹New York Magazine›, völlig auf das Buch ab: Er schrieb einen fantastischen Text; eine größere Werbung für ein dreißig Jahre altes Buch, als irgendjemand sich hatte träumen lassen. Bei Norton konnte es niemand glauben.» – *«Fox is all sensitive, staring eye-ball. Her images break the flesh. They scratch the retina. ... – a stream of seemingly throwaway epiphanies that breed in the reader an almost painful alertness. Fox's prose hurts.*»[57]

«Das Buch verkaufte sich gut», fährt Bissell fort, «und dann kam eine junge Frau namens Melanie Rehak daher, las den Text von Walter Kirn, dann Paulas Buch und überzeugte schließlich das ‹New York Times Magazine›, sie ein großes Portrait von Paula machen zu lassen mit dem Titel ‹The Life and Death and Life of Paula Fox›. Das war der Abschuss. Jetzt drehte die Maschine hohl. Zwei Wochen lang war ‹Desperate Characters› unter den Top Ten bei Amazon. Völlig verrückt! Wir konnten gar nicht schnell genug nachdrucken! Danach kauften wir die Wiederabdruckrechte für alle anderen Romane von Paula. Es war Melanies Text, der das Buch an diesen Punkt gebracht hatte», betont Bissell nachdrücklich. – Mir dagegen fällt ein weiteres Mal jene Passage aus Paula Fox' Memoiren ein: *«Zufällig oder von einem guten Stern geleitet, war ich in die Hände von Rettern gelangt, Feuerwehrleuten, die mich von einem zum anderen weitergaben, bis ich sicher war.»* (FK, S. 20) So viel später in diesem Leben passierte nun etwas Ähnliches mit ihrem Werk: zufällig oder von einem guten Stern geleitet, gelangte es in die Hände von Rettern, einem nach dem anderen.

»Als ich dann später von Norton zu Henry Holt wechselte, brachte ich Paula mit. Henry Holt wollte sie in seinem Programm haben; ich nehme an, das war einer der Gründe, warum ich die Stelle bekam.» Auch Bissell befreundete sich mit Paula und Martin. «Ich lebte damals selbst in Brooklyn, ein Newcomer in New York, und war öfters bei ihnen eingeladen, diesen beiden, so schnell im Denken, so klug und so reizend! Du möchtest die ganze Zeit dein Äußerstes geben, um das Gefühl zu haben, du seiest die Zeit wert, die diese Leute mit dir verbringen. Ich stellte fest, dass das Brooklyn von 1998 natürlich ein anderes war als das von 1970 und dass sie trotzdem so Grundsätzliches über die Spannung zwischen Arm und Reich, Gebildet und Ungebildet, über den ganzen urbanen Malstrom erfasst hatte, dass das Buch nicht im Geringsten an Aktualität verloren hatte.»

Was bedeutete all das für Paula? «Ich erlebte, dass sie richtig überwältigt von dem Glück war, auch von einer jüngeren Generation plötzlich gelesen zu werden», erinnert sich Bissell. «Sie war, fand ich, von einer guten Selbstsicherheit, was ihr Können anbelangt – wenn auch getroffen darüber, wie sie so völlig vom Markt verschwunden war, nachdem sie in den 60ern und 70ern ja einen guten Namen gehabt hatte. Das Feuer jedenfalls, das nun entfacht war, überraschte und beglückte uns alle.»

35 000 Mal wurde «Desperate Characters» in der Neuauflage in Amerika verkauft. Und das Feuer griff weiter über – nach Europa. «Sie und ihre Bücher passen gut nach Europa, das erklärt auch den Erfolg, den sie dort hatte.» Sie wurde ins Spanische, Italienische, Französische, Deutsche, Norwegische und Schwedische übersetzt.

Und heute? Franzen und ich sitzen mittlerweile in einem kleinen Restaurant, bestellen Hamburger, und ich versuche zu verstehen, wieso diese nun zum zweiten Mal in Amerika begeistert entdeckte, nach Europa weitergereichte, überall auf Händen getragene Autorin jetzt, im Jahre 2009, wieder so gründlich aus den New Yorker Buchläden verschwunden ist, dass ich immer wieder aufgefordert werde, ihren Namen zu buchstabieren. Franzen wiegt den Kopf. «Als weibliche Autorin bist du in diesem Land gezwungen, dir eine Nische zu suchen. Paula hat nie ausdrücklich Frauenthemen thematisiert. Sie war nicht feministisch, nicht schwarz, nicht jüdisch, keine politische Autorin. Keine Kategorie passte. Sie hatte mit Männern zu konkurrieren – Roth, Updike, Bellow. Männer hatten es leichter, haben es leichter. Paula hatte nie etwas wie eine natürliche Fangemeinde, – eine bestimmte Gruppe, für die sie geschrieben hätte. Das haben Frauen wie Flannery O'Connor oder Grace Paley ihr voraus.»

Auch Tom Bissell hatte ich diese Frage gestellt, und er hatte gemeint: «Ihr Werk ist nicht postmodern in einer Weise, wie sie heute an Universitäten gelehrt wird. Es ist straight, es ist direkt, von jeder Mode unabhängig.»

Auch sei der Umstand ihres Verschwindens natürlich vor allem eine Aussage über den gegenwärtigen Buchmarkt. «Grim, very grim» findet Tom Bissell die Lage. «Manchmal denke ich, ob ich damals doch am Ende einer Art Goldenen Zeitalters im Verlagswesen gearbeitet habe? Vieles, was damals geschah, scheint heute – wo der Beruf des Lektors verschwindet – gar nicht mehr denkbar. Aber was Paula betrifft: Ich kenne keinen jungen Schriftsteller, keine junge Schriftstellerin, die ‹Desperate Characters› nicht gelesen hätten. Unter Autoren ist sie eine der Großen. Für mich muss ich klar sagen – diese Geschichte damals mit Paulas Büchern war eines der besten Dinge, die ich in meinem Leben gemacht habe. Wenn sie nicht berühmt wird, berühmt für ein größeres Publikum, liegt das vielleicht daran, dass sie der Dunkelheit des Lebens zu tief ins Auge schaut.»

Darum dreht sich nun auch mein Gespräch mit Franzen. «Deutsche habe eine höhere Fähigkeit, vor allem Bereitschaft, sich auf schwierige, auch dunkle Literatur einzulassen», sagt er, der ja Deutschland aus zwei Jahren eigener Erfahrung kennt. «Amerika ist und bleibt ein Land, das sich ständig selbst erfindet, immer hinzentriert aufs Hier und Jetzt. Americans are fun-loving people! Tradition spielt bei uns nicht die Rolle wie in Europa. Wirklich verankert war Paula Fox in jenen mittleren Jahrzehnten des letzten Jahrhunderts mit Trilling, mit Howe und ihrer Klage um Werteverluste auf hohem Niveau; auch das ist ja ein Teil von ‹Desperate Characters›. Das waren die besten Jahre für die amerikanischen Intellektuellen. Und vielleicht ist Paula dieser Zeit damals ja geistig näher als der heutigen.»

Nachdenklich höre ich zu. «Es gibt außer ihr niemanden in diesem Land, der gleichzeitig in beiden literarischen Gattungen, im Roman und im Jugendbuch, in dieser Weise brilliert,» kommt Franzen, während wir in die warme Sommernacht hinausgehen, zu einem abschließenden Urteil. «Sie ist eine große Dame und ein einsames Kind ... und das in einer herzzerreißenden Mischung.»

*

Noch aber sind wir am Ende der 90er-Jahre und sehen Paula im Glück. Tatsächlich? Man könnte denken, dass die 90er ihr nur Glück gebracht haben. An deren Anfang das Geschenk, die eigene Tochter wiederzufinden. Und an deren Ende das Glück, selbst als Autorin wiederentdeckt worden zu sein. Aber dies ist nicht die ganze Wahrheit über dieses Jahrzehnt. Nicht nur die Gewinnseite dieser Jahre, auch die Verlustseite wog schwerer, als sie es sich je hätte träumen lassen.


## Leben und Tod und Leben


Und dann bin ich, im Herbst des Jahres, erneut in New York. Kann nach Dingen fragen, an die ich mich noch nicht wirklich herangetraut habe. «Was in Jerusalem passiert ist? Am genauesten weiß das Ilana Howe. Sie sollten sie treffen und es sich von ihr erzählen lassen. Meine eigene Erinnerung an diese Zeit ist fast ausgelöscht.»

Es war eine Reise nach Jerusalem, die Paulas Leben im Jahre 1996 ein weiteres Mal grundlegend veränderte. Diesmal allerdings nicht zum Guten. Ilana Howe, die Witwe des großen Kritikers und Intellektuellen Irving Howe, ist Israelin und lebt für einen Teil des Jahres in einem New Yorker Apartmenthaus. Auch sie ist über siebzig, sehr schlank, dunkelhaarig, gepflegt und mit großen braunen lebhaften Augen, eine attraktive Frau, die mit Wärme und Begeisterung von ihrer Freundschaft zu Paula und Martin spricht. «Suchen wir uns eine ruhige Ecke?», fragt sie mich im Restaurant, und wir gehen in den oberen Stock, wo noch niemand sitzt.

«Es war damals Paulas Idee ... Sie wollte nach Israel. Martin, der ja als Jude diesen Wunsch auch haben könnte, war viel zögerlicher. Nun, ich wusste, dass ich zur selben Zeit dort sein würde, und suchte den beiden eine Unterkunft im Künstlerhaus Mishkenot.

Es war ein Freitag, als sie in Jerusalem ankamen. Das weiß ich so genau, weil ich Essen für sie dabeihatte, als ich zum Flughafen fuhr. Am Schabbat würden die Läden geschlossen haben. Aber ich hatte wieder mal Paulas Tempo unterschätzt! Als ich am Flughafen ankam, waren sie gar nicht mehr da. Ich rief in Mishkenot an – sie waren schon dorthin gefahren. Freitagnachmittag, sie waren so glücklich, hier zu sein, vor allem Paula – in strahlender Vorfreude. Sie hatten Hunger, also gingen wir in ein Restaurant, wir sprachen über Politik. Auf dem Rückweg gingen wir durch den Park, Paula zeigte Sternbilder. Sie lief voraus, ich blieb mit Martin etwas zurück. Plötzlich – es ging so schnell, dass ich immer noch nicht die Bilder geordnet kriege: Gerade noch war Paula aufrecht gewesen, und dann lag sie am Boden. Ganz still, ohne einen Laut. Jemand hatte sie niedergeschlagen und war weitergerannt.»

An dieser Stelle ihrer Erzählung hält Ilana Howe inne und überlegt einen kurzen Moment. Sie habe sie dann später irgendwann gefragt, warum sie nicht geschrien habe. Paula habe geantwortet, sie schreie nie, wenn sie angegriffen würde. Das sei ihr ganzes Leben so gewesen.

»Es muss aber einen kurzen Kampf gegeben haben, denn auch so ein Bild habe ich in Erinnerung, Paula, die sich wehrt, Martin, der ihr hilft, ich dabei. Dann renne ich zur Hauptstraße und hole eine Ambulanz. Auch dieses Bild habe ich noch in mir, herzzerreißend, Paula, die keinen Mucks macht, und Martin, der sich über sie beugt und bittet und fleht, ‹sag ein Wort!›«

Dann kommt die Ambulanz, Paula ist wieder bei Bewusstsein, im Krankenhaus werden Tests mit ihr gemacht, und alles sieht erst mal gar nicht so schlimm aus.»

Ilana und Martin fuhren nach Mishkenot zurück, und als Paula am nächsten Morgen nicht ans Telefon ging, scherzte Martin, sie werde schon wieder unterwegs sein. Aber so war es nicht. Paula war ins Koma gefallen und lag auf der Intensivstation. Der Schlag und der Sturz hatten eine Blutung im Hirn ausgelöst. «In dieser ersten Woche dachten die Ärzte, es wäre ein Schlaganfall. Nachher war das nicht mehr sicher.»

Ilana hat das Bild vor sich: Paula im Koma. «Sie war so schön, die ganze Zeit, ohne Make up, ohne Friseur – so schön! Dann kam der Chefarzt, ein äußerst charmanter Argentinier, und ich sagte zu Martin, sie sollten nicht über Paula hinweg reden, wer wüsste schon, was sie verstünde und was nicht? Mittlerweile waren Adam und Gabe aus New York angekommen, und als die Familie zusammen war, fuhr ich erst mal nach Tel Aviv in meine Wohnung.» Auch Linda wurde benachrichtigt. Auch sie flog los, einmal um die halbe Welt, von Portland nach Jerusalem. Sie hatte mir davon erzählt und von dem Gedanken, der sie beherrschte: «Das darf nicht sein, dass ich sie kaum gefunden habe und schon wieder verliere!»

Adam hatte von dem Moment seiner Ankunft im Gästehaus erzählt. «Martin kam die Treppe herauf und fiel uns weinend in die Arme, hundert Jahre alt! Völlig gebrochen. Ein paar Tage gingen vorbei. Einmal, als ich zu meiner Mutter kam, sagte ich

‹Hey, Mom!› Und sie antwortete: ‹Hi!!›, ihr Gesicht strahlte. Dann wieder kein Wort mehr, tagelang.»

Auch Ilana erinnert sich an diese hellen Momente. «Als der argentinische Charmeur kam, sagte ich zu Paula: ‹Er spricht Spanisch›, und ein großes Lächeln erschien auf ihrem Gesicht – obwohl alle dachten, sie bekommt nichts mit. Ich sah das und sagte zu Martin: ‹Sie wird gesund werden.› Man konnte das überhaupt nicht wissen zu diesem Zeitpunkt, aber ich hatte das klare Gefühl: Sie wird gesund werden.

Ich kam sie besuchen, und irgendwann hob sie nur kurz den Kopf und schaute sich im Raum um, mit dieser enormen Neugier und Wachheit, die sie hat, und wieder dachte ich: was für Kräfte diese Frau hat! Und jeder dort liebte sie.»

*

Als ich Paula selbst nach diesen Tagen frage, wird sie ganz still. Etwas in ihr geht zurück in die Zeit, als sie für ein paar Wochen fast komplett ihre Sprache verloren hatte. Ein Bild taucht auf: «Ich erholte mich langsam. Ich erinnere mich, dass Adam und Gabe mich mit dem Rollstuhl in eine Kapelle vom Hadassah-hospital brachten, damit ich die Chagall-Fenster sehen konnte. Durch die Fenster sah ich immer auf die Berge von Judäa und als ich irgendwo ein helles Licht sah, dachte ich, ist das Ali Babas Höhle?? Später erfuhr ich, dass es sich um eine Garage mit großen Fenstern handelte.» Und schon wieder beben die Schultern vor Lachen. Leben, noch in seinen tragischsten Zeiten, ist immer auch eine Reihe von Augenblicken. Ilana Howe sagt: «Paula ist, mit all ihren wahnsinnigen Verletzungen, trotzdem eine Pflanze, die sich nach der Sonne dreht».

Zugleich gibt es, natürlich, nicht nur die Dimension Augenblick. «In der ersten Woche war ich rechtsseitig gelähmt. Deshalb dachten auch alle, es sei ein Schlaganfall. Von diesen Tagen weiß ich nichts mehr und werde wohl nie etwas wissen. Dann kam irgendwann die israelische Polizei ans Krankenbett und wollte wissen, ob der Angreifer ein Araber gewesen sei. Nein, stammelte ich, ich glaube nicht.» In einem Brief an ihren Enkel Tobias schreibt sie im September 1996: «Ich erinnere mich daran, wie ich in diesen Wochen im Krankenhaus alles ohne Erklärung wie selbstverständlich nahm. Ich lebte, durch die Hirnverletzung in einer reinen Gegenwart. Ich strahlte deine Mutter und ihre Brüder an, ohne dass mir die Frage kam, wieso sie jetzt hier waren und was sie daheim zurückgelassen hatten: Suppe auf dem Herd? Patienten im Arbeitszimmer? Termine beim Arbeitsamt? Dann aber begann irgendwann mein unruhiges, neugieriges, furchtsames Selbst meinen Körper wieder zu bewohnen.»

Nach ein paar Wochen flog sie mit der Familie zurück und musste in New York noch eine Woche ins Columbia Presbyterian Hospital. «Die Lähmung war verschwunden, aber die Sprache kam erst langsam wieder. Als ich zu Hause im Bett lag, musste ich erst wieder lesen lernen! Das dauerte ein halbes Jahr.» In diesem ersten Jahr habe sie das meiste von Trollopes Werk gelesen, schreibt Paula – «und ein Buch über Hirnschäden!». Man ahnt es schon: Spätestens als sie wieder las, war der Schritt zurück ins Leben getan. Vo diesem Zeitpunkt an sind wieder, wie ich an ihren Erzählungen merke, andere Erinnerungen wichtiger als die bloßen Daten über ihre Gesundheit. «Ich musste dann oft zum Neurologen, er war ein wunderbarer Mann, wir mochten ihn so gern! Meine Freunde kamen. Ich sehe Jim Harvey noch vor mir, der neben meinem Bett stand und in Tränen ausbrach.» Das hatte mir Jim auch erzählt. Auch wenn es für ihn Zeiten der Distanz Paula gegenüber gegeben habe – als er von dem Überfall in Jerusalem erfuhr, habe er gespürt, wie sehr er sie liebe.

Der nächste Schritt für Paula Fox war größer: zum Schreiben zurückzufinden. «Nachdem ich zu Hause war, brauchte ich zehn Wochen, um eine Seite von ‹Borrowed Finery› zu schreiben. Ich brauchte Jahre für das Buch.» In den Briefen an ihren Enkel Tobias beschreibt sie die Mühen dieser Zeit: «Rückfälle und Fortschritte … Wenn ich müde bin, habe ich plötzlich eine ganz niedrige Frustrationsschwelle, fühle mich gehetzt beim Antworten, Bilder fehlen mir, ich fange an mich zu wiederholen wie ein Papagei! Aber der Neurologe stellt mir ein gutes Zeugnis aus; in sechs Monaten oder einem Jahr, sagt er, würde ich ganz wiederhergestellt sein.»

Leider wird das nicht der Fall sein; auch wenn es tatsächlich so klingt, wenn man die Briefe aus dieser Zeit liest. Staunend liest: Keine Spur des Traumas ist in diesen Briefen voller Nachdenklichkeit, Lebendigkeit, Interesse erkennbar. «Und so verbringe ich gerade meine Tage: Ich stehe um 6.30 oder 7 Uhr auf, mache mein Bett, nehme die Medizin (vielleicht brauche ich die ab morgen schon nicht mehr, wenn der Neurologe zustimmt), wasche mich, füttere die Katzen, mache Kaffee und gehe raus, die ‹New York Times› holen. Wenn ich zurückkomme, ist Martin auf, wir frühstücken, murmeln ein paar Dinge über den Tisch – heute ist Clinton wieder gewählt worden! –, dann gehe ich hoch, beantworte Briefe, versuche zu arbeiten. Mittags eine Stunde Schlaf, wenn es klappt, um 5 fange ich dann an zu kochen. An Thanksgiving werden wir diesmal nur Sandwich essen, komm also nicht! Nein, komm, wann immer du willst! Meine Energie ist noch nicht wieder da, ich kann keine großen Mahlzeiten kochen. Aber kleine nette Abendessen – das geht.» Nette Abendessen in diesen Monaten, zu denen auch jemand wie Jonathan Franzen eingeladen wird, dessen «Harper's Essay» ja gerade erschienen war; oder Tom Bissell, der von den Abenden in der Küche der Fox-Greenbergs berichtet, dass er nie ganz die Aufregung darüber verloren hätte, in Gegenwart von Paula und Martin etwas Unwichtiges zu sagen: «Sie sind Leute, mit denen zusammen Zeit zu verbringen ein kostbares Geschenk ist.»

Es ist die Zeit eines seltsam paradoxen Geschehens: Während

ihr Werk wiederkehrt, ja, Öffentlichkeit in vorher nicht gekann-
tem Maß erlangt, muss sie selbst feststellen, dass sie die Fähigkeit, an diesem Werk in der gleichen Weise weiterzuschreiben
wie vorher, unwiderruflich verloren hat. «Ich konnte keine Geschichten mehr erfinden. Etwas in meinem Kopf war kaputtge-
gangen.» Gegen diesen Verlust, gegen den Schmerz über diesen
Verlust wird sie nun anschreiben; zum ersten Mal ausdrücklich
autobiografische Bücher.

Erneut denke ich über das Motto nach, das sie ihrem Buch «In
fremden Kleidern» vorangestellt hat, Shakespeares «Nach so viel
Gram, die Feier der Geburt –». Kennt man die Entstehungsge-
schichte von «In fremden Kleidern», wird das Thema «Anfang»
noch bedeutsamer, um noch eine Schicht erweitert. Ist doch das
Buch selbst einem Ende abgetrotzt, zähes Symbol für ihre Entschlossenheit, mit dem Anfangen, trotz Ende, nicht aufzuhören,
auch mit Dreiundsiebzig nicht. «In fremden Kleidern», so dürfen
wir vermuten, diese in provozierend knapper, unsentimentaler
Faktizität nebeneinandergestellten Innen- und Außenansichten
eines Lebens, hätte es unter anderen Umständen nicht gegeben.

Und so wird 1999 das Jahr, in dem Paulas altes und ihr
brandaktuelles Buch, beide frisch gedruckt, im Buchladen aufei-
nandertreffen: «Desperate Characters», neunundzwanzig Jahre
alt, mit einer Einleitung von Jonathan Franzen, und «Borrowed
Finery», den letzten drei Jahren abgerungen.

Eine Dynamik von Leben, Tod, Leben – wie es der schöne
Titel von Melanie Rehaks Artikel beschrieb: «Life and Death
and Life of Paula Fox».

*

Paula ist ins Erzählen gekommen über diese schwierige Zeit.
«Neulich kam eine Freundin vorbei, sie ist Lehrerin und selbst
Autorin, und sie zeigte mir Stellen in einem Exemplar von ‹Poor
George›, an denen sie mit ihren Schülern arbeitete, und mein

Blick fiel auf eine Zeile, in der es um einen Hund ging, der in einem Teich auf seinen Besitzer zuschwamm, der dort angelte, und dabei eine schwarze Spur im Wasser hinter sich herzog, – und plötzlich kam eine solche Traurigkeit in mir hoch, als mir klar wurde, ich kann das nicht mehr! Ich kann diese Lust, Geschichten zu erfinden, nicht mehr erleben.»

*

Das Schlusskapitel von «In fremden Kleidern» heißt «Elsie und Linda», und ich bin mir bis heute nicht im Klaren, warum Mutter und Tochter an dieser markanten Stelle, im Finale gleichsam, zusammengebracht werden. Dieses Kapitel ist ja ein Sprung in die Zukunft des Buches, das eigentlich vorher, bei der achtzehnjährigen Paula endet; ein Sprung in eine «Jetztzeit», in der Linda und Elsie, die Tochter und die Mutter, den Schlusspunkt bilden. «Rahmen» diese beiden ihre eigene Geschichte gleichsam ein, schicksalhaft – ihre weibliche Vorfahrin und die Nachfahrin, die sie beide auf verschiedene Weise verlor?

Oder hat es auch damit zu tun, dass Linda Elsie nicht nur selbst aufsuchte, sondern auch Paula drängte, Elsie doch noch einmal zu treffen, die mittlerweile über neunzigjährig als Harmons Witwe auf Nantucket lebte? Paula schreibt in ihrem Buch, sie hätte ihre Mutter seit achtunddreißig Jahren, also zu dem Zeitpunkt mehr als ihr halbes Leben, nicht gesehen.

Sie habe es Linda und Gabe zuliebe getan, die ihr diesen Besuch nahelegten. Dort aber, in Elsies Haus auf Nantucket, holt sie der Ekel vor der Frau, die ihr im Leben fortgesetzt schlimme Dinge angetan hatte, so heftig ein, dass sie nicht in der Lage ist, die Toilette ihrer Mutter zu benutzen. Elsie, die es auch jetzt wieder schafft, den Schlusspunkt zwischen ihnen beiden als Punkt für sich zu verbuchen; in dem merkwürdigsten und traurigsten aller Wettkämpfe, den man sich vorstellen kann, zu punkten. Sie zeigt Paula eine Fotografie von Candelarias Mann,

Elsies Vater, und sagt, sie wolle sie ihr schenken – nur um sie kurz darauf unter der Bettdecke zu verstecken. Elsie bedeutet für Paula Qual bis zum Schluss.

Nein – sie habe die unermessliche Wut auf ihre Mutter ihr gegenüber nie ausgedrückt, hat Paula mir einmal auf meine Frage geantwortet. «I never dealt with her how they say in this country. Too bewildered ...» Immer war die Verstörung übermächtig. In ihrer Autobiographie schreibt Paula Fox: «*Einige Monate später rief mich die Frau des Pflegers zu Hause an, um mir zu sagen, dass Elsie an diesem Morgen gestorben war. Ich murmelte etwas Tröstliches, und mir wurde bewusst, dass ich gesprochen hatte, als ob Elsies Tod der Verlust dieser Frau sei. Als ich auflegte, fühlte ich mich hohl, schwunglos. Mir war das letzte Privileg einer Tochter versagt; ich konnte meine Mutter nicht betrauern.*» *(FK, S. 283)*

Im Testament heißt es: «I leave nothing to my daughter, Paula Fox.»

*

Sommer 2010: In einer von Paulas letzten Mails, die ich während der Recherche bekomme, lese ich: «Ich versuche mich gerade an einer Geschichte mit dem Titel ‹Cigarette›. Darin wird etwas von Jerusalem vorkommen; das, was mir davon geblieben ist.» Paula Fox hatte nach dem Überfall nicht nur ihre Fähigkeit des Geschichten-Erfindens verloren, sondern auch ihre Nikotin-Sucht. Raucherin seit ihrem elften oder zwölften Lebensjahr, hatte sie auch damit nicht gerechnet. «Das Gehirn ist wirklich ein Rätsel!», kommentiert sie.

Auch diese Frau ist ein Rätsel, denke ich. Siebenundachtzig, und mit so schwachem Augenlicht mittlerweile, dass ohne große Lupe weder Lesen noch Schreiben möglich ist. Aber das bedeutet nicht, dass sie bereit wäre, die Welt des Geschichtenerzählens für sich aufzugeben. Einfach nicht bereit, aufzugeben.

*Ich verstehe nicht, aber ich sehe*

Gefährliche Reisende, hatte Martin sie einmal genannt, nachdem eine Pistolenkugel nur knapp an ihrem Gesicht vorbeigepfiffen war. Gefährdete Reisende hätte es genausogut heißen können. Paula Fox' Leben verlief weiterhin alles andere als in ruhigen gleichmäßigen Bahnen. Die Familie hatte sich markant erweitert, ihr Name als Autorin war so groß geworden wie noch nie. Zugleich hatte sich eine andere Spur dramatisch verengt; eine Tür geschlossen. «… *du verlangst zu viel in dem Sinn, dass niemand sich irgendeiner Sache sicher sein kann. Es gibt Hoffnung, das ist alles.» (GA, S. 190)* Dieser Satz aus «Der Gott der Alpträume», erschienen 1990, könnte fast als prophetische Vorausdeutung dieses verstörenden Jahrzehnts gelesen werden.

Wie lebt sie mit all diesen Veränderungen, Verschiebungen, Einbrüchen? Sie antwortet in einer Mail: «Ich weiß nicht genau, wie ich mein Gefühl, meine Haltung zu alldem beschreiben soll; Jonathans Einsatz, Courtney, Linda, mein eigenes Leben und seine beängstigende Unordnung. Ich mache immer weiter, stoisch und ohne zu verstehen, und dann plötzlich – sehe ich etwas. Ich wünschte, ich hätte eine bessere Antwort! Sicher ist, dass persönliches Chaos, mein eigenes, nicht den Lauf der Welt behindert hat, obwohl mein Werk vermutlich einen Teil ihrer Härten widerspiegelt.»

Wie weit trägt der Ruhm? Anfang des neuen Jahrtausends werden Paula Fox' Bücher nacheinander in etliche Sprachen übersetzt; von überall her kommen Anfragen für große Interviews und Portraits. Ihr Name reicht bis nach Europa, scheint sich in manchen Ländern wie Frankreich, Italien, vor allem Deutschland, sogar tiefer zu verankern als in Amerika. «Ich empfand enorme Freude darüber, mit meinen Büchern in Europa angekommen zu sein.» Europa, wo ein Großteil ihres Werks schließlich entstanden ist. In dieser Freude schrieb sie dann gleich anschließend das zweite autobiografische Buch, «The Coldest Winter», in dem sie ihre erste Erfahrung in Europa noch einmal rückblickend in Worte brachte. «Ansonsten aber fühlte ich mich nie, auch damals nicht, als literarischer Star. Es gab Momente – als der ‹New Yorker› Auszüge aus den Memoiren druckte. Oder als nach den europäischen Ländern dann auch Israel, China, Südkorea, Taiwan, Japan, Russland, Brasilien meine Bücher, oder ein paar von ihnen, herausbrachten. Aber da hatte ich ein Alter erreicht, in dem ich diesen ‹Erfolg› richtig gewichten konnte … Ich glaube, in mancher Hinsicht war ja meine Kindheit eine Art Ochsentour gewesen, die mich daran gehindert hatte, Erwartungen irgendwelcher Art aufzubauen. Die Kategorie, in der ich Leben zu messen lernte, war, ob Menschen sich frei in die Augen schauen oder nicht. Das brachte mich zum Beispiel dazu, den Leinwänden von Hollywood den Rücken zu kehren. Als ich ‹Der Gott der Alpträume› publizierte, 1990, sagte Jim Harvey, es würde mit Sicherheit ein Erfolg werden. Aber es wurde keiner, mindestens kein kommerzieller – obwohl viele Leser es liebten! Wie misst man seinen eigenen Erfolg? Ich glaube, ich versuche gerade, das Unbeschreibbare zu beschreiben! Am Ende läuft es auf ein paar wahre, wahrhaftige Beziehungen hinaus, die dabei entstehen und durch die ich mich geehrter fühle als durch irgendetwas sonst.»

Leben ist nicht nur paradox; es ist nie endgültig ausdeutbar. Leben ist Vielfalt. Mit «In fremden Kleidern» hat Paula Fox sich noch einmal daran gemacht, am Beispiel ihres Lebens Vielfalt zu erzählen; dieses Buches, das nicht zuletzt als erstaunliches Ergebnis eines Verlustes gesehen werden muss. Nicht verloren aber hat sie ihre Neugier: «Ich schreibe, um herauszufinden», hieß es 1974 in ihrer Dankesrede für die Newbery Medal. *«Ich schreibe immer neu, um die Zusammenhänge meines Lebens zu ent-*

*Zusammen mit Paulas Sohn Gabriel sitzen Paula und Martin beim Abendessen in der Küche ihres Hauses.*

decken, wie es mit anderen verbunden ist. Jedes Buch vertieft diese Fragen. ... Die ultimative Erfahrung von Verlassenheit ist Verlassenheit, die ultimative Erfahrung von Ungerechtigkeit ist Ungerechtigkeit ... Und so sind die Unbescheidenheit, der Anspruch eines Romanautors ungeheuerlich; läge nicht dahinter das überwältigende Wissen, wie wenig man weiß; wie pausenlos man mit dem Stoff des eigenen Lebens und gegen die Beschränktheit des eigenen Erfahrungshorizontes zu kämpfen hat.»[58]

\*

Die Worte dieser Rede waren das Erste von ihrer Mutter gewesen, mit dem Linda Carroll 1993, neunundvierzigjährig, in Berührung gekommen war. Sie las ihre Mutter, bevor sie sie hörte. Und die Worte der Autorin hatten bei ihr Stürme widersprüchlicher Gefühle hervorgerufen – verständlicherweise. Verstörung über diese erstaunliche geistige Nähe, daraus erwuchsen dann Sehnsucht, Schmerz, Zorn, Empörung: «Wie kann sie es wagen, meine Gedanken zu denken?» Auch diesen Impuls hatte Linda in dem Moment verspürt. Das Thema von Verschmelzung und Nähe – von dem man hätte meinen können, zwischen Mutter und Tochter, die sich in diesem Alter kennenlernen, spiele es keine Rolle mehr – war von diesem ersten Moment an mit dabei gewesen. Was bist du, was bin ich? – eine Frage, mit der jede Tochter sich irgendwann von der Mutter abgrenzen muss – beschäftigte sie, bevor sie diese Frau das erste Mal gesehen hatte.

Durch Paula kam Linda auch in Kontakt mit einer lang gehegten eigenen Sehnsucht: «Ich hatte immer schreiben wollen … Gedichte hatten mich mein ganzes Leben lang begleitet. Aber ich hatte nie Zeit gehabt und auch immer gedacht, ich könnte es nicht. Dann passierte aber all das mit Courtney, Frances, Paula und wurde zu einer Art Katalysator. Zu dem Zeitpunkt hatte ich ja schon dreißig Jahre Erfahrung mit Therapien hinter mir, lange Jahre der Arbeit als Therapeutin.»

So hatte mir Linda die Entstehung ihres Buches «Her Mother's Daughter» beschrieben – das ja keine Gedichte enthält, sondern die Geschichte ihres Leben erzählt. Weihte sie ihre Mutter ein? «Ja, ich wusste von diesem Vorhaben, und ich habe sie unterstützt – aber ich wollte nicht darin vorkommen!», schreibt mir Paula.

Aber wie sollte das gehen? Nicht nur war Lindas Leben mit dem Finden ihrer Mutter, mit dem Ende alles Spekulierens an einen neuen Punkt gekommen. Mit Paula hatte sich für sie die Frage ihrer Identität geklärt. Wie sollte Paula draußen bleiben können, wenn Linda über sich selbst schrieb? «Ich wollte ja über diesen ganzen Mutter-Tochter-Zusammenhang schreiben, der über Paula und mich hinaus weitergegangen war zu meiner erstgeborenen Tochter Courtney Love, mit der ich fast keine Verbindung mehr habe. Das Buch hätte diesen Stoff noch viel reißerischer ausnutzen sollen – mir wurde viel Geld dafür geboten. Aber für mich war klar, dass ich über meine Erfahrungen schreibe und basta. Schmutzige Wäsche zu waschen, interessiert mich nicht.»

Tatsächlich ist «Her Mother's Daughter» kein reißerisches Buch, sondern ein eng an Lindas eigenem Leben, Denken und Fühlen entlanggeschriebenes persönliches Dokument. Ich hatte es gleich 2005 gekauft und eine Nacht lang in einem Café gelesen, berührt davon, diese Geschichte des Einanderverlierens und Wiederfindens nun auch aus der anderen Perspektive zu lesen. Wie es dem Verlauf von Linda Carrolls Leben entspricht, spielt Paula ihre Kindheit und Jugend hindurch nur eine Rolle in Lindas Fantasien, und erst spät im Leben – und im Buch – kommt die reale Paula ins Spiel.

Problematisch ist freilich dennoch, dass Linda – bewusst? unbewusst? – die Mutter-Tochter-Linie von Paula übernimmt, die diese am Schluss von «In fremden Kleidern» vorgegeben hatte mit ihrem Kapitel «Elsie und Linda». Problematisch ist vor allem, dass dabei ihre Tochter Courtney, Superstar, Skandalnudel, Ehefrau und Witwe von Kurt Cobain, ins Spiel kommt und als zweite «Berühmtheit» der Familie gleichsam in eine Nähe zu Paula rückt, die Paula sich nicht wünschen konnte. Eine Enkeltochter, die nur zu bereit war und ist, die Medien mit Sensationen und Skandalen zu bedienen.

«Courtney Love als Enkelin – das ist der gemeine Witz, den sich das Schicksal mit Paula erlaubt», so hatte es mir mal eine Freundin von Paula, Ellen Adler, gesagt: Ein Witz, über den zu lachen Paula gelang, als es darum ging, ob sie und Marlon Brando ... Ein Witz, der an anderer Stelle aber offensichtlich nur wehtat.

«Courtney und ihre Weise, anarchisch zu sein, macht mir Angst», hat Paula mir über die Enkelin geschrieben, die sie ein einziges Mal für zwei Stunden sah. Und so konnte Lindas Sehnsucht, sich selbst und ihr Leben in einem Buch zu erzählen, zu gar keinem Zeitpunkt getrennt gesehen werden vom Interesse hungriger Verlage, die sich darum rissen, von Courtney Loves Mutter Geschichten aus dem Kinderzimmer kaufen zu können.

All dies, soweit ich es mir zusammenreimen kann, hatte damals Paula, und mehr noch Martin, alarmiert. Martin schrieb einen Brief an Linda, in dem er sie auf Paulas Verletzungen und Verletzbarkeit hinwies. Ein heftiger Brief, erinnert sich Linda, auf den hin sie zwar nicht von ihrem Projekt Abstand nahm, aber etwa dafür sorgte, dass Paulas Name nicht auf dem Buchcover genannt wurde. Als eine «Quelle der Inspiration in ihrer beider Hingabe ans Schreiben» bezeichnet Linda in der Danksagung am Anfang des Buches Paula und Martin.

Ob und wie ausführlich das Gespräch über Lindas Buch zwischen ihnen dreien wirklich geführt wurde, wurde mir nie klar beantwortet. Dass es eine Schmerzstelle bei Paula darstellt, wird an den eher vagen, ein bisschen rätselhaften Antworten auf meine Nachfrage deutlich. Linda sei so viel mehr als dieses Buch, sie hätte ein größeres Potenzial, sagt Paula einmal, und ein anderes Mal, heftig wie nie vor- oder nachher: «Ich weiß, dass Linda sich in alldem gerechtfertigt sieht; durch ihre Geschichte, ihre Umstände, ihr Buch, durch alles! Manchmal denke ich allerdings, es sollte ein elftes Gebot geben: Du sollst nicht selbstgerecht sein! ... Nein, sie zeigte mir das Manuskript nie, aber ich fragte auch nicht danach. Mir erschien die Story keine Story zu sein. Ich las dann Teile des Buches, nie alles.»

Worin genau hatte der Schmerz bestanden – ging es um Verrat? Dass Linda sich auch zu schreiben anmaßte? Dass sie Paulas Impuls, nicht in dem Buch vorkommen zu wollen, überging?

Wer nimmt wem etwas? Wer tritt in wessen Territorium? Eine Auseinandersetzung um Identität und Nähe, die bei diesen beiden – im Guten wie im Schlechten – ungleich dramatischer anzusehen ist, scheint mir, als bei anderen Müttern und Töchtern. Klein ist ihrer beider Boden an gemeinsamer Vergangenheit.

Vielleicht war ja auch etwas sowieso Unvermeidliches passiert? Die Seelenverwandtschaft, die Mutter und Tochter so euphorisch erlebt hatten, stößt nun hart zusammen mit einer anderen Realität: ihrer beider aus langen, ganz anders gelebten Leben resultierenden Unterschiedlichkeit. Eine neue Nähestufe ist erreicht – und mit ihr eine Schwelle. Hätte sich diese Schwelle sonst vielleicht an etwas anderem festgemacht als an Courtney und Lindas Buch?

Paulas Öffentlichkeit war immer eine leise gewesen; die Öffentlichkeit der Schriftstellerin, die auf Lesungen, Podien, Preisverleihungen spricht und an der jene das größte Interesse haben, deren Leidenschaften selbst eher leiser Natur sind – Denken und Lesen und Schreiben.

Linda wiederum, die ihr Buch 2005 mit großer Überzeugung und großer Auflage herausbrachte, sprach im Fernsehen zu den großen Themen Adoption, Verlust, ihrer Mutter, ihrer Tochter; sie ist mit Auftritten im Internet zu finden.

«Zwischen uns gab es nie die Spur eines Vorwurfs, einer Anschuldigung», hatte Linda in Bezug auf ihre lange Getrenntheit gesagt. Aber beide sind ehrlich genug, zuzugeben, dass es in der Unterschiedlichkeit durchaus Unüberwindliches gibt. Da, wo sie beide sich für sich selbst entscheiden, ist eine feine Trennlinie gezogen, die mit Schmerz versehen ist.

Linda, die von sich sagt, sie sei eine typische Westküstentherapeutin: «Ich sehe alles, was passiert, als eine Aufforderung zu seelischer Weiterentwicklung. Was mich hierhergeführt hat, wo ich heute bin, ist positiv. Ja, ich sehe das Leben vielleicht positiver als Paula.» Bei Paula wiederum ist an dieser Stelle eine leise Bitterkeit zu verspüren, in der sich vielleicht vor allem ihre eigene Muttergeschichte ausdrückt. Sich selbst treu bleiben heißt für beide etwas Unterschiedliches. Paula Fox bleibt sich treu, indem sie ihre große Skepsis gegenüber behaupteten Wahrheiten, endgültigen Deutungen auch jetzt nicht verrät.

Ich selbst verstehe, dass ich hier an eine jener Grenzen des Verstehens stoße, die es gegenüber jeder Nähegeschichte gibt. Und dass ich diese beiden so unterschiedlichen Wahrheitssucherinnen an dieser Stelle lassen muss – so, wie sie einander lassen. Wie Paula es in den Schlusssätzen ihrer Autobiografie schön sagt, sich an Linda und sich selbst erinnernd, wie sie gegenüber dem Haus in San Francisco, in dem Paula, schwanger mit Linda, gelebt hatte, am Boden sitzen: «*Ich lasse uns beide am Randstein sitzen, dicht nebeneinander. Ab und zu kam jemand vorbei, ohne uns Beachtung zu schenken, während wir uns Geschichten aus unser beider Leben erzählten und von Zeit zu Zeit in Schweigen verfielen.*» (FK, S. 287)

*

Wenn ich in diesen herbstlichen Tagen durch Brooklyn laufe, liegt im Schaufenster im Buchladen «Book Court», einem der selten gewordenen unabhängigen Buchläden in Boerum Hill, die Ankündigung einer Lesung von Paula Fox. Immer mal wieder tritt sie auf, im Rahmen von Literaturtagen, im Brooklyn Museum; wird zu Tagungen eingeladen. An eine erinnert sie sich besondern gern: wie sie auf «storytelling-days» drei intensive Tage mit Maurice Sendak verbrachte – «wir redeten Stunde um Stunde, unfähig aufzuhören, und setzten uns irgendwann auf ein Podium und redeten einfach weiter!» Kurz schaue ich in «Book Court» vorbei, um mit Henry Zook zu sprechen, einem lebhaften Mann in den Fünfzigern, der den Laden 1981 eröffnet hat. «Paula Fox kam von Anfang an zu uns in die Buchhandlung und fiel gleich auf mit ihrer Herzlichkeit, Klugheit und Anmut. Lange verriet sie nicht, wer sie war! Eine große Denkerin, die in Amerika überhaupt nicht gut präsentiert wird; weit entfernt von der Größe, die sie und ihr Werk tatsächlich haben!»

Das findet Jonathan Lethem auch, der mir im Laden erstmal mit seinen Büchern begegnet; eine ganze Auslage ist seinem be-

*Paula und Martin, Gabriel (links) und Enkelsohn Daniel, vor dem Haus in der Clinton Street*

achtlichen Werk gewidmet. Den 1964 geborenen Schriftsteller verbindet eine herzliche Kollegialität mit Paula Fox. Einen Block hinter dem Buchladen geht die Dean Street ab, in der Lethem heute wohnt. Wieder wohnt: Denn in jenen Kinderjahren, von denen er in «Die «Festung der Einsamkeit» erzählt, lebte er ja mit seiner Familie hier. Heute ist die Dean Street eine gepflegte schöne Wohnstraße, deren hintere Abschnitte immer noch düster überwölbt sind von den rotbraunen Türmen der Sozialwohnungen. Einmal hatte ich Jonathan Lethem in einer Wohnung in der parallel verlaufenden Bergen Street getroffen, heute nun wohnt er in der Dean Street. Wir waren durch die Straße spaziert, während die Ahornbäume und Platanen ihre Blätter verloren – «Ich verdanke Paula Fox sehr viel», sagte er nachdrücklich. «›Desperate Characters‹ war das Fenster, durch das ich in jene Jahre schauen konnte, über die ich selbst schrieb. Paulas Buch portraitiert das dunkle Herz dieser Gegend; dasselbe, was mich daran interessiert hat. Die morbide Intensität dieser Straßen – dass jemand mit erwachsenen Augen das auch so wahrgenommen hatte, war für mich eine enorme Bestärkung meiner Wahrnehmung.»

«Wissen Sie das eigentlich, dass ich als Kind Paula einmal getroffen habe?» Sein Schulhof grenzte an die hintere Gartenmauer von Paulas und Martins Grundstück. «Paula war in gewisser Weise die Zeugin jenes Kindheitslebens, von dem ich später in ‹Die Festung der Einsamkeit› erzählte … Einmal auf dem Schulhof verletzte sich Jeremy (Davis, Sohn von L. J. Davis) am Bein, und irgendwie bekam Paula das mit und verarztete ihn.» Als sie längst schon beide Schriftsteller waren und sich als solche kennenlernten, kamen Lethem und Paula Fox irgendwann auf diese frühe Begegnung zu sprechen.

«Als Autorin hat sie eine äußerst komprimierte Sprache. Ein tiefes Wissen über die Macht enttäuschter Sehnsucht. Was sie schreibt, ist aufgeladen; voller impliziter Botschaften. Sie erklärt nicht; sie schreibt gegen Psychologisierungen an. Und trotzdem, oder deshalb, hat ihr Werk die Kraft bloßgelegter Wahrheit. Auf eine hinreißende Art altmodisch, ist sie doch vollkommen modern. Sie schreibt als realistische Autorin surrealistisch. ‹Lauras Schweigen› ist in meinen Augen unüberbietbar. Und die ‹Kalifornischen Jahre› sind ihr verkanntes Meisterstück.»

Immer wieder fällt mir auf, dass Paula-Fox-Leserinnen und -Leser einen großen Liebling unter ihren Büchern haben – und dabei wird «Was am Ende bleibt», der «Star» unter ihren Büchern, nicht öfter genannt als die anderen Romane. Alle kommen vor.

«Paula Fox ist das ultimative Beispiel eines *writer's writer*: einer Schriftstellerin, die unter Schriftstellern als ganz ‹at the top› angesehen wird. Ihr Einfluss auf andere Autoren ist enorm. Dieser Platz wird ihr immer bleiben. Ich glaube auch, dass ihre ganz große Zeit noch kommen wird. Auch wenn diese grässliche Jagd nach dem Neuen derzeit den Buchmarkt auf eine Weise beherrscht, dass man es gar nicht glauben mag.»

*

Für Paula Fox selbst ist, was ihr Schreiben anbelangt, eine Zeit zu Ende gegangen, und eine neue hat begonnen. In diesen Jahren nach 2000 wird sie häufig um Rezensionen gebeten; die großen internationalen Medien publizieren Texte, die zwischen Essay und Story und autobiografischer Momentaufnahme liegen; ein Genre, das sich den üblichen Kategorien entzieht. Für zwei Geschichten, die sie vor Jerusalem geschrieben hat und nun überarbeitet einreicht – «Grace» und «The Broad Estates of Death»–, erhält sie 2005 und 2006 den wichtigen Kurzgeschichtenpreis, den «O'Henry Award».

2004 war sie in die «American Academy of Arts and Letters» aufgenommen worden, was die höchste offizielle Ehrung eines künstlerischen Werks bedeutet, kurz bevor 2005 «The Coldest Winter» als ihr zunächst letztes Prosawerk erschienen war. Geehrt wurde Paula Fox für ein Werk, das mit den beiden ersten Romanen «Pech für George» und «Was am Ende bleibt» die amerikanische Gesellschaft der 1960er-Jahre reflektiert und sich dann erst, vergleichsweise untypisch, immer näher an die eigene Geschichte herangeschrieben hat.

Sind doch «In fremden Kleidern» und «Der kälteste Winter» noch nackter als die Romane in dieser kunstvollen Sprache geschrieben, die sich trotzdem etwas wie einen «wilden Zustand» erhalten hat; die als nicht domestiziert und kontrolliert von einem Wissen um Konstruktion erscheint. Eine Sprache, der es gelingt, Momente zu bergen aus dem Meer der Zeit; sie in ihrer Frische und Einmaligkeit so ins Licht zu halten, dass sie zugleich als Träger von Geschichte und Geheimnis sichtbar werden.

Alle Autorinnen, Autoren, die ich treffe, beschäftigt die Frage, wieso der Erfolg ihrer grandiosen Kollegin Paula Fox nicht lauter, nicht spektakulärer ist. Darüber spreche ich auch mit Shirley Hazzard, die selbst zweimal den «National Book Award» gewann.

«Wenn ich an Paula denke, muss ich gleich lächeln ... Ich habe immer viel mit ihr gelacht, und das ist umso erstaunlicher, als Paulas Grunderfahrung des Lebens ja eine drastische ist. Sie vereinbart in sich ein paar Dinge, die selten so zusammenkommen; dieser fixe Geist, ihre Lebhaftigkeit und das tiefe Wissen um das Tragische im Leben. Das Einzige, was sie nie konnte, war: sich selbst zu vermarkten. Das ist in sich etwas Tragisches, denn sie ist eine der Großen.»

*Ihre Beziehung ist wie das Haus, in dem sie leben*

Und dann wieder der Moment in der Clinton Street, wenn hinter der Gittertür zum Basement Paulas strahlendes Gesicht erscheint. «Hi! Kommen Sie rein!» Meine Herbstwoche in New York geht zu Ende. Heute ist, wieder einmal, ein letzter Abend.

«Gerade habe ich den Hörer aufgelegt», sagt Paula auf dem Weg zurück an den Herd, «es war Adam ... Irgendwie kamen wir auf eine Szene aus seiner Kindheit zu sprechen: Wir waren bei einem Arzt gewesen, danach war es so spät, dass ich meine letzten fünf Dollar für ein Taxi hingelegt habe. Ich saß im Auto zwischen den Jungen, es muss während des Vietnamkrieges gewesen sein. Nach den vielen Stunden in der Arztpraxis sagte Adam plötzlich träumerisch zu mir: ‹Mom, wenn ich Soldat wäre und würde nicht vor dem General salutieren, was würde passieren?› Bevor ich etwas sagen konnte, antwortete Gabe, der sieben oder acht war, vielleicht wäre ich ja dieser General!»

326

Paula schüttelt den Kopf: «Adam schafft es immer, mich zum Lachen zu bringen.»

Wir sprechen über die letzten Tage; sie erzählt vom gestrigen Besuch ihres Enkels Dan. Alle zwei Wochen, seit Jahren, kommt Lindas jüngster Sohn Dan, dreißig, für einen Abend zum Essen. Paula und Martin waren für ihn ein Grund gewesen, sein Literaturstudium in New York aufzunehmen. Für ihre beiden Söhne, hatte Linda erzählt, habe in der Familie, vor Paula, etwas gefehlt: Intellektuell hätten diese beiden erst mit ihr «nach Hause gefunden.» Tobias, der ältere, hatte mir in Berkeley sogar gesagt: «Durch die Beziehung zu Paula habe ich mir am Ende tatsächlich eine wissenschaftliche Karriere zugetraut.»

Briefe an ihren Enkel schreiben. Sich morgens, egal ob achtzig- oder siebenundachtzigjährig, an den Schreibtisch setzen. Abends für Martin und sich selbst kochen, oft auch für Gabe, manchmal für Gäste. Auch das ist Paula Fox.

«Als Tobias uns einmal in New York besucht hat, wir kannten uns noch nicht so lange, bin ich mit ihm ins ‹Museum of Natural History› gegangen, zu einem meiner Lieblingsorte in New York.» Auch mir hatte Paula Fox schon bei unserer ersten Begegnung von jenem Schaukasten mit dem «inch magnified» erzählt: «Ein vielfach vergrößertes kleines Stück Leben an einem Bach, einen Ast mit Insekten, Würmern, Gräsern, Pflanzen – diese ungeheure Vielfalt und komplexe Lebendigkeit auf ein paar Zentimetern, von uns überhaupt nicht bemerkt, aber vorhanden! Ich habe es nie vergessen, weil es für mich die Komplexität und unendliche Kompliziertheit von Leben ausdrückt. Wenn überhaupt irgendwo, dann liegt darin für mich die große Wahrheit.»

Martin kommt herunter – hello, wie schön Sie zu sehen! «I am up to my neck in Goethe!», strahlt er, der gerade einen Essay über Goethe schreibt. «So verrückt, so wundervoll», sagt er, geht langsam, gebückt, zum Kühlschrank und öffnet den Chablis, den wir gleich auf der Bank im Garten trinken werden. «Goethe wusste so viel! Wie ungeheuer spannend das Leben ist» –, «wenn es nicht gerade voller Schrecken ist», wirft Paula ein. «Spannend ist es auch dann», erwidert Martin –, «– aber sicher nicht, wenn man gerade Schreckliches erlebt!» Paula hat einen Salat mit Sardinen, Eiern und Oliven gerichtet; den wird es später geben, nach den Crackern mit Hummus in der Abendsonne.

«Martin schreibt in dem Essay, Mephisto sei die eigentlich menschliche Gestalt im ‹Faust›», führt Paula aus, «viel menschlicher als Faust selbst mit seinem hochgesteckten Intellekt und seiner Ignoranz, mit denen er seinem hohen Ziel immer weiter entgegenstrebt.»

Ab und zu hatte ich Martin Greenberg über jemanden, den er hoch schätzte, sagen hören: «He is a real mensch»: Das sagt man im Jüdischen, hatte er hinzugefügt, und ich hatte gedacht: Das ist ein Ausdruck, der gut zu ihm selbst passt.

Wieder einmal geht es im Gespräch um Paulas Vater. «Wie unfähig er war, mit einem Kind umzugehen!» – «Er wusste, dass er unfähig war», erwidert Paula. Nichts zu beschönigen; sich keiner Illusion über sich selbst hinzugeben, scheint der einzige Punkt, in dem Paula Fox ihre Eltern verteidigt. Aber Martin kommt erst richtig in Fahrt. «Hat eigentlich jemals irgendjemand an Mr. Corning gedacht? Was es für ihn bedeutete, jahrelang für ein Kind zu sorgen, es zu lieben und es dann einfach wieder hergeben zu müssen?» – «Im Gegenteil», murmelt Paula. «Mein Vater nannte ihn mal ganz gemein Mr. Cornedbeef.» – «Außer Mr. Corning hat niemand in deiner Kindheit geschaut, wie es eigentlich *dir* ging.» – «Ja, und irgendwie wussten sie das sogar. Als ich bei meiner Oma so schlimme Ohrenschmerzen bekam, dass sie sich nicht mehr zu helfen wusste, rief sie ja Mr. Corning an. Er setzte sich ins Auto und kam nach Queens, und mir ging es besser.»

*Eines der vielen Gesichter von Paula Fox*

Immer wieder, wenn ich mir diese Situationen vergegenwärtige, taucht die bedrängende Frage auf, wieso das Kind Paula nicht mal in einem solchen Moment seine heftigste Sehnsucht äußerte: zurück zu Mr. Corning zu dürfen! Schon die Siebenjährige muss Heimatlosigkeit als ein unverrückbares Gesetz für sich empfunden haben.

«... Und dann meine Mutter – so kalt und schrecklich und schön ...» – «... wie der Tod», sagt Martin, «Unterbrich mich nicht!», gibt Paula zurück, plötzlich scharf. «Komm, sei nicht so», sagt Martin und nimmt ihre Hand. Ein paar Mal habe ich Momente wie diesen erlebt, eine kurze jähe Gereiztheit. Momente, die nicht versteckt werden; auch sie Aspekte von Nähe. Wie jener andere Moment vor wenigen Tagen, als mich Paula gleich an der Tür eilig in die Küche zog, ernst, dringlich: «Kommen Sie, ich muss Ihnen etwas zeigen!» Sie hatte einen Brief bekommen, wenige Zeilen, schreibmaschinegeschrieben und unterzeichnet mit Elsie de Sola. «Ich hatte mit Kochen angefangen, als die Post kam. Halb in Gedanken öffnete ich diesen Brief, er hatte keinen Absender, und als ich die Unterschrift sah und dann wieder zum Messer griff, hätte ich mir fast die Finger abgeschnitten.» Der Name war in der Lage, eine uralte Panik, einen Impuls zur Selbstzerstörung, sofort zu aktivieren. Wie sich herausstellt, trug eine Nichte, Enkelin von Elsies Bruder Fermin, den gleichen Namen wie Paulas Mutter, Elsie de Sola. Sie hatte Paulas Adresse gefunden und fragte nun an, ob sie bei einem Besuch in New York bei ihr vorbeikommen dürfte. Außerdem bedankt sich diese unbekannte Cousine in dem Brief dafür, dass Paula beim Tod des Großonkels Frank auf die Erbschaft verzichtet habe. «Verzichtet? Ich habe davon nie etwas erfahren», sagt Paula kopfschüttelnd und erzählt, wie sie diesen schrecklichen Brief und seine bedrohliche Botschaft sofort an Martin weitergegeben habe. «Martin hat ihr gleich geantwortet, dass ich von dieser Familie viel zu viel Schrecken erlebt hätte, als dass ich offen sein könnte für ihren Besuch.»

Martin ist seit Langem auch dies für Paula: ein Schutz vor Übergriffen, jenen subtilen oder offenen Aggressionen, die immer wieder vonseiten ihrer alten Familie kamen. Linda habe ihr einmal gesagt, fügt Paula hinzu, dass die ausgeprägte Schreckhaftigkeit und Alarmiertheit, die sie an ihrer Mutter wahrnehme, ein sichtbares Überbleibsel ihrer traumatischen Vergangenheit sei. Einer Vergangenheit, die erst mit Martin wirklich Vergangenheit wurde und die sich dennoch als charakteristische Markierung durch ihr inneres Leben, durch ihr Werk zieht. Die sie beide auch unterscheidet und an dieser einen Stelle trennt: Ich denke an den Moment, als ich Paula einmal fragte, ob nicht ein Grundgefühl in den Jahren des Schreckens Einsamkeit gewesen sei, «ja natürlich», hatte sie gesagt und leiser hinzugefügt: «Das ist auch nie ganz vorbei.»

«Ihre Beziehung ist wie das Haus, in dem sie leben», hatte Linda einmal zu mir gesagt, und das hatte sehr liebevoll geklungen. «Unten in der Küche spielt der Alltag, da reden sie über alles, geraten auch schon mal aneinander. Oben im Wohnzimmer hören sie Musik oder lesen nebeneinander auf dem Sofa. Und ganz oben, glaube ich, führen sie ihr wahres Leben. Beide sitzen in ihren Arbeitszimmern, die Türen stehen offen, sie hören den anderen atmen und gehen hinüber, wenn sie einander etwas zeigen oder fragen wollen.»

Den anderen atmen hören. «Wenn ich mir vorstelle, dass er nicht mehr atmet, steht im selben Moment mein Herz still.» Auch diesen Satz habe ich Paula Fox in diesen Tagen sagen hören.

*

Jetzt aber essen wir Salat, sitzen zusammen am Tisch, Moment für Moment.


## Die Spuren des Windes

Bevor ich gehe, gibt Paula Fox mir ein kleines Küken aus Elfenbein mit, fein geschnitzt und in ein ebenso fein ziseliertes russisches Holzkästchen gesetzt: ein Geschenk für meine Tochter. «Sind Sie sicher, Paula? Es ist wunderschön!» «O ja. Wir werden nicht mehr lange an diesem Ort sein, und mitnehmen können wir nichts», hatte Paula geantwortet, und irgendwie fand ich das Wort tröstlich, das sie benutzte: «on this station», was heißen kann: ein Standort, ein Lager, ein zeitweiliger Aufenthalt. Trost durch ein Wort – nicht weil es auf etwas verwies, das man der nicht religiösen Paula Fox unterstellen sollte, sondern weil es so viele Schattierungen hat, Möglichkeiten impliziert.

Auch mir schenkt sie etwas: «Traces», ein Bilderbuch, das sie zusammen mit der inzwischen verstorbenen Illustratorin Karla Kuskin 2008 veröffentlicht hat. Ein Kinderbuch, vielleicht, nach langen Jahren Pause, als Schlusspunkt ihres Werks für junge Menschen. Aber «Traces» ist etwas anderes; es hat keine Geschichte, ist eher ein Gedicht oder ein träumerischer Gedanke.

«Irgendetwas, irgendjemand war gerade hier.
Im Seerosenteich, kaum eine Spur davon,
Nur Luftblasen, Luft.»

Wenige Worte in einen großen blauen Teich gesetzt, umgeben von hohen Gräsern und Blumen, alles in kräftigen Farben und scherenschnitthaft präzisen Formen. Es marschieren durch das Buch: der Frosch, der Fuchs, die Schildkröte, die Schlange, das Flugzeug, die Schnecke, ein Dinosaurier, Kinder, schließlich –

*«Someone, something was just here.*
*It has left its traces in leaves flying,*
*Tree branches bending, scraps of paper waving.*
*The wind!*
*The invisible wind*
*That*
*Can only be seen*
*In*
*Its*
*Traces.»*

*«Der Wind! Der unsichtbare Wind, sichtbar nur an den Spuren,*
*die er hinterlässt.»*

*

«Leben ist wie eine Eisschicht», sagt Paula Fox. «Alles, worauf es ankommt, liegt darunter. Und alles, was du tun kannst, ist die Oberfläche zu beschreiben.»

*Anhang*

# Anmerkungen

1 Aus: Jonathan Franzen, Wozu der Aufwand? (Der *Harper's* Essay), in: JF, Anleitung zum Alleinsein. Essays. Deutsch von Eike Schönfeld, Rowohlt 2007, S. 66

2 Aus: Jonathan Franzen, No End to it: Rereading ‹Desperate Characters›, in: Paula Fox, Desperate Characters, Introduction, Flamingo 2003, S. VIII und XII, Übers. BC

3 Die Geschichte der Findelkinder in New York wird aufgearbeitet von Julie Miller in: J. M. Abandoned. Foundlings in 19th Century New York City, NYC Press, New York 2008

4 Ebd, S. 89 ff.

5 Vgl.: «Foundlings were seen as the embodiments of illicit sexuality and also, seemingly, were evidence of an explicit rejection of maternal values. For reformers, to whom the sexuality of abandoning mothers loomed larger than their poverty, the foundling was the hidden made visible and, as such, was both symptom and symbol of the moral, cultural, and physical decay this group of leaders associated with big cities», ebd. S. 10

6 Vgl.: «… the ability of these apparently compassionate people to turn their backs on foundlings, to, in a sense, doubly abandon them, marks them as bearers of a worldview that held that the fate of sinners and the very young was in the hands not of compassionate men and women but of God», ebd., S. 3

7 Ebd., S. 135 ff.

8 Ebd., S. 227

9 Vgl.: «If there are voices missing from this story, they are those of the foundlings themselves. Most died before they were old enough to speak. Their voicelessness, combined with the mystery of their origins, made them blank templates on which anyone could project their direst anxieties», ebd., S. 12

10 Ebd. S. 35

11 Aus: Andrew Turnbull, F. Scott Fitzgerald. Das Genie der wilden zwanziger Jahre, München 1986, S. 89

12 Ebd., S. 90

13 Ebd., S. 102

14 Aus: F. S. Fitzgerald, Diesseits vom Paradies, Roman, 1920, deutsch von Martina Tichy und Bettina Blumenberg, Zürich 1988, S. 280.

15 Aus: F. S. Fitzgerald, The Great Gatsby, IV. Chapter, 1926, Penguin Reprint, S. 74

16 Aus: F. S. Fitzgerald, My Lost City, 1935/1940, in: My Lost City, Cambridge University Press 2005, S. 108

17 Ebd., S. 109

18 Aus: Shaun O'Connell, Remarkable, unspeakable New York. A Literary History. Boston 1995, S. 121, Übers. BC

19 Aus: Heinz Ickstadt, Der amerikanische Roman im 20. Jahrhundert. Transformation des Mimetischen, Darmstadt 1998, S. 57

20 Ebd., S. 85

21 Vgl. Leona Rust Egan, Provincetown as a Stage : Provincetown, the Provincetown Players, and the Discovery of Eugene O'Neill. Orleans, Mass.: Parnassus Imprints 1994

22 Aus: Hutchins Hapgood, A Victorian in the Modern World, NY 1939, S. 396, Übers. BC

23 Aus: Sheilah Graham, Gerald Frank, Die furchtlosen Memoiren der Sheilah Graham. Ein autobiographischer Roman. Aus dem Englischen von Marguerite Schlüter, Frankfurt 2010, S. 13. (Das Original «Beloved Infidel» war 1958 in Amerika erschienen.)

24 Ebd., S. 195f.

25 Aus: A New Literary History of America, ed. by Greil Marcus and Werner Sollors, The Belknap Press of Harvard University Press, Cambridge Mass. 2009, S. 745, Übers. BC

26 Vgl. Southern Writers. A New Biographical Dictionary, ed. by J. M. Flora and A. Vogel, Southern Literary Studies 2006, S. 303.

27 Aus: Linda Carroll, Remember who you are, San Francisco 2008, S. 41, Übers. BC

28 Aus: Linda Carroll, Her Mother's Daughter, New York 2005, S. 5, Übers. BC

29 Ebd., S. 30, Übers. BC

30 Ebd., S. 6, Übers. BC

31 Ebd., S. 36, Übers. BC

32 Aus: Hannah Arendt/Mary McCarthy, Im Vertrauen. Briefwechsel 1949–1975. Piper Verlag 1995, S. 68

33 Vgl. Greil/ Sollors, S. 880

34 Vgl. Brooklyn was Mine, ed. By Chris Knutsen & Valerie Steiker, New York 2008

35 Aus: Philip Lopate, Introduction, in: Brooklyn was Mine, S. 1f., Übers. Martin Hielscher

36 Aus: Jonathan Lethem, Introduction to L. J. Davis, A meaningful Life, S. VIII-IX, Übers. BC

37 Aus: Jonathan Franzen, No End to it, S. VIII, Übers. BC

38 Ebd., S. XII

39 Vgl. Irving Howe, The New York Intellectuals, in: Irving Howe, Selected Writings 1950–90, New York 1990

40 Aus: O'Connell, S. 246, Übers. BC

41 Aus: Paula Fox, Acceptance Speech for Hans Christian Andersen Award, held by 16th IBBY Congress, 23–28. Oktober 1978 in Würzburg, Übers. BC

42 Aus: Caroline Röder, Laudatio für den Deutschen Jugendliteraturpreis 2008, in: JuLit 4/08, S. 21

43 Vgl. «Writing The Slave Dancer was the closest I could get to events of spirit and flesh which cannot help but elude in their reality all who did not experience them.» aus: Newbery Award Acceptance, Übers. BC

44 Aus: Augusta Baker, Paula Fox, Biographical Note on the author. Newbery Award Acceptance Speech

45 Beide aus: Paula Fox, Newbery Award Acceptance Speech

46 Ebd., alle übersetzt von BC

47 Aus: Linda Carroll, Her Mother's Daughter, S. 46, Übers. BC

48 Ebd., S. 201, Übers. BC

49 Ebd., S. 202, Übers. BC

50 Ebd., S. 283, Übers. BC

51 Aus: Paula Fox, Newbery Award Acceptance Speech

52 Vgl. Paul Moor, Das Selbstportrait des Jürgen Bartsch, Frankfurt 1972.

53 Aus: Jonathan Franzen, Wozu der Aufwand? in: JF, Anleitung zum Alleinsein, S. 64

54 Ebd., S. 65

55 Ebd., S. 66

56 Aus: Jonathan Franzen, No End to it, S. VIII, Übers. BC

57 Aus: Walter Kirn, New York Magazine, 10.5.99

58 Aus: Paula Fox, Newbery Award Acceptance Speech

# Bildnachweis

*Aus ihrem privaten Archiv stellte Paula Fox folgende Bilder zur Verfügung:*

S. 52, S. 57, S. 60, S. 77, S. 85, S. 113, S. 128, S. 129, S. 147, S. 149, S. 163, S. 169, S. 195, S. 215

*Bernadette Conrad (copyright):*

S. 11, S. 15, S. 21, S. 25, S. 39, S. 69, S. 133, S. 189, S. 243, S. 275, S. 283, S. 317, S. 323, S. 329

# Werkverzeichnis Paula Fox

*Die Bücher sind in der Reihenfolge ihres Erscheinens im Original aufgeführt. Die Buchstaben geben das hier verwendete Kürzel des jeweiligen Buches an.*

PG: Pech für George. Roman. Aus dem Englischen von Susanne Röckel, C.H. Beck Verlag 2004. (Poor George, Harcourt, Brace & Co 1967)

WE: Was am Ende bleibt. Roman. Aus dem Amerikanischen von Sylvia Höfer, C.H. Beck Verlag 2000. (Desperate Characters, Harcourt, Brace & Jovanovich 1970)

KJ: Kalifornische Jahre. Roman. Aus dem Englischen von Susanne Röckel, C.H. Beck Verlag 2001. (The Western Coast, Harcourt, Brace & Jovanovich 1972)

LS: Lauras Schweigen. Roman. Aus dem Englischen von Susanne Röckel, C.H. Beck Verlag 2002. (The Widow's Children, E.P. Dutton & Co. 1976)

LU: Luisa. Roman. Aus dem Englischen von Alissa Walser, C.H. Beck Verlag 2005. (A Servant's Tale, W. W. Norton 1984)

GA: Der Gott der Alpträume. Roman. Aus dem Amerikanischen von Susanne Röckel, C.H. Beck Verlag 2007. (The God of Nighmares, North Point Press 1990)

FK: In fremden Kleidern. Aus dem Englischen von Susanne Röckel, C.H. Beck Verlag 2003. (Borrowed Finery, Henry Holt 1999)

KW: Der kälteste Winter. Erinnerungen an das befreite Europa. Aus dem Englischen von Ingo Herzke, C.H. Beck Verlag 2006. (The Coldest Winter. A Stringer in Liberated Europe, Henry Holt 2005)

DZ: Die Zigarette und andere Stories. Aus dem Englischen von Karen Nölle und Hans-Ulrich Möhring, C.H. Beck Verlag 2011. (News from the World. Shorter Writings, W.W. Norton 2011)

Von Paula Fox' Jugendbüchern sind im Folgenden die in diesem Buch verwendeten genannt; die zitierten wiederum mit Kürzel:

BI: Ein Bild von Ivan. Aus dem amerik. Englisch von Brigitte Jakobeit, Boje Verlag 2007. (Portrait of Ivan, Front Street 1969)

Sklavenfracht für New Orleans. Deutsch von Erika Swales-Meier, Rowohlt 1979. (The Slave Dancer, Simon & Schuster 1973)

EK: Die einäugige Katze. Aus dem Amerikanischen von Inge M. Artl, Bertelsmann 1998. (One-Eyed Cat, Bradbury 1984)

ST: Der Schattentänzer. Aus dem Amerikanischen von Inge M. Artl, Benziger Edition 1987. (The Moonlight Man, Dell Publishing 1986)

IF: Wie eine Insel im Fluss. Aus dem Amerikanischen von Anne Brauner. Anrich Verlag 1993. (Monkey Island, Bantam Doubleday Dell 1991)

Amzat and his Brothers. Three Italian Tales Remembered by Floriano Vecchi and Retold by Paula Fox. Illustration by E. A. McCully, Orchard Books 1993.

The Eagle Kite. Bantam Doubleday Dell 1995.

Ein Dorf am Meer. Aus dem amerikanischen Englisch von Brigitte Jakobeit, Boje Verlag 2008. (The Village by the Sea, Orchard Books 1988)

Traces. Illustrated by Karla Kuskin. Front Street 2008.

# Zeittafel

22.4.1923 Paula Fox wird in NYC als erstes Kind von Elsie de Sola und Paul Hervey Fox geboren. Wenige Tage später geben die Eltern ihr Kind im «NYC Foundling Asylum» ab. Paulas Großmutter, Candelaria de Sola, holt Paula nach ein paar Wochen heraus; über den Freund ihres Sohnes Leopold kommt das Kind in die Pflegefamilie Board in Washingtonville. Als Paula fünf Monate alt ist, sieht Pfarrer Amos Elwood Corning sie dort und nimmt sie zu sich in sein Haus in Balmville, NY, wo sie in den nächsten Jahren aufwächst.

1929 Paula verbringt ein Jahr bei Eltern und Dienstboten in Kalifornien, kommt für kurze Zeit nach Balmville zurück.

1930 Paulas Großmutter Candelaria holt das Kind zu sich in ihr Haus an der Audley Street, Kew Gardens, Queens, NYC.

Ende 1931 Paula und ihre Großmutter brechen nach Kuba auf, wo sie 16 Monate auf der Plantage von Candelarias Cousine Luisa verbringen werden. Vorher Umzug in eine kleine Wohnung an der ebenfalls in Kew Gardens gelegenen Metropolitain Avenue.

1933 Paula und Candelaria kehren nach NYC, in das Apartment in der Metropolitain Avenue, zurück.

1934/35 Rückkehr der Eltern nach NYC, nach mehrjährigem Aufenthalt in Europa. Paula begleitet sie nach Florida, East Jacksonville, wo die Eltern bald abreisen und sie selbst in der Obhut einer Haushälterin ein weiteres Schuljahr verbringt. Trennung der Eltern 1935.

1936/37 Paula wohnt eine Weile in West Pittston; dann Peterborough, New Hampshire, wo sie die Highschool besucht, dann zurück nach NYC.

1938/1939 Paulas Vater schreibt sie in NYC in der «Arts Students League» ein, wo sie Kurse in Bildhauerei besucht; mehrmonatiger Aufenthalt in Nantucket; schließlich Besuch einer Internatsschule in Montreal.

1940 Nach Schuljahresende in Montreal Sommerferien mit dem Vater in Nova Scotia. Danach in NYC einige Monate Besuch der «Juilliard School» für Musik. Herbst Abreise mit Mary Kernel nach Kalifornien, Los Angeles. Dort Heirat mit Howard Bird, den sie in NYC kennengelernt hat. In Hollywood und Umgebung verbringt sie das Jahr 1941.

1941/42 In den Monaten nach Pearl Harbour (Dez. 1941) Reise nach New Orleans, wo sie den größeren Teil des Jahres 1942 verbringt. Dann Rückkehr nach New York und Trennung von Howard Bird.

1943 Im Spätsommer erneuter Aufbruch nach Kalifornien, diesmal San Francisco, zusammen mit Mary King.

7.4.1944 Geburt der Tochter Linda im Universitätskrankenhaus in San Francisco.

1944–46 San Francisco, viele Jobs, darunter erste journalistische Arbeiten. 1945 oder '46 Rückkehr nach New York.

1946 Im Herbst Schiffsreise nach Europa auf einem umgebauten Truppenschiff. Als Journalistin unterwegs in London, Paris, Warschau; schließlich Spanien. Rückkehr nach NYC im Sommer 1947.

1947/48 Job in der PR-Agenthur Mathes, wo sie ihren zukünftigen Ehemann Richard (Dick) Sigerson kennenlernt. Heirat 1947. Gemeinsame Reise nach Taos, New Mexiko. Wohnungen in NYC, Peekskill, NY.

9.12.1950 Paulas und Richards Sohn Adam wird geboren.

1951–54 Paula und Richard kaufen Land bei Wellfleet, Cape Cod, Mass., und bauen ein Haus, in dem sie von 1952 bis 1954 gemeinsam leben. Während dieser Zeit wird der zweite Sohn, Gabriel, am 30.6.1953 geboren.

1954 Am 10.6.1954 stirbt Amos Elwood Corning in Balmville. Bald darauf trennt sich Paula von Richard Sigerson. Sie zieht mit ihren Söhnen zunächst nach Greenwich, Conn. Von dort aus belegt sie erste Kurse an der Columbia University, NYC. Bald darauf Umzug nach Ploughman's Bush in Riverdale, im Norden von Manhattan.

1956 Im November Tod von Paulas Vater, Paul Hervey Fox.

1957–62 Verschiedene Wohnungen in der NYer Upper Westside. Die Kinder wechseln häufiger die Schulen. Paula arbeitet als Lehrerin.

1958 Paula Fox und Martin Greenberg lernen sich kennen und werden ein Paar. Sie heiraten im Juni 1962 und wohnen in einem Apartmenthaus am Central Park West.

1963 Paula und Martin, Adam und Gabe verbringen drei Monate auf Thasos, Griechenland. Während dieser Zeit beginnt Paula Fox ihren ersten Roman «Poor George» sowie das erste Kinderbuch «Maurices Room».

1965/66 Paula Fox' erste Publikationen von Geschichten: «Lord Randal» und «The Living» in der Zeitschrift «Negro Digest».

1967 «Poor George» erscheint bei Harcourt, Brace & Jovanovich. Die

Familie zieht von Manhattan nach Brooklyn, Gowanus, zunächst in die Dean Street.

1970 «Desperate Characters» erscheint im selben Verlag und wird im Jahr darauf mit Shirley MacLaine in der Hauptrolle verfilmt. Von ihrem Filmgeld und Geld von Martin kauft das Ehepaar Fox-Greenberg ein Brownstone in der Clinton Street, Brooklyn, wo sie bis heute leben. Bereits sechs Bücher für jugendliche Leser/innen sind publiziert, darunter «Portrait of Ivan». In den 1970er- und 1980er-Jahren viele Sommerreisen nach Europa, insbesondere Italien.

1972 «The Western Coast» erscheint.

1974 erhält Paula Fox die Newbery Medal für ihr im Jahr zuvor erschienenes Jugendbuch «The Slave Dancer».

1976 «The Widow's Children» erscheint.

1978 wird ihr der Hans-Christian-Andersen-Preis für ihr Kinderbuch-Werk verliehen. Sie nimmt den Preis in Würzburg entgegen.

1984 «The Servant's Tale» erscheint, sowie das Jugendbuch «One-Eyed Cat».

1986 Das Buch über ihren Vater, «The Moonlight Man», erscheint.

1991 Jonathan Franzen entdeckt durch Zufall «Desperate Characters».

1992 Das Jugendbuch «Monkey Island» erscheint, Thema: Verlust und Wiederfinden der Mutter

1993 Im März findet Linda Carroll, neunundvierzig Jahre nach ihrer Geburt, ihre Mutter Paula Fox wieder.

1996 Franzens «Harper's Essay» erscheint, in dem er «Desperate Characters» als besten Roman nach dem Zweiten Weltkrieg bezeichnet.

Bei einem Besuch in Jerusalem wird Paula Fox von einem Unbekannten niedergeschlagen. Im Krankenhaus Hirnbluten und Koma. Sie braucht Monate, um wieder in den Vollbesitz ihrer Sprache zu kommen.

1999 Neuauflage von «Desperate Characters», initiiert von Tom Bissell bei W. W. Norton, und in Folge von Franzens Essay. Alle Romane erscheinen in Neuauflage. In den folgenden Jahren erscheinen Paula Fox' Bücher weltweit in knapp zwanzig Ländern. Mit «Borrowed Finery» veröffentlicht Paula Fox einen ersten Memoirenband, in dem es um ihre Kindheit und Jugend geht.

2004 Paula Fox wird in die «American Academy of Arts and Letters» aufgenommen.

2005 «The Coldest Winter», ein zweiter Memoirenband über ihr Jahr in Europa, erscheint; im selben Jahr erscheint auch das Buch ihrer Tochter Linda Carroll, «Her Mother's Daughter».

2011 «Die Zigarette und andere Stories» erscheint in Deutschland, daraufhin auch in Amerika als «News from the World. Shorter Writings».

*Danksagung:*

Ich danke dem Kulturbüro der Stadt Konstanz für die hilfreiche Unterstützung aus Mitteln des Kulturfonds.

Mein großer Dank gilt Andreas Haane und Monika Gras, die das Werden dieses Buches so kritisch wie begeistert begleiteten. Ebenso Alan und Cynthia Lantz, die mir viel mehr zur Verfügung stellten als ein Dach über dem Kopf und wunderbare gemeinsame Frühstücke. Ihnen verdanke ich ein Stück lebendige Erinnerung an ein vergangenes Brooklyn.

In New York halfen mir Kathleen Hulser von der New York Historical Society; John Favareau von der Yonkers Public Library.

Mein Dank an Adam Sigerson und Ann Compton, Gabe Sigerson, Linda Carroll; an Flora Sanders, Jim Harvey, Ilana Howe, Gillian Jagger, Shirley Hazzard, James Fox, Bob Lescher, Tobias und Daniel Menely, Tom Bissell und Jonathan Lethem – ohne sie alle und ihre Bereitschaft, mir für ein Buch Auskunft zu geben, das sie vermutlich nie in dieser ihnen fremden Sprache werden lesen können, hätte es nicht entstehen können. Dank an Jonathan Franzen für seine unbedingte Bereitschaft, sich einmal mehr für Paula Fox einzusetzen.

In München danke ich Verena Lippert, bei der ich mich immer herzlich willkommen fühlte, und von ganzem Herzen Tanja Warter und Martin Hielscher für ihre kompetente Unterstützung und persönliche Begleitung beim Schreiben dieses Buches.

Dank an Noemi für ihre Geduld mit der Mama und ihre Begeisterung, mit der sie ihre Brücke zu Paula Fox schlug. Dank an Annemone Conrad, meine Mutter, für ihre Unterstützung. Dank an Ekkehard Faude für seine nicht ermüdende Geduld, meine Fragen in schönen E-Mails zu beantworten; an Gabrielle Alioth für ihr großzügiges Mitdenken und Unterstützen meiner Arbeit und an Elke Bergmann für ihren tatkräftigen Elan. Dank an Gabriele Lorenz, Alva Grigo und an Martin Wächter für liebevolle Begleitung.

Mein größter Dank jenseits aller Worte geht an Paula Fox und Martin Greenberg. Die Abende in der Clinton Street nehmen ein Kapitel im Buch meines Lebens ein.